LES
RUES DE PARIS

BIOGRAPHIES

PORTRAITS, RÉCITS ET LÉGENDES

PAR

M. BATHILD BOUNIOL

TOME PREMIER

PARIS

BRAY ET RETAUX, LIBRAIRES-ÉDITEURS

82, RUE BONAPARTE, 82

—

1872

LES

RUES DE PARIS

———

TOME PREMIER

OUVRAGES DU MÊME AUTEUR.

La France héroïque, vies et récits dramatiques d'après les chroniques et les documents originaux, 3ᵉ édit. 4 vol. in-12.   10 fr. »»

Les Marins Français, suite et complément de la France héroïque, 2 fort vol. in-12. . . . .   6 fr. »»

Les Combats de la vie, 2ᵉ édit. 4 vol. . . . . . .   8 fr. »»

A l'Ombre du Drapeau, 3ᵉ édit. 4 vol. in-12 . . . .   2 fr. »»

Le Soldat, chants et récits, 3ᵉ édit. 1 vol. in-18. . . .   » fr. 60

La filleule d'Alfred, 2ᵉ édit. 1 vol. in-12 . . . . .   2 fr. »»

La Caverne de Vaugirard, 1 vol. . . . .   2 fr. »»

Quand les Pommiers sont en fleurs, 1 vol. . . . .   2 fr. »»

La joie du Foyer, (3ᵉ édit.) 1 vol. in-18. . . . . .   1 fr. 50

Les Soirées du Dimanche, (2ᵉ édit.) 1 vol . . . .   1 fr. 50

La Femme, ses vertus et ses défauts, (Tiré des écrits du P. Caussin), fort vol . . . .   3 fr. 50

Je Politique, (Récits et Portraits). 1 vol . . . . . .   3 fr. 5

CAMBRAI. — IMP. DE RÉGNIER-FAREZ, PLACE-AU-BOIS, 28.

LES

RUES DE PARIS

BIOGRAPHIES,

PORTRAITS, RÉCITS ET LÉGENDES,

PAR

M. BATHILD BOUNIOL

———

TOME PREMIER.

———

PARIS

BRAY ET RETAUX, LIBRAIRES-ÉDITEURS

RUE BONAPARTE, 82.

——

1872

(Droits de traduction et de reproduction réservés.)

PRÉFACE

LA FRANCE ET PARIS.

Cet ouvrage pourrait aussi bien s'appeler le *Livre d'or* de la France et un peu de l'Europe, car il comprend dans les Biographies plusieurs de ces hommes illustres qui, nés dans une autre contrée, par leur renom universel ne sauraient plus être considérés par nous comme des étrangers, et que Paris semble avoir adoptés comme siens en inscrivant leurs noms sur ses murailles. Ainsi a-t-il fait pour Raphaël, Michel-Ange, Titien, Beethoven, Mozart, etc., ces représentants fameux de l'art dont la gloire appartient au monde entier.

Notre livre se compose de deux parties fort distinctes : la première renferme les Biographies développées des personnages célèbres qui ont donné leur nom à telle ou telle des rues de Paris, et dont la vie offre un intérêt particulier en même temps qu'un

*

utile enseignement. Cette Galerie comprend tous les
genres d'illustrations, mais surtout les illustrations
pacifiques, prélats et simples prêtres, orateurs sacrés
et profanes, poètes, littérateurs, médecins, artistes,
savants, artisans, etc., et aussi des guerriers, mais en
petit nombre, et qui n'avaient pu trouver place dans
la *France héroïque* ou *les Marins Français*. Ce livre,
qui contraste ainsi avec les précédents, n'offrira pas,
croyons-nous, un moins vif intérêt par la continuelle
variété des épisodes et des caractères.

Cet intérêt ne pourra que s'augmenter par notre
Seconde Partie qui rappelle, dans l'ordre alphabé-
tique, les rues dont l'origine plus ou moins ancienne
offre des particularités curieuses et sur lesquelles les
nombreux ouvrages par nous consultés ont pu nous
renseigner. On a dû passer sous silence, pour ne pas
grossir inutilement le volume, les rues dont l'origine
était inconnue, comme celles dont la dénomination
toute banale n'avait pas besoin d'explication : rue de
l'Église, rue du *Chemin de Fer*, etc. Nous avons fait
de même pour les désignations ayant à nos yeux un
caractère transitoire et qui tiennent à nos vicissitudes
politiques, hélas ! trop fréquentes. Dans ce Dictionnaire, pour être plus complet, nous avons fait figurer,
avec la date de la naissance et de la mort, et quelquefois

un commentaire, les noms des personnages célèbres à des titres divers et qui, pour un motif ou pour un autre, n'avaient pu prendre place dans les Biographies.

Quant aux Saints et Saintes en si grand nombre qui, grâce à la piété de nos pères, ont donné leurs noms aux rues de Paris, nous avons dû, pour ne pas grossir outre mesure ce recueil, nous borner à quelques-uns des plus célèbres entre ceux dont la France s'honore. L'hagiographie d'ailleurs n'avait point été jusqu'alors le but de nos études, et pareils sujets ne se doivent pas traiter à la légère.

Nous n'avons rien négligé en un mot pour que ce nouvel ouvrage, littérairement et historiquement, ne fût en rien inférieur aux précédents ; et nous espérons pour lui, Dieu aidant, le même et favorable accueil du public.

Au moment de déposer la plume, à l'esprit nous revient un curieux passage d'un écrivain célèbre, passage cité plus d'une fois sans doute, mais qui nous paraît intéressant à reproduire sauf réserves ; car de récents et lamentables évènements lui donnent un caractère singulier d'actualité :

« Je ne veux pas oublier ceci, dit Montaigne, que

» je ne me mutine jamais tant contre la France que
» je ne regarde Paris de bon œil : elle a mon cœur
» dès mon enfance ; et m'en est advenu comme des
» choses excellentes ; plus j'ai vu depuis d'autres
» villes belles, plus la beauté de celle-ci peut et gagne
» sur mon affection : je l'aime par elle-même, et
» plus en son être seul que rechargée de pompe étran-
» gère : je l'aime tendrement, jusques à ses verrues
» et à ses taches : *Je ne suis Français que par cette*
» *grande cité*, grande en peuples, grande en félicité
» de son assiette, mais surtout grande et incompa-
» rable en variété et diversité de commodités, la
» gloire de la France et l'un des plus nobles orne-
» ments du monde. Dieu en chasse loin nos divi-
» sions ! Entière et unie, je la trouve défendue de
» toute autre violence : je l'advise que de tous les
» partis le pire sera celui qui la mettra en discorde ;
» et ne crains pour elle qu'elle-même ; et crains pour
» elle certes autant que pour autre pièce de cet Etat.
» Tant qu'elle durera, je n'aurai faute de retraite où
» rendre mes abbois ; suffisante à me faire perdre le
» regret de tout autre retraite. »

Sauf le passage souligné, volontiers on applaudit à
cette opinion de l'auteur des *Essais* sur Paris, mais sans
l'aimer d'une tendresse aussi exclusive. On ne peut

se dissimuler qu'à ce tableau flatteur il soit un re-
vers de médaille indiqué d'ailleurs par Montaigne,
et qui en certains temps diminue beaucoup le charme
de la résidence dans Paris : c'est cet esprit d'inquiétude, cette fièvre d'agitation qui, depuis les grandes
commotions populaires, comme s'expriment les
chroniques, du règne des Valois, semble endémique
dans la capitale, battue soudain par les vents d'orage,
et attristée même par les plus tragiques scènes. Inutile
d'entrer à ce sujet dans des détails qui nous expose-
raient à des redites ; il suffira d'ajouter que, depuis
près d'un siècle surtout, la grande ville, où l'on
trouve tant à louer et admirer au point de vue des
arts, des lettres et des sciences, comme aussi des
œuvres du dévouement et de la charité, si multipliées
et si florissantes, trop souvent ne s'est pas tenue assez
en garde contre de fatals courants et, par une initiative téméraire, qui s'imposait violemment à la
France, elle a mis en péril les destinées de notre cher
pays.

Aussi, quoique Paris nous tienne fort au cœur, il ne
saurait être pour nous toute la patrie, nous faire oublier
et dédaigner cette noble France qui nous est d'autant
plus chère qu'elle a plus souffert. Car combien
n'aime-t-on pas davantage une mère qu'on voit

éprouvée et malheureuse! Aussi, c'est à la France
à bien dire que notre ouvrage est consacré pour
la meilleure partie, puisque le plus grand nombre de ces Illustres dont on lira les Biographies na-
quirent dans des villes ou villages de la province, et
parfois leur vie s'y est écoulée tout entière. Plusieurs
du moins, après de longues années passées dans les
agitations de la grande cité, sont revenus mourir au
lieu de leur naissance. Comme tel glorieux poète, ils
ont voulu dormir leur dernier sommeil sous le ciel
où fut leur berceau, reposer près de la vieille église
où, dans la candeur de l'enfance, ils avaient prié, à
l'ombre de ce clocher ou mieux de cette croix sainte
qui leur était, en fermant les yeux, un gage assuré
du suprême réveil !

> . . . . Non ! ne m'élevez rien !
> Mais près des lieux où dort l'humble espoir du chrétien,
> Creusez-moi dans ces champs la couche que j'envie,
> Et ce dernier sillon où germe une autre vie !
> . . . .
> Là, sous des cieux connus, sous ces collines sombres,
> Qui couvrirent jadis mon berceau de leurs ombres,
> Plus près du sol natal, de l'air et du soleil,
> D'un sommeil plus léger j'attendrai le réveil[1].

[1] Lamartine : *Milly ou la Terre natale.*

En terminant, nous dirons avec un vieil auteur[1] :

« Et supplie et requière tant humblement que je puis, à tous ceux qui le verront et orront, que si aucune chose y a digne de répréhension ou correction, il leur plaise, en suppléant à mon ignorance, de moi avoir et tenir pour excusé, attendu que ce qui par moi a été fait, dit et rédigé par écrit, l'ai fait le mieux et le plus véritablement que j'ai pu et sans aucune faveur, pour recordation et mémoire de choses dessus dites. »

[1] Lefèvre de Saint-Remy : *Mémoires*, de 1407 à 1435.

LES

RUES DE PARIS

LE CARDINAL D'AMBOISE

I

« Le cardinal d'Amboise, sans avoir eu au degré
suprême toutes les vertus qui ont signalé les évêques
du premier âge de l'Église, en eut toutefois qui, dans
tous les temps, feront désirer des prélats qui lui soient
comparables. Il réunit d'ailleurs toutes les qualités
sociales et politiques qui font les ministres et les
citoyens précieux. Magnifique et modeste, libéral et
économe, habile et vrai, aussi grand homme de bien
que grand homme d'État, le conseil et l'ami de son roi,
tout dévoué au monarque et très-zélé pour la patrie,
ayant encore à concilier les devoirs de légat du Saint-
Siége avec les priviléges et les libertés de sa nation, les
fonctions paternelles de l'épiscopat avec le nerf du gouvernement et le caractère même de réformateur des
ordres religieux avec le tumulte des affaires et la dissi-
pation de la cour; partout il fit le bien, réforma les
abus et captiva les cœurs avec l'estime publique. »
(Bérault.)

Tel est le magnifique éloge qu'on a fait du p.
ministre de Louis XII, éloge mérité d'après les a
contemporains. Le roi d'ailleurs, qui se montra si
d'un tel ministre et mit tant d'empressement à secc
ses vues, ne doit y rien perdre dans notre estime
contraire ; la sincère amitié qui unit jusqu'à la fi
prince et son ministre, les recommande tous deux
postérité. Le cardinal ne fut pas seulement un émin
homme d'État, il lui fallut, pour certains actes de s
ministère, et pour accomplir certaines réformes
particulier, une énergie de caractère voisine de l'hé
roïsme.

« Il fit, dit Legendre, pour rétablir la discipline
parmi les troupes, des ordonnances si sévères et les fit
exécuter avec tant de fermeté que, pendant tout son
ministère, loin de se plaindre des gens de guerre, les
provinces à l'envi demandaient qu'on leur en envoyât
pour consommer les denrées qu'ils payaient à prix raisonnable et en argent comptant. Les gens de justice
étaient d'autres sangsues qui n'avaient pas moins dévoré la substance du peuple. Les procès ne finissaient
point... Le juge, d'intelligence avec le praticien, multipliait la procédure, ce qui ruinait les parties en frais.
La prévention ou l'intérêt, et le plus souvent la faveur,
décidaient trop souvent dans les affaires; aussi, le nouveau roi (Louis XII), qui était juste et équitable, établit,
par l'avis du premier ministre, un tribunal supérieur
sous le titre de *Grand Conseil* où l'homme sans protection, qui aurait peine à avoir justice, devant les tribu-
naux ordinaires, contre gens d'un trop grand crédit,
pût avoir aisément recours et où ses plaintes fussent

jugées avec autant de diligence que d'équité [1]. »

C'était là une excellente institution et qui témoigne, à la gloire de Georges d'Amboise, de son esprit d'équité comme de sa haute prévoyance. Par malheur, quoique répondant à de si légitimes besoins, ayant, si l'on peut s'exprimer ainsi, sa racine dans les entrailles même de la justice, elle ne paraît avoir eu qu'une courte durée, laissant toute grande ouverte la porte aux abus, à l'arbitraire, aux injustices, qui contribuèrent pour une large part à amener et précipiter dans la suite les catastrophes où s'engloutit la monarchie. Ces sages mesures, dont le cardinal avait pris l'initiative, furent complétées par d'autres ordonnances non moins utiles et qui longtemps servirent comme de code national. Pourtant, quoique justes et sages, elles soulevèrent de vives oppositions, particulièrement parmi les écoliers et les régents de l'Université qui se prétendaient lésés dans leurs priviléges. Non contents de déclamer contre le ministre et contre le roi lui-même, par eux attaqués, insultés dans des libelles répandus à profusion, ils se préparaient audacieusement à passer de la parole à l'action, et une sédition eût éclaté sans la prudente fermeté du ministre. L'approche de quelques troupes que conduisait le roi en personne fit réfléchir les mutins. La clémence acheva ce que la peur avait commencé. Le roi, entré dans Paris, se hâta de calmer les craintes, et le cardinal d'Amboise, déclara en son nom que Sa Majesté voulait bien oublier les insolentes étourderies des écoliers, les emportements sans doute irréfléchis des

[1] Histoire du cardinal d'Amboise.

régents, et les injures même que les uns et les autres
s'étaient permises contre lui, mais qu'on y prît garde,
car une autre fois, il n'y aurait pas de pardon !

— Vive le roi ! vive le cardinal ! s'écrièrent à l'envi
les écoliers et leurs maîtres qui ne laissaient pas d'avoir
une grande peur à la vue des lances et des hallebardes,
et ne regrettaient pas de se sentir rassurés.

— Vive notre bon roi ! vive le cardinal, son glorieux
ministre ! criaient avec un enthousiasme plus sincère et
un entraînement plus réel les bons bourgeois et gens du
peuple, grandement reconnaissants au prince comme à
son ministre, des mesures relatives aux impôts qui
avaient signalé les débuts du règne. Car le roi, faisant
remise du don de joyeux avènement, avait de plus
voulu que toutes les dépenses du sacre fussent acquit-
tées sur les revenus de ses domaines particuliers. Puis
aussitôt après, le ministre diminua d'un dixième les
impôts à recouvrer, et continua toujours depuis à les
réduire tant qu'ils fussent aux deux tiers de ce qu'ils
étaient d'abord. Malgré les charges résultant des guerres et des coûteuses expéditions auxquelles le roi se
laissa entraîner, Georges d'Amboise sut, par de sévères économies, compenser le déficit et n'eut jamais besoin de rétablir les impôts supprimés.

On comprend que cette tutélaire administration ait
rendu populaire le ministre qui n'était pas moins cher
à la France qu'à son roi, heureux toujours de se rappeler que non-seulement d'Amboise, sous le règne précédent, avait partagé sa disgrâce, mais que le frère de
celui-ci, le cardinal d'Albi, aumônier de la régente,
avait fortement contribué pour sa part à faire mettre

en liberté le duc d'Orléans (Louis XII). Aussi le prince, rentré en faveur, s'était empressé de faire nommer Georges d'Amboise à l'archevêché de Rouen, et devenu roi, il le choisit pour son principal ministre et obtint pour lui le chapeau de cardinal.

II

Georges d'Amboise accompagna Louis XII, lors de ses expéditions en Italie, expéditions que tout probablement il désapprouvait, mais dont il eut en vain essayé de détourner le roi, non moins entraîné par sa noblesse que par la passion des aventures et le désir du renom militaire. La conquête du Milanais assurée, le cardinal s'efforça de faire aimer le nouveau gouvernement en introduisant dans le pays des institutions sages, modelées sur celles établies en France. Elles auraient dû suffire à assurer pour jamais la soumission des Italiens, sans la mobilité naturelle à ces peuples qui se montraient dès lors ce qu'on les a vus presque toujours. « Tant que les troupes françaises occupaient l'Italie, ils paraissaient humbles et soumis ; mais dès qu'elles avaient tourné le dos, ils secouaient le joug et fomentaient des troubles, » dit un historien du temps.

Le cardinal en eut bientôt la preuve. Après avoir établi à Milan pour gouverneur le maréchal Trivulce (choix malheureux d'ailleurs), il retourna en France. Mais à peine avait-il repassé les monts qu'il apprenait la révolte des Milanais, qui cernaient Trivulce réfugié

dans la citadelle. D'Amboise, à la tête d'une armée que
commande la Trémouille, redescend en Italie, et les
bourgeois de Milan, autant effrayés et humbles qu'ils
s'étaient montrés plus présomptueux d'abord, se hâtent
d'envoyer à sa rencontre une députation pour faire
leur soumission et implorer merci. Le cardinal, qui
voulait donner une leçon aux rebelles, passe sans répondre aux envoyés autrement que par un regard sévère,
puis il fait son entrée dans la ville au milieu des troupes en armes, formidable cortége ! et va se loger à la
citadelle. Sur tout son passage, on criait : *Grâce! grâce!
miséricorde !* Mais son visage impassible ne laissait rien
deviner de ses sentiments. Seulement, il fit dire aux notables bourgeois que le vendredi suivant, trois jours
après, ils eussent à se réunir dans la cour de l'Hôtel de
ville pour y entendre leur sentence.

Est-il besoin de dire l'anxiété de tous pendant ces
trois jours d'attente où il n'était permis à personne de
sortir de la ville, et avec quelles terreurs les pauvres
bourgeois se rendirent le vendredi au lieu indiqué? Ils
n'eurent pas lieu d'être rassurés en voyant au dehors
les troupes fermant toutes les avenues et la cour de
l'Hôtel de ville elle-même garnie de soldats à l'air menaçant, tandis que, sur une sorte de haut tribunal,
apparaissait le cardinal, assis et entouré de tous les
officiers de la justice civile et militaire. Terrifiés, à cette
vue, ils tombent à genoux tendant les mains à la façon
des suppliants.

Le cardinal, naturellement doux et humain et qui
avait peine à contenir son émotion, leur ordonna de se
relever et d'une voix qu'il s'efforçait de rendre sévère,

leur reprocha leur rébellion, menaçant des plus terribles châtiments en cas de récidive, mais pour cette fois il annonça que tout était pardonné. On imagine la joie de ceux qui l'écoutaient et dont témoignaient les cris et les vivats des plus bruyants s'ils n'étaient pas fort sincères.

— Vive la France ! vive le roi, le grand roi ! le bon roi ! Vive le très-illustre cardinal, le meilleur des ministres, auquel nous devons nos biens et nos vies ! etc.

Georges d'Amboise, étourdi de ces acclamations qu'il estimait à leur valeur, fut reconduit par la foule dans son palais au bruit des vivats et sous une pluie de fleurs.

La paix rétablie dans le Milanais, dont il avait changé le gouverneur, le cardinal revint en France où, dans l'année 1504, une famine et une épidémie, qu'on eut à déplorer en même temps, lui donnèrent l'occasion de montrer une fois de plus sa prudence comme sa charité. Ainsi qu'autrefois, le ministre du Pharaon d'Egypte, il prit si bien ses mesures qu'encore que le blé eût manqué en France, le peuple n'eut que peu à souffrir de la disette. Quant à l'épidémie, que les historiens du temps, selon leur coutume, qualifient du nom de peste : « Si le mal fut grand, dit Legendre, le remède fut prompt par les secours continuels que le roi envoya aux lieux infectés et par les précautions qu'on prit pour en préserver ceux qui ne l'étaient pas. Et ainsi il s'attira d'infinies bénédictions de la part des peuples. »

A la suite d'un nouveau voyage en Italie, lors de la révolte des Génois, le cardinal, âgé de cinquante ans à

peine, tomba malade à Lyon où il dut s'arrêter. Il succomba au bout de quelques jours, pleuré du peuple et
du roi qui, pendant les années qu'il lui survécut, ne
cessa de regretter son conseiller fidèle et son sage
ami.

On a reproché et ce semble avec quelque raison au
cardinal d'Amboise d'avoir désiré la tiare, ambition qui
lui dicta plusieurs fausses démarches : « Mais, dit un
écrivain, comme l'ambition de Louis XII fut toujours
subordonnée à l'honneur, celle du cardinal d'Amboise
fut toujours excitée par l'espérance de faire plus de
bien... On peut croire qu'un homme qui ne se démentit
pas un instant dans la plus haute prospérité, s'il
souhaitait, comme on l'a dit d'être pape, c'était pour
travailler à améliorer les mœurs de la chrétienneté. »
(Fiévée).

Au reste, si le cardinal eut dans cette circonstance à
se reprocher quelque faiblesse, il s'en repentit humblement. Il jugeait, avec des yeux complétement dessillés,
l'illusion des grandeurs et les vanités de la terre, celui
qui, sur ce lit de douleur, d'où il ne devait pas se
relever, répétait si volontiers au bon frère qui le soignait :

« Ah ! frère Jean, frère Jean ! Que n'ai-je été toute
ma vie comme vous frère Jean ! »

Georges d'Amboise, comme Louis XII, avait reçu du
peuple le beau surnom de : *Père du Peuple !*

JACQUES AMYOT

———

« Jacques Amyot dit de lui-même, écrit le savant abbé
Le Bœuf, qu'il était né à Melun, le 30 octobre 1513, de
parents plus avantagés du côté de la vertu que de celui
de la fortune. Il ne déclare point la profession dont
était son père, Nicolas Amyot, mais ses commensaux le
tenaient pour le fils d'un petit marchand de bonneterie :
ce qui s'accorde avec Rouillard, qui dit que ce marchand
vendait des bourses et des aiguillettes. Lorsqu'il eut
appris les premiers rudiments à Melun, il alla à Paris,
où il continua ses études de grammaire, servant de
domestique à quelques écoliers d'un collége qu'il n'a
jamais nommé. Sa mère, Marguerite d'Amour ou des
Amours, avait soin de lui envoyer chaque semaine un
pain par les bateliers de Melun. L'avidité d'apprendre
le poursuivant jusque dans la nuit, il avait recours à la
lumière que pouvaient fournir quelques charbons em-
brasés, et il s'en servait au lieu de chandelle ou d'huile,
tant était grande alors son indigence. Avec ces faibles
secours pour les premiers commencements il ne laissa
pas d'atteindre les classes supérieures. »

Tels furent, d'après la Notice écrite avec autant de
conscience que de bonhomie par l'abbé Le Bœuf, les

débuts de Jacques Amyot, représentés par divers biographes, sous des couleurs trop romanesques. Devenu,
en suivant les cours de Jean Evagre Remois, au collége
du cardinal Lemoine, un excellent helléniste, ayant
étudié pareillement la poésie, l'éloquence, la philosophie, J. Amyot partit pour Bourges, à l'âge de 19 ans,
afin d'étudier le droit civil avec un jeune homme qui fut
depuis avocat célèbre au Parlement.

A Bourges, où il prenait la qualité de maître-ès-arts,
Amyot se rencontra avec Jacques Colin, lecteur ordinaire du roi et abbé de St-Ambroise, qui, prompt à
apprécier son mérite, le choisit pour précepteur de ses
neveux et lui fit obtenir en même temps une chaire de
professeur des langues latine et grecque, dans l'Université dont la ville à cette époque était fière. Les loisirs
assez grands, paraît-il, que lui laissait son double emploi, Amyot les consacrait aux travaux littéraires qui
devaient plus tard le rendre célèbre et faire de lui un des
personnages importants de l'état. Cependant au temps
de sa plus grande prospérité, Amyot n'hésitait pas à
dire que les dix ou douze années qu'il avait passées à
Bourges, obscur professeur, mais tout entier aux lettres,
avaient été le plus heureux temps de sa vie. C'est alors
qu'après avoir traduit le roman grec de *Théagène et
Chariclée*, il commença la traduction de Plutarque et
quelques vies des hommes illustres furent publiées avec
une dédicace à François 1er. D'après Rouillard, au contraire, c'est le roman de *Théagène et Chariclée* qu'il fit
présenter au roi, « lequel l'eut si agréable que l'abbaye
de Bellozane étant venue à vaquer par le trépas de Va-
table, ou Guestabled, très célèbre professeur du roi en

la langue hébraïque, icelui roi la lui donna comme au digne successeur d'un si brave devancier. »

La version de Rouillard paraît plus vraisemblable encore qu'il semble assez singulier de récompenser par une abbaye la traduction d'un ouvrage qui n'est rien moins qu'édifiant, mais dans les idées du temps, il s'agissait d'un livre grec et l'on ne voyait là, même François 1er, que l'érudition. Si bien encouragé cependant, Amyot s'était mis avec ardeur à la traduction de Plutarque ; lorsqu'il la jugea assez avancée, il fit un voyage en Italie pour consulter les manuscrits des plus célèbres bibliothèques et conférer avec les savants illustres que l'Italie comptait en fort grand nombre. Après son retour, le cardinal de Tournon qu'il avait connu à Rome, « ayant appris que le roi souhaitait un précepteur pour ses fils les ducs d'Orléans et d'Anjou, présenta Amyot à Henri II qui lui donna cette charge dont il jouit le reste de son règne et sous celui de *François II.* » Le loisir, que lui laissaient ses fonctions de précepteur lui permit de terminer la translation en français des *Vies des hommes illustres* qui parut avec une dédicace à Henri II. La traduction des *Œuvres morales* de Plutarque ne put être achevée que sous le règne de Charles IX (connu auparavant sous le nom de *duc d'Orléans*), à qui l'ouvrage fut dédié. Le jeune roi n'avait pas besoin de cette circonstance pour se rappeler son précepteur, car dès le lendemain du jour de son avènement, (6 décembre 1560), il le fit son grand aumônier et le nomma aussi conseiller d'état et conservateur de l'Université de Paris. Il lui donna de plus l'abbaye de Roches au diocèse d'Auxerre et celle de Saint-Corneille, de

Compiègne. « Le prince, dit le digne abbé Le Bœuf, l'appelait son maître lorsqu'il voulait lui parler familièrement ; mais il lui fit aussi quelquefois des reproches, par exemple sur sa trop grande frugalité, en ce que pouvant faire bonne chère, il se contentait souvent de manger des langues de bœuf. »

Quelques années après, l'évêché d'Auxerre étant venu à vaquer par la mort du cardinal de la Bourdaisière « Charles IX, qui désirait ardemment l'avancement de son maître, (c'est le nom qu'il lui donnait toujours), » voulut que Jacques Amyot lui succédât. Celui-ci, ayant reçu les bulles de Rome, se fit sacrer et, avec l'assentiment du roi, partit bientôt après pour Auxerre où il arriva au mois de mai 1571.

Amyot était alors âgé de cinquante-huit ans ; il avouait lui-même qu'il n'était ni théologien ni prédicateur, n'ayant presque étudié que des auteurs profanes. Mais il les laissa dès lors pour s'occuper assiduement de la lecture de l'Ecriture Sainte et de celle des pères grecs et latins. La Somme de Saint Thomas d'Aquin lui devint si familière qu'il la possédait presque en entier. Il hésita longtemps à monter en chaire « parce qu'il se défiait beaucoup de ses forces et que la faiblesse de sa voix lui inspirait peu de courage », cependant malgré ses craintes, il réussit parfaitement au gré de ses auditeurs « et prêcha dans un style si clair et si châtié et en même temps si enrichi de sentences, que les savants sortaient de la prédication bien plus éclairés qu'ils n'y étaient arrivés et les ignorants n'en revenaient point sans être instruits de leurs devoirs et rendus meilleurs qu'auparavant. »

L'église d'Auxerre, comme plusieurs autres du diocèse, avait beaucoup souffert des spoliations des huguenots. Le nouvel évêque, comme il s'y était engagé par avance vis-à-vis des chanoines, fit don à la sacristie de la cathédrale de divers ornements dont elle avait le plus grand besoin, manquant même du nécessaire; il n'épargna rien ensuite pour rendre au chœur son ancien lustre ; les chaires des chanoines furent refaites à neuf aussi bien que le trône épiscopal. Les grilles qui entouraient le sanctuaire et que les profanateurs avaient arrachées et emportées furent remplacées. Amyot fit don encore à son église d'un nouveau jeu d'orgues qui fut construit par le frère Hilaire, religieux de Notre-Dame-en-l'Ile à Troyes venu exprès pour la confection des tuyaux. Une grande partie du vitrail cassé par les calvinistes, fut aussi réparée aux dépens de l'évêque.

Ces bienfaits et beaucoup d'autres auraient dû rendre le prélat cher à son clergé comme à ses ouailles ; il en fut ainsi les premières années, mais lors de l'explosion des passions populaires, soulevées par les guerres religieuses, tout fut oublié, la calomnie aidant. A Auxerre et dans le diocèse le parti de la Ligue était dominant. Amyot que Henri III, en succédant à son frère, s'était plu à maintenir dans ses fonctions de grand aumônier, en l'appelant aussi son maître, se rendait de temps en temps à la cour pour les fonctions de sa charge. Il se trouvait malheureusement à Blois lors de l'assassinat de Guise. Ce crime auquel il était complètement étranger, qu'il n'avait pas hésité à blâmer même dès qu'il en avait eu connaissance en le qualifiant « un cas si énorme qu'il n'y avait que le pape seul qui en pouvait absoudre » des gens passionnés et violents, comme il s'en recontre toujours dans les grandes commotions populaires, voulurent qu'Amyot en eût été complice. Un certain Claude Trahy, gardien des cordeliers à Auxerre, le publia partout et même dans la chaire déclarant que non-seulement l'évêque et grand aumônier avait connu par avance l'attentat projeté, mais qu'il l'avait conseillé et que, le meurtre accompli, il avait donné au prince l'absolution sacramentelle.

Ces calomnies n'eurent que trop d'écho dans la ville où le cordelier jouissait d'un certain crédit et il réussit à prévenir absolument le populaire et même une partie de la bourgeoisie contre l'évêque que Trahy haïssait parce que les jésuites lui avaient été préférés pour la direction du collége. Amyot averti cru prudent d'ajourner son retour et d'attendre que, par la réflexion, le calme se fît dans les esprits et il ne se mit en route que plusieurs mois après, vers le temps du carême. Mais les ennemis du prélat avaient continué par leurs discours et même par des prédications d'entretenir l'irritation et, le mercredi saint, lorsqu'Amyot rentra dans sa ville épiscopale, il courut par deux fois risque de la vie ; lui-même nous l'apprend dans le mémoire qu'il crut devoir écrire pour se justifier. « La pistole (pistolet) lui fut présentée » à l'estomac par plusieurs fois et il y eut plusieurs » coups d'arquebuse tirés, de sorte qu'il fut obligé pour » se sauver la vie d'entrer promptement dans la maison » d'un chanoine et passer de celle-là dans une autre, » pour faire perdre sa trace à ceux qui le poursui- » vaient. » Sa crainte était d'autant mieux fondée que sur la place de St-Etienne il avait pu voir et entendre un émissaire du cordelier qui, armé d'une hallebarde, criait à pleine gorge : « Courage, soudard, messire » Jacques Amyot est un méchant homme, pire que » Henri de Valois. Il a menacé de faire pendre notre » maître Trahy ; mais il lui en cuira. »

L'influence du cordelier et de ses adhérents fut telle que l'évêque ne put officier dans la cathédrale et même il dut s'abstenir d'assister aux offices dans les jours les plus solennels ; ses ennemis prétendaient et avaient fait croire qu'il était excommunié et suspendu *à divinis* comme ayant communiqué avec le roi et pour d'autres motifs qu'on ne précisait point. Pour ramener à l'obéissance les opposants soit du peuple, soit du clergé, il ne fallut rien moins que des lettres d'absolution en forme signées du cardinal Cajetan, avec défense au chapitre comme au frère Trahy de molester désormais leur évêque. Ces lettres, datées de Paris (6 février 1509), . mirent fin à la persécution et le prélat, après avoir été félicité par cinq membres du chapitre au nom de leurs collègues, se vit réintégré dans toutes ses fonctions et n'eut plus à souffrir de nouvelles épreuves; aussi se fit-il un devoir comme un plaisir de résider dans son diocèse, ce qui lui fut d'autant plus facile que, par la mort de Henri III, tous ses liens avec la cour se trouvaient rompus.

« Il commença donc, dit l'abbé Le Bœuf, à ne plus s'occuper que des fonctions spirituelles, et dès le 7 mars, jour des Cendres, il reprit son ancien usage de prêcher, sans paraître déconcerté ni ému par tout ce qui était arrivé depuis un an, sans employer les invectives ni les déclamations contre personne ; ce qui parut digne d'admiration à ceux qui ne le connaissaient pas encore parfaitement. Mais son secrétaire, continuateur de sa vie, dit que, quoiqu'il fût enclin à la colère, cependant il se retenait facilement ; il n'était aucunement vindicatif, et ne savait ce que c'était que de reprocher à personne les anciennes fautes. Il passait pour mélancolique, sévère et d'un abord difficile ; mais il ne paraissait tel qu'à ceux qui le voyaient rarement. Il était franc, candide, ingénu, ouvert, parlait librement et sans flatterie, ne déguisant point aux grands ni aux princes leurs propres défauts. »

Son biographe nous apprend aussi « qu'il aimait la musique et qu'étant dans son palais épiscopal, il ne rougissait » point de chanter sa partie avec des musiciens. Un fait assez curieux et qu'il ne faut pas oublier, c'est que l'invention du bizarre instrument, si longtemps en usage dans les paroisses sous le nom de *serpent*, fut due à l'un des chanoines d'Auxerre vers 1590.

Amyot, dont la constitution était robuste, vécut jusqu'à l'âge de quatre-vingts ans où, miné par une fièvre lente, il succomba le 6 février 1593, dans les sentiments d'une grande piété. Rouillard nous donne à propos de ses obsèques ce détail intéressant : « Comme on le voulut enterrer au devant du maître-autel de son église cathédrale, et qu'on vint à fouiller, on y trouva une sépulture de pierre, vide, en laquelle autrefois avait été posé le corps d'une comtesse d'Auxerre, nommée Mathilde, peut-être Mathilde ou Mahaut de Courtenay, comtesse d'Auxerre environ l'an 1300 ; et là fut déposé le corps d'icelui évêque, avec beaucoup de cérémonies, pompes et honneurs funèbres. »

En outre de ce qui revenait à ses héritiers naturels, Amyot fit un assez grand nombre de legs pieux ; il laissa en particulier cinq cents livres à l'hôpital d'Auxerre. Il n'est pas exact d'ailleurs qu'on ait trouvé chez lui beaucoup d'argent ainsi que l'ont prétendu des biographes qui écrivaient longtemps après sa mort et dont les assertions ont été trop facilement acceptées. D'abord, en devenant évêque, il avait résigné la plus grande partie de ses bénéfices. A une certaine époque, sans doute, grâce à la munificence des rois ses anciens élèves, et aux émoluments de ses hauts emplois, il était devenu presque riche, mais les premiers tumultes de la Ligue naissante, en outre de la persécution dont on a parlé, lui firent essuyer de grandes pertes qu'on évalue au minimum, à cinquante mille écus. Aussi au mois d'août 1509, écrit-il au duc de Nevers : « Me trouvant,
» pour le présent, le plus affligé, détruit, et ruiné pau-
» vre prêtre qui soit, comme je crois, en France... le
» tout pour avoir été officier et serviteur du roi ; étant
» demeuré nu et dépouillé de tous moyens ; de manière
» que je ne sais plus de quel bois (comme l'on dit) faire
» flèche, ayant vendu jusqu'à mes chevaux pour vivre ;
» et pour accomplissement de tout malheur, cette pro-
» digieuse et monstrueuse mort [1] étant survenue, me
» fait avoir regret à ma vie. »

Et précisément, ces épreuves, si pénibles qu'elles fussent, étaient envoyées au digne évêque pour le détacher de ce qui passe et aussi lui servir d'une sorte d'expiation pour sa préoccupation longtemps trop exclu-

[1] Celle de Henri III, son bienfaiteur.

sive (comme on l'a vu), des études profanes. Mais nous
appartient-il de l'en blâmer nous qui lui devons tant de
travaux d'une utilité si grande au point de vue littéraire, et en particulier ces *Vies des Hommes illustres*,
dont la traduction, par le mérite du style, est devenue
un livre original.

Grâce au bon Amyot, comme l'appelait Bernardin de
St-Pierre, et à sa langue facile, colorée, abondante et
qui jaillit à grands flots de la meilleure source gauloise,
le *bon* Plutarque est pour nous tout français et ses héros,
grecs et romains, nous sont familiers autant que ceux de
notre pays, voire les contemporains. Pour les lettrés et
les hommes de savoir et d'étude, ce livre est une mine
qu'on ne se lasse pas de fouiller assuré d'y trouver
toujours quelques nouveau filon. Pour d'autres lecteurs
et en particulier pour les jeunes gens, la traduction
d'Amyot ne serait pas toujours sans inconvénient ; car
dans sa langue hardie, qui d'ailleurs était celle de son
temps, il use peu des périphrases, et certains détails de
mœurs, qui ne sont point à l'honneur des Grecs et des
Romains, nous sont présentés dans toute leur nudité.
Cet inconvénient, qui tient à la consciencieuse fidélité
du traducteur comme à la langue qu'il parlait, nous ne
pouvions le dissimuler et néanmoins nous trouvons,
que c'est avec toute raison qu'Amyot a pu dire, en parlant de son livre, dans son excellente épître *aux lecteurs* :

« Si nous sentons un plaisir singulier à écouter ceux
qui retournent de quelque lointain voyage, racontant
les choses qu'ils ont vues en étrange pays, les mœurs
des hommes, la nature des lieux, les façons de vivre

différentes des nôtres : et si nous sommes quelquefois
si ravis d'aise et de joie, que nous ne sentons point le
cours des heures, en oyant deviser un sage, disert et
éloquent vieillard, en la bouche duquel court un flux de
langue plus doux que miel, quand il va récitant les
avantures qu'il a eues en ses verts et jeunes ans, les
travaux qu'il a endurés et les périls qu'il a passés : combien plus devons-nous sentir de ravissement, d'aise et
d'ébahissement de voir en une belle, riche et véritable
pointure d'éloquence, les cas humains représentés au
vif, et les variables accidents que la vieillesse du temps
a produits dès et depuis l'origine du monde, les établissements des empires, ruines des monarchies, accroisse-
ments ou anéantissements des royaumes, et tout ce qui
oncques a été de plus émerveillable par l'univers ? le
tout représenté si vivement qu'en le lisant nous nous
sentons affectionnés, comme si les choses n'avaient pas
été faites par le passé, ains (*mais*) se faisaient présen-
tement et nous en trouvons passionnés de joie, de pitié,
de peur et d'espérance, ni plus ni moins presque que
si nous étions sur le fait, sans être en aucune peine ou
danger, ains avec le contentement qu'apporte la récorda-
tion en sûreté des maux que l'on a autrefois endurés. »

Ailleurs il dit plus éloquemment encore :

« Au demeurant, quant à ceux qui vont disant que le
papier endure tout, s'il y en a aucuns qui à fausses en-
seignes usurpent le nom d'historiens, et qui par haine
ou faveur offensent la majesté de l'histoire, en y mêlant quelque mensonge, cela n'est point la faute de
l'histoire, ainsi des hommes partiaux qui abusent indi-
gnement de ce nom pour déguiser et couvrir leur pas-

sion : ce qui n'adviendra jamais si celui qui écrit l'histoire a les parties qui lui sont necessairement requises
pour mériter le nom d'historien, qu'il soit dépouillé de
toute affection, sans envie, sans haine ni flatterie, versé
aux affaires du monde, éloquent, homme de bon jugement, pour savoir discerner ce qui se doit dire et ce qui
se doit laisser, et ce qui nuirait plus à déclarer qu'il ne
profiterait à reprendre et condamner ; attendu que sa
fin principale doit être de servir au public, et qu'il est
comme un greffier, tenant registre des arrêts de la cour
et justice divine, les uns donnés selon le style et portée
de notre faible raison naturelle, les autres procédant
de puissance infinie et de sapience incompréhensible à
nous par-dessus et contre tout discours d'humain entendement, lequel ne pouvant pénétrer jusques au fond des
jugements de la divinité, pour en savoir les motifs et
les fondements, en attribue la cause à ne sais quelle fortune, qui n'est autre chose que fiction de l'esprit de
l'homme s'éblouissant à regarder une telle splendeur et
se perdant à sonder un tel abîme, comme ainsi soit que
rien n'advient, ni ne se fait sans la permission de Celui
qui est justice même et vérité essentielle, devant qui rien
n'est futur ni passé et qui sait et entend les choses ca-
suelles nécessairement. Laquelle considération enseigne
aux hommes de s'humilier sous sa puissante main, en
reconnaissant qu'il y a une cause première qui gouverne supernaturellement, d'où vient que ni la hardiesse n'est pas toujours heureuse, ni la prudence bien
assurée. »

Si la prose d'Amyot est excellente, exquise, on ne
saurait en dire autant de sa poésie. Dans ses récits il

lui arrive assez souvent de citer les poètes, et par un
scrupule regrettable, le consciencieux traducteur croit
ne pouvoir le bien faire qu'à l'aide du mètre et de la
rime. Mais ses vers, les plus hétéroclites du monde, tout
en se conformant à la prosodie pour la mesure, sont de
ceux qu'aucun vrai poète n'oserait avouer. Pourtant on
sent qu'ils ont dû coûter horriblement à leur auteur, et
que sur chacun d'eux, bourré de chevilles, il aura, selon
l'expression vulgaire, mais énergique, il aura sué sang
et eau. Quelle différence avec sa prose si coulante et si
savoureuse ! Mais :

> Pour lui Phébus est sourd et Pégase est rétif !

Le bon Amyot eut eu besoin sous ce rapport de prendre conseil de son royal élève Charles IX, dont les
vers charmants à Ronsard sont dignes du poète.

> L'art de faire des vers, doit-on s'en indigner,
> Doit être à plus haut prix que'celui de régner.
> Tous deux également nous portons des couronnes ;
> Mais roi, je les reçois, poète, tu les donnes.
> Ton esprit enflammé d'une céleste ardeur
> Eclate par soi-même et moi par ma grandeur.
> Si du côté des dieux je cherche l'avantage,
> Ronsard est leur mignon et je suis leur image.
> Ta lyre, qui ravit par de si doux accords,
> T'assure les esprits dont je n'ai que les corps ;
> Elle t'en rend le maître et te sait introduire
> Où le plus fier tyran ne peut avoir d'empire.

ANDRIEUX

———

Andrieux (François-Guillaume-Jean-Stanislas), né à Strasbourg, le 6 mai 1759, est connu surtout par des comédies, la pièce des *Etourdis* entre autres, et des contes en vers et en prose dont quelques-uns sont charmants. Qui n'a lu le *Meunier sans souci?* Par malheur, plusieurs de ces récits ne sont point des plus louables, soit pour le fond, soit pour la forme : ainsi, l'*Epitre au Pape* (1790); la *Querelle de saint Roch et de saint Thomas* (1792); la *Bulle d'Alexandre VI* (1802). Tout cela se sent trop de l'esprit du temps, de l'esprit du dix-huitième siècle dont le poète partageait les préjugés. Il est juste de dire que ces pièces, parues dans divers recueils périodiques de l'époque, n'ont point été comprises par Andrieux dans la collection de ses œuvres.

« Professeur pendant trente années au Collége de France, dit un biographe [1], il a formé plusieurs générations d'hommes qui, en diverses carrières, ont illustré la France. Il fut jugé intègre, législateur sans ambition, poète aimable, joyeux auteur. » C'est de lui ce beau vers inspiré par Ducis, son ami :

L'accord d'un beau talent et d'un beau caractère.

[1] *Biographie Universelle*

Andrieux mourut à Paris, le 9 mai 1833. Quoique
déjà malade, il se refusait à quitter sa chaire :

— Un professeur doit mourir en professant, répon-
dait-il au médecin qui lui parlait de repos. C'est mon
seul moyen d'être utile maintenant : qu'on ne me l'enlève pas ; si on me l'ôte, il faut donc me résoudre à
n'être bon à rien.

— Vous y périrez !

— Eh bien ! c'est mourir au champ d'honneur.

« Sa parole était simple, spirituelle, malicieuse quelquefois, jamais maligne et toujours empreinte d'une
exquise urbanité », a dit M. Berville dans sa notice...
« Nul ne contait mieux, ne lançait mieux une saillie,
ne relevait mieux son discours par le charme du débit
et par la vivacité d'une pantomime expressive..... Aussi
deux heures avant la leçon, toutes les places étaient
prises. »

Cependant ni l'indépendance ni la fermeté ne manquaient au besoin à son caractère. Après avoir fait
partie du Conseil des Cinq-Cents (1798), membre du
Tribunat (1800), il fit dire de lui au premier Consul :

« Il y a dans Andrieux autre chose que des comédies. »

Un jour, Bonaparte se plaignant devant lui des hostilités du Tribunat, qui se montrait souvent opposé aux
actes de son administration, Andrieux répondit avec
son fin sourire :

« Vous êtes de la section de mécanique (à l'Institut),
et vous savez qu'on ne s'appuie que sur ce qui résiste. »

Rendu à la vie privée par la suppression du Tribunat (19 août 1807), Andrieux s'en consola en disant :

« J'ai rempli des fonctions importantes que je n'ai ni
» désirées ni demandées, ni regrettées ; j'en suis sorti
» aussi pauvre que j'y étais entré, n'ayant pas cru qu'il
» me fût permis d'en faire des moyens de fortune et
» d'avancement. Je me suis réfugié dans les lettres,
» heureux d'y retrouver un peu de liberté, de revenir
» tout entier aux études de mon enfance et de ma jeu-
» nesse, études que je n'ai jamais abandonnées, mais
» qui ont été l'ordinaire emploi de mes loisirs, qui m'ont
» procuré souvent du bonheur et m'ont aidé à passer
» les mauvais jours de la vie. »

Ces *mauvais jours* ils étaient pour Andrieux la conséquence de la suppression de son emploi, car sans fortune et père de famille, ayant à sa charge, avec de jeunes enfants, une mère et une sœur, il se trouvait dans
une situation fort difficile. C'est alors que Fouché, ministre de la police, qui en fut instruit, l'ayant fait venir,
lui offrit une place de censeur en ajoutant :

— On ne peut craindre avec moi que la censure
dégénère en inquisition. Ce ne sera qu'une censure
anodine. Je ne prétends nullement comprimer la pensée : les idées libérales se sont réfugiées dans mon ministère.

— Tenez, citoyen ministre, répondit Andrieux, mon
rôle est d'être pendu, non d'être bourreau.

Et il sortit. A quelque temps de là eut lieu la procla-
mation de l'Empire. Un matin, une voiture à la livrée
impériale s'arrête devant la modeste habitation dont
Andrieux était un des locataires. Un personnage en
descend, devant lequel la porte s'ouvre, et, à la grande
surprise d'Andrieux, on annonce :

— Son Altesse le prince Joseph Napoléon !

Collègue d'Andrieux au Corps législatif, et d'habitude assis près du futur académicien avec lequel il aimait à s'entretenir, Joseph, dans la prospérité, ne l'avait point oublié. Allant à lui de l'air le plus affectueux et serrant sa main, il lui dit :

« Il me tombe sur les bras une grande fortune, il faut que mes amis m'aident à en faire bon usage. »

Andrieux fut nommé bibliothécaire du prince avec 6,000 francs d'appointements ; puis membre de la Légion d'honneur ; deux ans après, il devint bibliothécaire du Sénat et professeur de grammaire et belles-lettres à l'Ecole polytechnique. En 1814, il fut nommé professeur de littérature au Collége de France.

Andrieux n'oublia jamais à qui il était redevable de son heureuse situation. Le portrait de Joseph avait la place d'honneur dans son cabinet, et tous les ans ses lettres venaient témoigner de sa fidèle et pieuse gratitude en portant au bienfaiteur le souvenir de l'obligé. Dans le *Dialogue entre deux journalistes sur les mots Monsieur et Citoyen* (1797), Andrieux parle ainsi de lui-même.

> Mon esprit n'admet rien qui soit exagéré,
> Et j'ai même eu l'affront qu'on me crût modéré.

On peut juger par ces deux vers de la nature de son talent et l'on ne s'étonnera pas si nous ajoutons, qu'aujourd'hui la forme chez lui parait un peu démodée.

D'ASSAS ET DESILLES

D'ASSAS.

D'Assas (chevalier), natif du Vigan, était capitaine au régiment d'Auvergne. Pendant la nuit du 15 au 16 octobre 1760, il commandait près de Closter-Camp, en Westphalie, une garde avancée. Sorti vers l'aube pour inspecter les postes, il tomba tout à coup au milieu d'une division ennemie qui se glissait silencieusement à travers les bois pour surprendre l'armée française endormie dans ses campements. Le capitaine d'Assas se voit aussitôt entouré ; les épées et les baïonnettes se croisent sur sa poitrine, en même temps qu'une voix à l'accent impérieux et menaçant murmure à ses oreilles :

— Pas un cri, pas un mot, ou vous êtes mort !

Se taire cependant pour d'Assas c'était compromettre le salut de l'armée française que l'ennemi ne pouvait manquer de surprendre. Le chevalier l'a compris et il n'hésite pas ; d'une voix éclatante qui retentit dans les plus lointaines profondeurs du bois et que l'écho porte soudain aux avant-postes français, il s'écrie :

— A moi, d'Auvergne, voilà l'ennemi !

A l'instant, il tombe la poitrine criblée de blessures, il tombe, mais en tournant les yeux vers le ciel dont la justice ne refuse jamais sa récompense à l'héroïque accomplissement du devoir. Et sur la terre après lui, avec ce magnanime exemple qui égale s'il ne les surpasse les traits les plus sublimes de l'antiquité trop vantée, d'Assas laissait un renom immortel ; car tant que la France sera la France, tant que dans nos armées le patriotisme et le dévouement seront en honneur, le souvenir du héros de Closter-Camp fera palpiter les cœurs généreux.

D'Assas n'avait point de fortune ; une pension de 1,000 livres fut assurée à sa famille. Cette pension, la Révolution, qui parlait si haut de patriotisme, eut l'indignité de la supprimer, mais les terroristes balayés, elle fut rétablie.

II

DESILLES.

Au nom de d'Assas, il nous semble juste d'associer celui de Desilles, beaucoup moins populaire, et qui cependant méritait de conserver la célébrité dont il a joui naguère, mais trop peu de temps. Car le dévouement de Desilles ne fut pas moins admirable, sinon plus admirable que l'héroïsme de d'Assas, puisqu'il fut conseillé par la réflexion, et se produisit dans des circonstances singulièrement difficiles et douloureuses. Comme on l'a dit, plût à Dieu qu'il eût eu alors un plus grand nombre d'imitateurs !

Après la fédération du 14 juillet 1790, l'armée, ce fut le grand malheur de l'époque, se vit travaillée par l'esprit d'insubordination. A Nancy, notamment, la garnison, composée de trois régiments, ceux du *Mestre-de-Camp*, de *Châteauvieux* et de *Roi-Infanterie*, se mit en pleine révolte. Desilles (Antoine-Joseph-Marc), né à Saint-Malo le 7 mars 1767, et par conséquent âgé de vingt-trois ans seulement, était officier dans le dernier de ces régiments, mais absent par suite d'un congé. A peine a-t-il appris ce qui se passe à Nancy que, malgré les larmes de sa mère et de ses sœurs tourmentées de cruels pressentiments, il repart en poste pour sa garnison et vient rejoindre sa compagnie dans l'espérance de la ramener ou de la maintenir dans le devoir, tout au moins d'empêcher les violences et les excès. Le 31 août, le marquis de Bouillé, à la tête de troupes peu nombreuses, mais sur lesquelles il pouvait compter, se présente devant la place. Avant d'en venir à l'*ultima ratio*, il voulut essayer des négociations qui paraissaient devoir aboutir, lorsque les meneurs, inquiets de voir les dispositions meilleures de la populace et des soldats, s'efforcèrent de raviver la sédition, et par des calomnies et des mensonges, les provoquèrent à commencer les hostilités.

— Feu, feu, sur ces brigands ! balayez-nous cette canaille ! criaient-ils aux artilleurs qui se tenaient mèche allumée devant une pièce chargée à mitraille, tandis qu'on voyait s'avancer, l'arme au bras, croyant tout arrangé, l'avant-garde de Bouillé, composée de gardes nationaux et de Suisses.

Un artilleur, trop docile à la voix des furieux, approche du canon la mèche enflammée, qu'un officier, Desilles, lui arrache des mains, en même temps qu'il se précipite devant la bouche du canon en criant d'une voix vibrante :

— Mes amis, à quoi pensez-vous ? ne tirez pas ! ce sont des braves comme vous, des compatriotes, des frères ! L'Assemblée nationale les envoie ; voulez-vous désobéir, déshonorer notre drapeau ?

Vaines supplications ! on l'arrache violemment du canon, mais il se précipite aussitôt sur une pièce de vingt-quatre à laquelle on allait mettre le feu et s'asseoit sur la lumière en se campronnant des deux mains au bronze et murmurant :

— Non, non, vous me tuerez plutôt ! Au nom de la France, mes amis, ne permettez pas cette guerre fratricide, impie...

Il n'achève pas. Quatre coups de feu partis de divers côtés, l'atteignent à la fois ! Tombé du canon, foulé aux pieds, menacé par les baïonnettes, il est enlevé tout sanglant par un brave garde national du nom de Hœner, qui lui fait un rempart de son corps. « Cependant, dit Bouillé dans ses *Mémoires*, les canons partent et jettent par terre cinquante ou soixante hommes de l'avant-garde ; le reste, suivi des grenadiers français, se précipite avec furie sur les canons, ils s'en emparent ainsi que de la porte de Stainville que ces canons défendaient, » et facilitent le passage aux troupes. L'insurrection put ainsi être réprimée.

Cependant le jeune Desilles, transporté dans une maison voisine, vit poser le premier appareil sur ses bles-

sures qu'on jugeait des plus graves, mais non pas
peut-être mortelles. Illusion, hélas ! après six semaines
de souffrances cruelles, il succomba (17 octobre 1790),
consolé du moins sur son lit de douleur par les espérances chrétiennes et par des témoignages universels de
sympathie. Le roi Louis XVI lui avait fait remettre la
croix de chevalier de Saint-Louis, en même temps que
l'Assemblée nationale, par l'organe de son président, lui
adressait ses félicitations. De Saint-Malo, pareillement
une députation arrivait pour témoigner à Desilles des
sentiments de ses compatriotes. D'un bout de la France
à l'autre, l'écho faisait retentir son nom, acclamé avec
enthousiasme, mais autour duquel bientôt le silence se
fit, quand tonnèrent les refrains de la *Carmagnole* et du
Ça ira et que le peuple égaré, frénétique, prodiguant
ses bravos à de monstrueuses apothéoses, conduisait un
Marat au Panthéon pour le précipiter plus tard à l'é-
gout.

Pour en revenir à Desilles, on regrette que les *Mémoires de Bouillé* consacrent si peu de lignes à son sublime dévouement.

« Des soldats, qui n'avaient pas suivi leurs drapeaux,
» se prennent de querelle avec mon avant-garde com-
» posée de Suisses. Ils veulent faire feu sur elle de plu-
» sieurs pièces de canon chargées à cartouches qu'ils
» avaient placées à l'entrée de la porte. Un jeune officier
» du régiment du roi, nommé Desilles, les arrête quel-
» que temps. Il se met devant la bouche du canon, ils
» l'en arrachent ; il s'assied sur la lumière d'un canon
» de vingt-quatre, ils le massacrent... »

Et c'est tout, mais ce n'est pas assez assurément ! On

a peine à comprendre qu'un ancien chef d'armée passe aussi rapidement, je pourrais dire légèrement, sur ce sublime épisode. On s'étonne que, dominé par je ne sais quelle préoccupation, il n'ait pas eu davantage à cœur de mettre en relief et de glorifier, pour l'exemple, l'héroïsme de ce martyr de l'honneur et de la discipline militaire.

Voici de la même époque à peu près, un trait d'autant plus admirable que son auteur est resté volontairement inconnu.

Un grenadier garde-française sauve de la mort son chef dont le peuple croyait avoir beaucoup à se plaindre.

« Grenadier, quel est ton nom ? demande le duc de Châtelet reconnaissant.

— Colonel, répond le soldat, mon nom est celui de tous mes camarades. Nous nous appelons : le Régiment.

HUGUES AUBRIOT

——

Non seulement le nom de ce célèbre prévôt de Paris a été donné à l'une des rues nouvelles de la capitale mais sa statue est une de celles qui décorent la façade de l'Hôtel de Ville. Ces honneurs, Aubriot les mérite, d'après les historiens, en dépit de graves reproches qui pèsent sur sa mémoire. Venu de Dijon, où il était né, à Paris, et recommandé par le duc de Bourgogne, Philippe le Hardi, son seigneur, il se fit remarquer du roi Charles V qui, satisfait de ses premiers services, le nomma, vers 1364, prévôt et capitaine de Paris. Dans ce poste considérable, qu'il occupa durant dix-sept années, Aubriot témoigna d'une activité rare et d'un caractère énergique et résolu, trop même parfois peut-être.

Non-seulement il fit exécuter des travaux en grand nombre pour la défense comme pour la salubrité de la capitale, mais à ces travaux il employa de gré ou de force les vagabonds et les malfaiteurs si nombreux dans la ville depuis les troubles du règne précédent. Grâce à une police sévère et vigilante, les voleurs disparurent et les bourgeois honnêtes ne craignirent plus de s'aventurer, même le soir, dans les rues de la capitale.

Les tapages des écoliers de l'Université, trop enclins parfois à abuser de leurs priviléges, durent cesser, mais le prévôt, dans la répression des abus, ne tint pas assez compte des droits établis, des exigences du temps et montra parfois plus de passion que de prudence.

Il fit défense aux marchands de vendre ou de prêter des armes aux écoliers, sans sa permission expresse ; mais de plus, pour arrêter les incursions de ces derniers, il construisit, au bout du pont Saint-Michel, le petit Châtelet, dans lequel il fit creuser deux cachots qu'il appelait par dérision le clos *Bruneau* et la *rue de Fouarre.*

L'Université, traitée plusieurs fois avec peu d'égards par le prévôt, vit là, et pas à tort, sans doute, une nouvelle injure à son adresse, et la perte d'Aubriot fut résolue. Pour son malheur, malgré ses grandes qualités comme administrateur, Aubriot n'avait pas su se concilier l'estime des honnètes gens par une vie exemplaire et bien au contraire. Tout en faisant la part des exagérations, il ne semble pas douteux qu'il y eut trop de vérité dans les accusations si graves qui s'élevèrent de divers côtés à la fois contre lui, et que nous trouvons reproduites dans le *Laboureur* et Jean Juvénal des Ursins, écrivains contemporains. Voici ce que nous lisons dans l'*Histoire de Charles VI, roi de France,* par le dernier :

« Hugues Aubriot, natif de Bourgogne, lequel, par le moyen du duc d'Anjou, fut fait prévôt de Paris, estoit et si avoit un grand gouvernement des finances. Il fit plusieurs notables édifices à Paris, le pont Saint-Michel, les murs de devers la bastille Saint-Antoine, le Petit-

Chastelet et plusieurs autres choses dignes de grande
mémoire. Mais, sur toutes choses, avoit, en grande irrévérence les gens d'église, et principalement l'Université de Paris. Et tellement que secrètement on fit en-
queste de son gouvernement et de sa vie qui estoit très-
orde et deshonneste en toute ribaudise, à decevoir
femmes, et ne croyoit point le saint sacrement de
l'autel, et s'en moquoit et ne se confessoit point et
estoit un très mauvais catholique. En plusieurs et diverses hérésies estoit encouru et ne craignoit aucune
puissance pour ce qu'il estoit fort en la grâce du roy et
des seigneurs. Toutefois fut fort poursuivi par l'Université et gens d'église, tellement qu'on le prit et em-
prisonna-t-on, et à la fin fut content de se rendre prisonnier ès prisons de monsieur l'evesques de Paris. Et
fut examiné sur plusieurs points, lesquels il confessa, et
fut trouvé par grands clercs à ce cognoissans qu'il estoit
digne d'être brûlé. Mais à la requeste des princes, cette
peine lui fut relaschée, et seulement aux parvis Notre-
Dame fut publiquement presché et mitré par l'Evêque
de Paris, vestu en habit pontifical, et fut déclaré en
effet estre de la loy des Juifs et contempteur des sacrements ecclésiastiques et avoir encouru les sentences
d'excomuniement qu'il avoit par longtemps contemnées
et méprisées. Et le condamna-t-on à estre perpétuellement en la fosse au pain et à l'eau. »

Il fut enfermé dans un des cachots de cette même
Bastille qu'il avait fait construire; de là, dit-on, trans-
féré dans les prisons de l'évêque de Paris. Mais l'année
suivante (1382), lors de l'insurrection populaire, dite des
Maillotins, il fut délivré « et vinrent (les mutins), aux pri-

sons de l'évêque de Paris, et rompirent tout, et délivrèrent ceux qui estoient, et mesmement Hugues Aubriot, qui
estoit condamné comme dit est ; et lui fut requis qu'il
fust leur capitaine, lequel le consentit mais la nuit s'en
alla... Et le lendemain vinrent à l'hostel de Hugues Aubriot, et le cuidoient (pensaient) trouver pour le faire
leur capitaine. Et quand ils virent qu'il n'y estoit pas,
furent comme enragés et desplaisans, et commencèrent
à entrer en fureur, et vouloient aller abattre le pont de
Charenton. »

Aubriot, qui n'avait eu que le tort d'exagérer le prin-
cipe d'autorité et qui à aucun prix ne voulait jouer le
rôle de Marcel et se faire chef de révoltés, ayant quitté
Paris dans la nuit même de sa délivrance, se retira dans
son pays natal à Dijon, et il y mourut peu de temps
après, 1382 ou 1383. — D'après sa conduite dans cette
dernière période de sa vie, on peut croire que son repentir était sincère et qu'il y persévéra jusqu'à la fin.

SYLVAIN BAILLY

—

I

Bailly, célèbre comme savant avant la Révolution est aujourd'hui connu surtout par sa fin tragique. A peine âgé de vingt-quatre ans [1], il comptait déjà parmi les astronomes distingués. Élu membre de l'académie des sciences à l'âge de vingt-sept ans (1763), il devint plus tard membre de l'académie française, (1783) et deux ans après de celle des inscriptions et belles-lettres. Ces distinctions, il les devait à ses publications littéraires et scientifiques encore que les dernières surtout aux yeux des juges compétents aient aujourd'hui perdu beaucoup de leur valeur.

« Bailly par des études opiniâtres avait acquis beaucoup d'instruction ; mais il avait le jugement faux ou du moins sujet à s'égarer en poursuivant des systèmes qui ne sont fondés sur rien de précis. Son *Histoire de l'astronomie* est un véritable roman de physique dont le but est de faire le monde très vieux contrairement aux écrivains, sacrés et profanes, qui en ont déterminé l'âge, en opposition, d'ailleurs avec l'aspect du globe et les

[1] Il était né à Paris, le 15 septembre 1736.

découvertes de la géologie. Qui pourra concevoir en effet la possibilité d'une révolution qui aura transporté la Sibérie des régions équinoxiales aux régions polaires; qui trouvera comme lui dans les Samoyèdes les pères des sciences et des arts ? Son histoire de l'astronomie indienne n'est pas moins remplie de paradoxes », il en est de même des *Lettres de l'Atlantide* et sur l'origine des sciences. Aussi, tout en reconnaissant en lui de l'imagination, de la science et le talent d'écrire, les savants de son temps appelèrent ses systèmes astronomiques : Les *Rêveries de Bailly* [1] ».

La réputation d'honnêteté de Bailly le fit nommer, en 1786, membre de la commission chargée d'inspecter les hopitaux. Le rapport de Bailly choisi par ses collègues pour tenir la plume, n'est pas le moins intéressant de ses ouvrages, quoiqu'il attriste profondément par la révélation d'un état de choses qui nous semble aujourd'hui monstrueux. D'abord quand les commissaires se présentent à l'Hôtel-Dieu afin d'examiner par eux-mêmes l'établissement où les abus leur avaient été particulièrement signalés, la porte leur est refusée. « Nous avions besoin de divers éléments, nous les avons demandés, aussi bien qu'une personne qui pût nous guider et nous instruire ; *nous n'avons rien obtenu.* »

« Quelle était donc l'autorité, dit Arago [2], qui se permettait ainsi de manquer aux plus simples égards envers des commissaires investis de la confiance du roi,

[1] *Encyclopédie catholique.*
[2] Eloge de Bailly.

de l'académie et du public ? Cette autorité se composait de divers administrateurs (le type, dit-on, n'est pas entièrement perdu) qui regardaient les pauvres comme leur patrimoine, qui leur consacraient une activité désintéressée mais improductive ; qui souffraient impatiemment toute amélioration dont le germe ne s'était pas développé dans leur tête ou dans celles de quelques hommes philanthropes par naissance ou par privilège d'emploi. »

Malgré ce mauvais vouloir, la commission put remplir sa mission : « ce qu'elle fit avec une conscience qui n'avait d'égale que sa patience et sa fermeté. » Quelques extraits seulement du rapport de Bailly, analysé par Arago, suffiront pour montrer si la susceptibilité des administrateurs était légitime.

« En 1786, on traitait à l'Hôtel-Dieu les infirmités de toute nature.... tout était admis, mais aussi tout présentait une inévitable confusion. Un malade arrivant était souvent couché dans le lit et les draps du galeux qui venait de mourir.

» L'emplacement réservé aux fous étant très restreint, deux de ces malheureux couchaient ensemble. Deux fous dans les mêmes draps ! L'esprit se révolte en y songeant.

» Dans la salle St-François, exclusivement réservée aux hommes atteints de la petite vérole, il y avait quelquefois, faute de place, jusqu'à six adultes ou huit enfants dans un lit qui n'avait pas 1 mètre 1/2 de large.

» Les femmes atteintes de cette affreuse maladie se trouvaient réunies, dans la salle Ste-Monique, à de simples fébricitantes ; celles-ci étaient livrées comme une inévitable proie à la hideuse contagion dans le lieu même où, pleines de confiance, elles avaient espéré recouvrer la santé.

» Les femmes enceintes, les femmes en couche étaient également entassées pêle-mêle sur des grabats étroits et infects.

» ... Dans l'état habituel, les lits de l'Hôtel-Dieu, des lits qui n'avaient pas 1 mètre 1/2 de large, contenaient quatre et souvent six malades ; ils y étaient placés en sens inverse : les pieds des uns répondaient aux épaules des autres ; ils n'avaient chacun pour leur quote-part que 25 centimètres.... Aussi se concertaient-ils, tant que leur état le permettait, pour que les uns restassent levés dans la ruelle pendant une partie de la nuit, tandis que les autres dormaient.

» ... Tel était l'état normal de l'ancien Hôtel-Dieu. Un mot, un seul mot dira ce qu'était l'état exceptionnel (en temps d'épidémie) ; alors on plaçait des malades jusque sur les ciels de ces mêmes lits où nous avons trouvé tant de souffrances, tant de légitimes malédictions... »

Combien d'autres détails non moins tristes, par exemple, relatifs à la salle des opérations et sur lesquels nous glissons pour ne pas trop attrister le lecteur.

A qui, d'ailleurs imputer la longue durée de cette organisation vicieuse, inhumaine? « à la vulgaire toute puissance de la routine, à l'ignorance ! » s'écrie Arago s'appuyant des conclusions de Bailly qui dit avec tous les ménagements que la circonstance exigeait :

« L'Hôtel-Dieu existe peut-être depuis le VIIᵉ siècle,

» et si cet hôpital est le plus imparfait de tous, c'est
» parce qu'il est le plus ancien. Dès les premiers temps
» de cet établissement, on a cherché le bien, on a désiré
» s'y tenir, et la constance a paru un devoir. De là,
» toute nouveauté utile a de la peine à s'y introduire ;
» toute réforme est difficile ; c'est une administration
» nombreuse qu'il faut convaincre ; c'est une masse
» énorme qu'il faut remuer. »

L'énormité de la masse à remuer ne découragea pas
les commissaires de l'Académie. Aussi, grâce à leur
énergique persistance, les choses changèrent, nos hopitaux furent réformés, transformés, et c'est avec toute
justice et vérité qu'Arago a pu dire naguère : « Chaque
pauvre est aujourd'hui couché seul dans un lit, et il le
doit principalement aux efforts habiles, persévérants,
courageux de l'Académie des sciences. Il faut que le
pauvre le sache et le pauvre ne l'oubliera pas. »

Hélas ! il fut trop prompt à l'oublier, au contraire, en
ce qui concerne Bailly du moins, dont la triste destinée
prouve une fois de plus quel fond il faut faire sur la
popularité, avec la terrible mobilité des multitudes, si
promptes à subir toutes les influences, et qui, elles aussi,
tournent au moindre vent. Bailly en fit la cruelle expérience et combien ne dut-il pas regretter souvent d'avoir
cédé, qui sait à quelle tentation fatale d'ambition ? au lieu
de se contenter de la gloire modeste de savant et de
lettré, à l'exemple de son maître l'astronome Lacaille
dont on a dit qu'il était le calculateur le plus courageux
et l'observateur le plus zélé, le plus actif, le plus assidu
qui ait jamais existé, « et avec cela » doux, simple,
gai, égal avec ses amis ; l'intérêt ni l'ambition ne le

tentèrent jamais ; il sut se contenter de peu, sa probité
faisait son bonheur, les sciences ses plaisirs, et l'amitié
ses délassements. »

II

L'impression que Bailly avait reçue de sa visite dans
les hôpitaux et la constatation trop facile des énormes
abus qui, par le laps du temps, s'y étaient introduits,
tout probablement contribuèrent à l'entraîner vers les
« opinions nouvelles » comme on disait à la veille de la
révolution. Dans l'ordre social aussi, beaucoup d'abus
existaient qui appelaient l'œil investigateur et la sollicitude de l'homme d'état s'il s'en fut rencontré alors un
digne de ce titre soit dans les conseils de la couronne
soit dans l'assemblée réunie d'abord sous le titre d'Etats
généraux. Mais, parmi les honnêtes gens, il ne se trouvait guère que des utopistes ou des hommes à idées
fausses, et politiquement peu pratiques comme Bailly,
entraînés tout d'abord par un zèle sincère, mais non
pas peut-être exempt de vanité et de présomption, à des
exagérations dont ils comprirent la portée plus tard, s'ils
la comprirent, et qui, par leur téméraire confiance, ne
devaient pas tarder à tout compromettre.

Lors de la convocation des Etats généraux, Bailly,
nommé d'abord grand électeur, fut élu député de Paris
le 12 mai et le langage qu'il tint à cette occasion
d'après ses *Mémoires*, prouve les sentiments qui l'animaient : « La nation doit se souvenir qu'elle est souve-
» raine et maîtresse de tout ordonner.., ce n'est pas

» quand la raison s'éveille qu'il faut alléguer d'anciens
» priviléges et des préjugés absurdes... je louerai les
» électeurs de Paris qui les premiers ont conçu l'idée de
» faire précéder la Constitution française de la Décla-
» ration des droits de l'Homme. »

C'était faire un peu vite bon marché de toute autorité
même la plus légitime et l'on sent trop dans ce langage
le bourgeois gonflé de sa soudaine importance qui faisait dire à Bailly avec un étonnement naïf, en entrant,
le 21 avril, dans la salle des Feuillants : « Je crus respi-
» rer un air nouveau et je regardai comme un phéno-
» mène d'être quelque chose dans l'ordre politique par
» ma seule qualité de citoyen. »

Le 3 juin 1789, Bailly fut nommé doyen ou président
des communes. Lors de la séance royale du 23, Louis XVI
qui, avec tant de grandes vertus, manquait de la première qualité de l'homme d'Etat, la décision, termina
son discours en disant : « Je vous ordonne, messieurs,
de vous séparer tout de suite. »

Les membres des deux premiers ordres pour la plus
grande partie, s'inclinant devant cette expression de la
volonté royale, se retirèrent pendant que les députés
des communes restaient tranquillement à leurs places.
Le grand maître des cérémonies l'ayant remarqué,
s'approcha de Bailly, et lui dit :

— Vous avez entendu l'ordre du roi, monsieur.

— Je ne puis pas ajourner l'assemblée sans qu'elle
ait délibéré, répondit Bailly.

— Est-ce bien là votre réponse et dois-je en faire part
au roi ?

— Oui, monsieur ! répliqua le président, et s'adressant aussitôt aux députés qui l'entouraient : « Il me semble, dit-il, que la Nation assemblée ne doit pas recevoir d'ordre. »

Ce langage ne peut étonner de la part de celui qui, trois jours avant, présidait la fameuse séance dite du Jeu de Paume.

Le surlendemain de la prise de la Bastille, Bailly, venu de Versailles à Paris, comme membre de la députation envoyée pour rétablir l'ordre, fut proclamé d'enthousiasme maire de Paris, en même temps que Lafayette était nommé commandant général de la garde nationale. Bailly, toujours un peu naïf, dit au sujet de cette nomination :

« Je ne sais pas si j'ai pleuré, je ne sais pas ce que
» j'ai dit ; mais je me rappelle que je n'ai jamais été si
» étonné, si confondu et si au-dessous de moi-même. La
» surprise ajoutant à ma timidité naturelle devant une
» grande assemblée, je me levai, je balbutiai quelques
» mots qu'on n'entendit pas, que je n'entendis pas moi-
» même, mais que mon trouble plus encore que ma
» bouche rendit expressifs. Un autre effet de ma stupi-
» dité subite, c'est que j'acceptai *sans savoir de quel far-*
» *deau je me chargeais* [1] ».

Le nouveau maire de Paris, en effet, le jour même de sa nomination put constater « que d'une visite faite à la halle et chez tous les boulangers, il résultait que les approvisionnements en grains et farines seraient entiè-rement épuisés en trois jours. Le lendemain tous les préposés à l'administration des farines avaient disparu. »

---

[1] Mémoires de Bailly.

Ce fut là, pendant les deux années que Bailly resta en fonctions, sa continuelle et pénible préoccupation, celle de veiller à l'approvisionnement d'une population de 800,000 âmes que le besoin pouvait pousser aux derniers excès alors surtout que l'ignorance, la prévention portaient si facilement la multitude à croire qu'il y avait calcul, dessein prémédité de l'affamer. Mais quoi ! ce n'était pas seulement prévention résultant de l'ignorance ; car cette détestable calomnie, Marat, l'ennemi acharné de Bailly, ne se lassait pas de la répéter dans sa feuille immonde. Chaque matin aussi, sur tous les tons, l'infâme répétait : *Que Bailly rende ses comptes!* alors que la probité du maire de Paris devait être à l'abri de tout soupçon. Dans l'Assemblée nationale même, ces odieuses provocations trouvaient des échos et du haut de la tribune (le 15 juillet 1789) Mirabeau laissait tomber ces paroles qu'Arago qualifie si justement d'incendiaires :

« Henri IV faisait entrer des vivres dans Paris assiégé et rebelle, et des ministres pervers interceptent maintenant les convois destinés pour Paris affamé et soumis. »

Néanmoins ce ne fut qu'après la fuite du roi, à Varennes, que la popularité de Bailly parut sérieusement atteinte. On l'accusait, ainsi que Lafayette, de complicité tout au moins indirecte dans le départ. De là, dans Paris, travaillé par les meneurs, une effervescence croissante, de violentes et continuelles agitations qui aboutirent à l'émeute du 17 juillet 1791, au Champ de Mars où une foule immense s'était donné rendez-vous devant l'autel de la Patrie, pour signer la pétition réclamant la déchéance de Louis XVI. Le maire de Paris, tous les moyens de conciliation épuisés, voyant que la réunion prenait un caractère de plus en plus menaçant, après avoir demandé les ordres de l'Assemblée, convoque la garde nationale, et à la tête de la municipalité, se présente devant la foule qu'il somme à plusieurs reprises, mais inutilement de se retirer. Il fallut avoir recours à la force, le drapeau rouge est déployé, les gardes nationaux font usage de leurs armes, le sang coule, et l'émeute se disperse en laissant sur le carreau un certain nombre de victimes, nombre qui, comme toujours, fut exagéré.

Dès lors c'en était fait de la popularité de Bailly qui trois mois après, quittant la mairie (12 novembre 1791), se retira d'abord à Chaillot, puis à Nantes; mais là, chose triste à dire, le pouvoir central, alors aux mains des Girondins, le mit en surveillance et une lettre de Roland, ministre de l'intérieur, lui annonça que le gouvernement lui retirait le logement que, depuis cinquante ans, sa famille occupait au Louvre. En même temps on l'obligeait à payer une somme de 6,000 livres, à titre d'indemnité, pour le loyer de l'hôtel qu'il avait occupé comme maire de Paris. C'était pour lui la ruine et il ne s'acquitta qu'en vendant sa bibliothèque et sa maison de Chaillot. Et les temps menacèrent bientôt de devenir pires par la prédominance, dans l'Assemblée, des partis violents. Aussi l'un de ses amis, M. de Casaux, offrit à Bailly, le supplia même, de prendre passage à bord d'un petit bâtiment qu'il avait frété pour sa famille :

« Nous nous rendrons d'abord en Angleterre, lui dit

M. de Casaṃx ; si vous le préférez, nous irons passer
notre exil en Amérique. N'ayez aucun souci, j'ai de la
fortune ; je puis sans me gêner pourvoir à toutes les
dépenses. Il est sage de fuir une terre qui menace de
dévorer ses habitants. »

Bailly, malgré les instances de sa femme, refusa :
« Depuis le jour, répondit-il, où je suis devenu un personnage public, ma destinée se trouve invariablement
liée à celle de la France ; jamais je ne quitterai mon
poste au moment du danger. En toute circonstance, la
patrie pourra compter sur mon dévouement. Quoiqu'il
doive arriver, je resterai. »

Le 6 juillet 1793, Bailly quittait Nantes pour aller
habiter Melun où Laplace, son ami, lui avait offert l'hospitalité. Par malheur, peu de jours avant, une division
de l'armée révolutionnaire était venue occuper la ville.
Bailly, reconnu en arrivant par un soldat, fut sommé
par celui-ci de le suivre à la mairie. Mis en état d'arrestation, puis, par un ordre du comité du salut public,
conduit à Paris et écroué à la Force, il en sortit quelque
temps après, sous bonne escorte, cité comme témoin
dans le procès de Marie Antoinette. Mais sa conduite,
dans cette circonstance, ne fut pas celle qu'espéraient, le
jugeant d'après eux, les ennemis de la reine. Non-seulement il s'inclina devant elle avec l'air du profond respect, mais en entendant certaines imputations odieuses
de l'acte d'accusation, il ne put retenir le cri de son indignation et qualifia, comme elles le méritaient, ces
exécrables calomnies. Cet acte courageux, qui effaçait
bien des fautes, ne lui fut pas pardonné par les hommes
de la Terreur. Un mois après, traduit devant le tribunal

révolutionnaire, il fut condamné à périr sur l'échafaud.
Ramené à la conciergerie, où il resta pendant deux jours
encore, Bailly conserva son calme et sa fermeté, et par
son langage même, on peut croire que revenu de bien
des illusions, désabusé de beaucoup d'erreurs, il se préparait sérieusement à la mort. Quelques-uns de ses compagnons de captivité, se plaignant avec amertume et
dans un langage qui semblait trahir une sorte de regret
d'être restés honnêtes :

« Consolez-vous, leur dit-il, il y a une si grande distance entre la mort et l'homme de bien et celle du méchant que le vulgaire n'est pas capable de la mesurer. »

Le 12 novembre eut lieu l'exécution, cette exécution
qui est un des épisodes les plus lamentables de nos annales, mais qu'il faut rappeler pour la leçon de tous et
afin que l'horreur et l'épouvante que soulèvent de telles
atrocités en rendent à tout jamais le retour impossible.
Parmi les nombreuses versions qui ont été données de
ce tragique évènement, nous choisirons de préférence
celle de François Arago dont le témoignage n'est pas
suspect; car, après une enquête minutieuse, tout en
s'étudiant à rester impartial, par un motif sans doute
honorable, il cherche à diminuer plutôt qu'à augmenter
l'horreur de la scène : « La vérité, la stricte vérité, dit-
il, n'était-elle pas assez déchirante ? Fallait-il, sans
preuves d'aucune sorte, imputer à la masse le cynisme
infernal de quelques cannibales ?... Je prouverai qu'en
rendant le drame un peu moins atroce je n'ai sacrifié
que des détails imaginaires, fruits empestés de l'esprit
de parti :

« Midi venait de sonner. Bailly adressa un dernier et

tendre adieu à ses compagnons de captivité, leur sou-
haita un meilleur sort et, suivant le bourreau sans faiblesse comme sans forfanterie, monta sur la fatale char-
rette, les mains attachées derrière le dos. Notre confrère
avait coutume de dire. « On doit avoir mauvaise opinion
» de ceux qui n'ont pas, en mourant, un regard à jeter
» en arrière. » Le dernier regard de Bailly fut pour sa
femme. Un gendarme de l'escorte recueillit avec sensibilité les paroles de la victime et les reporta fidèlement
à la veuve. Le cortége arriva à l'entrée du Champ de
Mars, du côté de la rivière, à une heure un quart. C'é-
tait la place où, conformément aux termes du jugement,
on avait élevé l'échafaud. La foule aveuglée qui s'y
trouvait réunie, s'écria avec fureur que la terre sacrée
du Champ de la Fédération ne devait pas être souillée
par la présence et par le sang de celui qu'elle appelait
un grand criminel ; sur sa demande, j'ai presque dit,
sur ses ordres, l'instrument du supplice fut démonté,
transporté pièce à pièce dans un des fossés, et remonté
de nouveau. Bailly resta le témoin impassible de ces
effroyables préparatifs, de ces infernales clameurs. Pas
une plainte ne sortit de sa bouche. La pluie tombait
depuis le matin ; elle était froide, elle inondait le corps
et surtout la tête nue du vieillard. Un misérable s'aperçut qu'il frissonnait, et lui cria : » *Tu trembles Bailly ?*
— *Mon ami, j'ai froid*, répondit avec douceur la victime.
Ce furent ses dernières paroles.

« Bailly descendit dans le fossé, où le bourreau brûla
devant lui le drapeau rouge du 17 juillet ; il monta ensuite d'un pas ferme sur l'échafaud. Ayons le courage
de le dire, lorsque la tête de notre vénérable confrère

tomba, les *témoins soldés* que cette affreuse exécution avait réunis au Champ de Mars, poussèrent d'infâmes acclamations. »

Maintenant faut-il croire à ces *témoins soldés* dont parle Arago dans son désir d'innocenter « ce qu'on appelle la populace » ? Faut-il croire à l'intervention de personnes riches et influentes dans les scènes d'une inqualifiable barbarie du Champ de Mars ? M. Arago n'obéit-il point à une idée préconçue, aux exigences de sa position et au mot d'ordre d'un parti quand il dit du ton le plus affirmatif : « Ce n'est point aux malheureux sans propriétés, sans capital, vivant du travail de leurs mains, aux prolétaires qu'on doit imputer les incidents déplorables qui marquèrent les derniers moments de Bailly. « Avancer une opinion si éloignée de la vérité, c'est s'imposer le devoir d'en prouver la réalité. »

Et à l'appui de ces paroles il rapporte l'exclamation, échappée à Bailly, après sa condamnation, suivant le dire de Lafayette : « Je meurs pour la séance du Jeu de Paume et non pour la funeste journée du Champ de Mars. » Mais comment admettre ces audaces de la réaction, en pleine terreur, quand pour satisfaire une haine posthume, elle s'exposait à tant de périls ? Comment admettre pareille supposition malgré les invraisemblances, plutôt que ces égarements funestes, ces délires de la multitude trop facile à tromper quand on l'excite dans le sens de ses passions, quand elle est prise de la fièvre homicide en dépit de ses naturels et généreux instincts ? N'est-il pas dans notre révolution trop d'exemples, hélas ! de ces effroyables vertiges ! Etaient-ils soldés ceux qui battaient des mains sur le passage de Charlotte

Corday, conduite à l'échafaud, sur le passage de Marie Antoinette, de Madame Elisabeth, de Beauharnais, de Custines, d'André Chénier et de tant d'autres illustres victimes ? Etait-ce pour le salaire, qui fut si minime, que *travaillaient* les égorgeurs de septembre, les assassins des Carmes, etc, que le peuple, le vrai peuple d'ailleurs hautement renie et regarde comme des monstres ?

Maintenant, pour ne pas laisser le lecteur sous une impression trop douloureuse, en regard de ces lugubres pages, mettons-en une qui repose et console, « qui élève l'àme et remplisse le cœur de douces émotions. » Après la mort de son mari, Madame Bailly se trouva dans une position qui était plus que la gène au point qu'elle fut heureuse de se voir inscrite au bureau de charité de son arrondissement, grâce aux sollicitations pressantes du géomètre Cousin, membre de l'Académie. Maintes fois on vit cet homme éminent traverser tout Paris, ayant sous le bras le pain, la viande et la chandelle destinés à la veuve d'un illustre confrère.

Voici qui n'est pas moins touchant. Après le 18 brumaire, de Laplace fut nommé ministre de l'intérieur. Le soir même, 21 du mois, il demandait une pension de 2,000 francs pour Madame Bailly. Le premier consul l'accorda aussitôt, en ajoutant comme condition expresse que le premier trimestre serait payé d'avance et sur le champ. « Le 22, de bonne heure, une voiture s'arrête dans la rue de la Sourdière (où demeurait la veuve de Bailly); madame de Laplace en descend, portant à la main une bourse remplie d'or.

« Elle s'élance dans l'escalier, pénètre en courant dans l'humble demeure, depuis plusieurs années témoin d'une

douleur sans remède et d'une cruelle misère ; Madame
Bailly était à la fenêtre : « Ma chère amie, que faites-
vous là de si grand matin ? s'écrie la femme du ministre. — Madame, repartit la veuve, j'entendis hier les
crieurs publics, et je vous attendais. [1] »

Qu'ajouter à de telles paroles ? il faut se taire et admirer.

[1] François Arago. — Eloge de Bailly.

BEAUJON

Beaujon (Nicolas), né à Bordeaux en 1718, successivement banquier de la cour, receveur-général des finances de la généralité de Rouen, conseiller d'Etat à brevet, avait acquis, dans ces différentes positions, une fortune considérable qu'il dépensait généreusement. C'est ainsi qu'au mois de juillet 1784, fut par lui fondé l'hospice qui porte son nom, mais dans un but fort différent du but actuel. En effet, cet établissement construit, d'après les ordres de Beaujon, par l'architecte Girardin et doté d'une rente annuelle de 25,000 livres, était destiné à douze garçons et douze filles orphelins et nés dans le faubourg. Ils y étaient nourris, vêtus, instruits depuis l'âge de six ans jusqu'à douze, époque à laquelle on leur donnait 400 livres pour l'apprentissage du métier qu'ils avaient choisi. Des sœurs de la Charité dirigeaient l'éducation des filles; celle des garçons était confiée aux frères de la doctrine chrétienne.

Mais, lors de la révolution, l'Etat s'empara de l'établissement dont il changea la destination en faisant de l'asile un hôpital pour les malades. C'était méconnaître les intentions du fondateur, qui n'était plus là pour protester, mort pendant l'année 1786. N'ayant point d'enfants, par son testament, Beaujon voulut faire des

heureux avec les trois millions dont se composait sa fortune qu'il divisa en un grand nombre de legs particuliers.

Le célèbre banquier put ainsi trouver de précieuses
jouissances dans ses immenses richesses dont pour lui-
même il ne faisait que médiocrement usage. Dans les
dernières années de sa vie surtout, son état d'infirmité
habituelle ne lui permettait même plus la promenade,
et une maladie chronique de l'estomac le condamnait
au régime de vie le plus sévère. Il n'en recevait pas
moins à sa table, largement servie, chaque jour quelques amis ou des artistes ; mais pendant que les joyeux
convives savouraient à l'envi les mets délicats, dégus-
taient les vins fins, les liqueurs et le café, l'amphytrion,
un peu mélancolique sans doute, devait se borner à
l'eau claire et à la panade, à moins qu'il ne préférât le
laitage.

Quelle amère dérision dans la possession même de ces
trésors que lui prodiguait la fortune, si M. de Beaujon
n'eut trouvé une noble compensation et une satisfaction
délicieuse dans cette libéralité qui s'épanchait si largement en bienfaits dont plusieurs, comme on l'a vu, ont
survécu au donateur et, après des siècles peut-être, feront bénir sa mémoire !

BEETHOVEN (LOUIS VAN)

————

Contrairement à ce qui arriva pour Mozart et pour beaucoup d'autres, l'instinct musical ne se révéla point chez Beethoven tout d'abord. Un de ses compagnons d'enfance, M. Baden, dont le témoignage positif infirme les récits de plusieurs biographes, raconte qu'il fallut user de violence pour lui faire commencer l'étude de la musique, et que, pendant les premiers temps, plus d'une fois il fut battu parce qu'il refusait de se mettre au piano. M. Baden d'ailleurs ajoute, qu'une fois ces premiers dégoûts surmontés, merveilleux furent les progrès du jeune Louis dans cet art pour lequel il se passionna bientôt et qui devait si fort l'absorber, témoin cette anecdote:

Beethoven entre un jour chez un restaurateur pour dîner. Il prend la carte des mets du jour pour choisir ce qui lui convient, mais au même instant, une idée musicale se présente à sa pensée. Vite il saisit son crayon et retournant la carte, il écrit sous la dictée de son inspiration et couvre de notes la page blanche qu'il met ensuite dans sa poche. Alors revenu à lui et voyant le garçon s'approcher, il tire sa bourse et demande ce qu'il doit:

« Vous ne devez rien, monsieur, puisque vous n'avez pas dîné.

— Comment, je n'ai pas dîné ! En êtes-vous bien sûr ?

— Très-sûr, monsieur, et mieux que moi vous devez le savoir.

— Alors c'est différent, donnez-moi quelque chose.

— Que désirez-vous ?

— Ce que vous voudrez.

Mais n'anticipons point et revenons de quelques pas en arrière, car la jeunesse de l'illustre maître offre quelques particularités dignes d'intérêt. Beethoven (Louis) naquit à Bonn, sur le Rhin, le 10 décembre 1770, d'une famille originaire de Hollande, ce qui explique la particule *Van* qui précède le nom de l'illustre compositeur.

Beethoven apprit de son père, dès l'âge de cinq ans, les premiers principes de la musique. Son maître de piano fut Vander Eden, organiste de la cour, qui de lui-même offrit ses conseils et, en véritable artiste, donna gratuitement ses leçons. Après sa mort arrivée en 1782, son successeur Neefe ne se montra pas moins bienveillant ; il est vrai que l'enfant, attirant déjà l'attention publique par ses rares dispositions, lui était recommandé par l'électeur Maximilien d'Autriche. Neefe n'hésita pas à initier de suite son élève aux grandes conceptions de Bach et Haendel, et l'enthousiasme de l'enfant fut tel que, non content d'exécuter sur le piano ces admirables compositions, il voulut s'essayer à les imiter, tout ignorant qu'il fût des règles de l'harmonie, et composa plusieurs morceaux (sonates et chansons) où se trahit surtout son inexpérience et qu'il désavoua plus tard comme l'œuvre indigne d'un débutant.

Vers l'année 1786 ou 1787, il fit un voyage à Vienne.

dans le seul but de voir Mozart, dont il admirait pas-
sionnément la musique. Après avoir lu la lettre d'introduction et de recommandation, Mozart dit au visiteur
de se mettre au piano et d'improviser. Le brillant et la
sûreté de l'exécution firent croire au maëstro que ce
qu'il entendait était appris de mémoire, et il ne put dissimuler ce soupçon au jeune homme. Celui-ci, un peu
piqué, dit avec vivacité :

« Eh bien! donnez-moi vous-même un thème, celui
que vous voudrez.

— Soit, reprit Mozart, ajoutant en à-parté : je vais
bien t'attraper.

Et au bout de quelques instants, il remettait à Beethoven un sujet de fugue hérissé de difficultés et qui
pour un débutant offrait plus d'un piége. Mais le jeune
artiste sut les deviner, et ce thème presque impossible il
le développa avec tant de force, de verve, de génie, que
Mozart, confondu, se leva doucement, et se glissant sur
la pointe du pied dans la pièce voisine, dit à des
amis qui s'y trouvaient :

« Faites attention à ce jeune homme, vous en enten-
drez parler quelque jour. »

Après la mort de son père, (1792) Beethoven quitta la
ville de Bonn, qui lui offrait trop peu de ressources,
et se rendit de nouveau à Vienne, mais avec la pensée,
cette fois, de s'y fixer. Il n'y retrouva plus Mozart, mais
la Providence lui ménageait un protecteur plus puissant et non moins zélé dans la personne du prince
Lichnowsky, « un de ces nobles seigneurs, dit Fétis [1],

[1] *Biographie des musiciens.*

comme on en rencontrait alors en Autriche et dont la
générosité ne connaissait pas de bornes pour l'encoura-
gement des hommes de talent. » Passionné pour la musique, il accueillit Beethoven avec une bonté parfaite,
lui assura une pension de 600 florins et voulut qu'il de-
meurât dans son hôtel. La princesse partageait les
goûts de son mari et ne témoigna pas moins de bienveillance à l'artiste, profondément reconnaissant, mais
qui, de l'aveu de son ami Schindler, ne savait point assez maîtriser les inégalités de son caractère et les brusqueries de son humeur : « Personne n'était moins aimable que lui dans sa jeunesse,» et la princesse, qui savait
faire la part de la faiblesse humaine, eut plus d'une fois
à l'excuser auprès de son mari, moins porté à l'indulgence pour ces fugues de l'artiste.

Beethoven, apprécié alors surtout comme exécutant et
improvisateur, successivement fit connaître et jouer
plusieurs grandes compositions, entre autres la Symphonie en *ut majeur*, la Symphonie en *ré*, et le grand
Septuor, qui étendirent sa réputation au loin. Ces divers
ouvrages, composés dans un intervalle de 10 ans, de
1790 à 1800, appartiennent à sa première manière,
moins personnelle, et dans laquelle, malgré le mérite
incontestable, se trahit l'influence d'Haydn et de Mozart
pour lesquels, à cette époque, l'artiste professait une admiration enthousiaste.

Beethoven, sans nul souci de la vie matérielle, et sûr
du lendemain, jouissait paisiblement de ses succès, en
rêvant des œuvres nouvelles, d'un caractère plus original et plus puissant, lorsque tous-à-coup, hélas ! il vit
se couvrir des plus sombres nuages cet horizon que l'es-

pérance peignait de si riantes couleurs et déroulait avec
d'immenses et ravissantes perspectives. Faibles et ignorants que nous sommes ! Qui de nous n'est porté à en-
vier, comme des mortels fortunés entre tous, les privi-
légiés du génie et de la gloire, en oubliant trop facilement
que, par une loi mystérieuse, qui tient à un dessein
profond de la Providence, ils sont presque toujours
aussi les prédestinés du malheur. La couronne de lauriers sur leur front s'entrelace à la couronne d'épines.
Cette organisation supérieure, mais d'autant plus délicate qui les tire hors de pair, les rend aussi plus vulné-
rables à la douleur ; ils ressemblent à ces pics élevés
dont le sommet tout d'abord attire la foudre. Et puis,
comme l'a dit admirablement un poète contemporain,
malheureux lui surtout par sa faute, la souffrance, qui
fait vibrer en eux les cordes intimes, est d'ordinaire la
source la plus féconde d'inspiration :

> Rien ne nous rend si grand qu'une grande douleur.
> Mais, pour en être atteint, ne crois pas, ô poète,
> Que ta voix ici-bas doive rester muette.
> Les plus désespérés font les chants les plus beaux,
> Et j'en sais d'immortels qui sont de purs sanglots.
>
> . . . .
>
> Quand ils parlent ainsi d'espérances trompées,
> De tristesse et d'oubli, d'amour et de malheur,
> Ce n'est pas un concert à dilater le cœur.
> Leurs déclamations sont comme des épées ;
> Elles tracent dans l'air un cercle éblouissant ;
> Mais il y pend toujours une goutte de sang [1].

Son protecteur le plus généreux étant venu à mourir,

---

[1] A. de Musset ; *La nuit d'août.*

(1801) Beethoven perdit sa pension alors que la guerre qui troublait l'Allemagne diminuait beaucoup ses autres ressources. Il habitait alors avec ses deux frères, chargés de tous les détails de la vie commune, afin que l'artiste ne fût en rien distrait de son travail ; mais tout probablement sa bourse supportait seule la dépense. Aussi la gène, dont il a souffert par malheur presque toute sa vie, ne devait pas être moindre à cette époque que plus tard, quand en envoyant à Ries une sonate pour la vendre à Londres, il écrivait : « Cette sonate a » été écrite dans des circonstances bien pénibles ; car il » est triste d'être obligé d'écrire pour avoir du pain. » C'est là où j'en suis maintenant. »

Dans une autre lettre d'une date plus récente, il dit encore : « Si je n'étais pas si pauvre et obligé de vivre » de ma plume, je n'exigerais rien de la Société Philar- » monique ; mais dans la position où je me trouve, il » faut que j'attende le prix de ma symphonie. »

La situation toujours précaire de Beethoven ne lui permit pas de se marier ainsi qu'il résulte d'une lettre écrite à son ami Wegeler en 1801 : « Mon infirmité me » poursuit partout comme un spectre ; fuyant les hom- » mes, je devais paraître misanthrope, ce que pourtant » je suis peu. Ce changement a été produit par une ai- » mable et charmante fille (Mlle Julie de Guicciardi) qui » m'aime et que j'aime aussi. Voilà depuis deux ans » quelques moments de bonheur et c'est la première » fois que je sens que le mariage pourrait me rendre » heureux. Mais, hélas ! elle est au-dessus de mon rang; » de plus il m'est impossible dans ce moment de songer » à me marier, il faut que je travaille à me faire un

» sort. » Le mariage donc ne se fit point et l'artiste eut le chagrin de voir celle qu'il aimait en épouser un autre, le comte de Gallenberg.

Ce ne fut pas encore là pourtant sa plus grande douleur : elle lui vint de l'infirmité, cruelle surtout pour un musicien, dont il avait ressenti les premières atteintes dès l'année 1798, et qui fit des progrès trop rapides. Car, par une lettre de Beethoven à Wegeler, sous la date du 29 juin 1800, on voit que sa surdité avait pris un caractère grave. Cependant le pauvre artiste, qui en éprouvait une sorte d'humiliation, s'efforçait de dissimuler son infirmité, favorisé en cela par la connivence inconsciente de ses amis attribuant à sa distraction habituelle ce défaut d'audition. Ries, son élève, fut deux ans avant de s'en apercevoir. Un jour qu'il se promenait avec Beethoven, en traversant un bois, il entendit les sons d'une flûte dont un berger jouait non sans talent. Ravi de cette mélodie champêtre, Ries se tourna vers le maître pour lui demander ce qu'il en pensait, mais quelle ne fut pas sa surprise quand Beethoven, après avoir prêté attentivement l'oreille, lui dit avec un accent douloureux qu'il n'entendait rien, rien.... Tout le reste de la promenade, il fut silencieux et Ries fit de vains efforts pour l'arracher à sa pénible préoccupation.

Tous les remèdes ordinaires épuisés, et la médecine avouant presque son impuissance, l'illustre maëstro dut s'affermir de plus en plus dans cette conviction désolante pour lui que son mal était incurable. Ce qu'il souffrit alors, lui-même nous l'apprend par la peinture qu'il a faite de son état, dans une espèce de testament, écrit en octobre 1802, et dont le brouillon s'est retrouvé dans ses papiers après sa mort.

« O hommes qui me croyez haineux, intraitable ou » misanthrope, et qui me représentez comme tel, com- » bien vous me faites tort! Vous ignorez les raisons qui » font que je vous parais ainsi. Dès mon enfance, j'étais » porté de cœur et d'esprit au sentiment de la bien- » veillance : j'éprouvais même le besoin de faire de » belles actions ; mais songez que, depuis six années, je » souffre d'un mal terrible qu'aggravent d'ignorants » médecins.... Pensez que, né avec un tempérament ar- » dent, impétueux, capable de sentir les agréments de » la société, j'ai été obligé de m'en séparer de bonne » heure et de mener une vie solitaire. Si quelquefois je » voulais oublier mon infirmité, oh ! combien j'en étais » durement puni par la triste et douloureuse épreuve de » ma difficulté d'entendre. Et cependant il m'était im- » possible de dire aux hommes : *Parlez plus haut, criez,* » *je suis sourd !* Comment me résoudre à avouer la fai- » blesse d'un sens qui aurait dû être chez moi plus » complet que chez tout autre, d'un sens que j'ai possédé » dans l'état de perfection.... Vivant presque entière- » ment seul, sans autres relations que celles qu'une im- » périeuse nécessité commande, semblable à un banni, » toutes les fois que je m'approche du monde, une af- » freuse inquiétude s'empare de moi ; je crains à tout » moment d'y faire apercevoir mon état. »

Voilà, il faut en convenir, un étrange amour-propre ! On ne doit rougir que de ses fautes et de ce qui mérite le blâme. Mais pourquoi cette honte pour ce qui n'était qu'un malheur, fait pour éveiller la sympathie et la commisération chez tout homme de cœur ? Quoique Beethoven eût déjà composé l'admirable oratorio du *Christ au Mont des Oliviers*, il semble qu'à cette époque l'illustre artiste ne pût être protégé contre la tentation du désespoir par la croyance religieuse, chez lui ébran-lée ou à l'état vague ; il n'arriva que plus tard, par la réflexion et la lecture, à la sérénité de la foi et même à une sorte de mysticisme qui donne un caractère parti-culier à ses derniers ouvrages. Sans nul doute, au temps dont nous parlons, cette sublime consolation lui man-quait, puisqu'il en vint à écrire : « Pourtant lorsque, » en dépit des motifs qui m'éloignaient de la société, » je m'y laissais entraîner, de quel chagrin j'étais saisi » quand quelqu'un, se trouvant à côté de moi, entendait » de loin une flûte et que moi je n'entendais rien !... » J'en ressentais un chagrin si violent que *peu s'en* » *fallait que je ne misse fin à ma vie*. L'art seul m'a » retenu ; il me semblait impossible de quitter le monde » avant d'avoir produit tout ce que je sentais devoir » produire. C'est ainsi que je continuais cette vie misé-» rable, oh ! bien misérable avec une organisation si » nerveuse qu'un rien peut me faire passer de l'état le » plus heureux à l'état le plus pénible. Patience ! c'est » le nom du guide que je dois prendre et que j'ai déjà » pris ; j'espère que ma résolution sera durable jusqu'à » ce qu'il plaise aux Parques impitoyables de briser le » fil de ma vie. Peut-être éprouverai-je un mieux, peut-» être non ; n'importe, je suis résolu à souffrir. Devenir » philosophe dès l'âge de vingt-huit ans, cela n'est pas » facile, moins encore pour l'artiste que pour tout » autre. »

Chose étonnante et merveilleuse puissance du génie !
au milieu de ces cruelles souffrances physiques et morales, le travail de l'artiste n'avait été que peu interrompu ; car, dans cette période, nous le voyons composer *Fidelio,* opéra en deux actes, le seul qu'il ait fait, la
cantate d'Adelaïde, la *Symphonie héroïque,* dont le succès
fut immense, etc. Les biographes allemands racontent
que Beethoven avait eu l'intention d'abord d'appeler
son œuvre *Bonaparte ;* mais en apprenant un matin que
le premier consul s'était fait proclamer empereur, il
changea le titre en celui de « *Symphonie héroïque* pour
célébrer, suivant son expression, le souvenir d'un grand
homme. »

La Symphonie héroïque commence la seconde période
de la vie artistique de Beethoven, celle pendant laquelle
il produisit ses œuvres les plus remarquables, dont les
beautés restent accessibles à tous, encore que, grandioses
et originales, elles attestent, avec le génie de l'invention, la connaissance la plus étendue de toutes les ressources de l'art. De cette époque datent la quatrième
symphonie en *fa,* dite *Symphonie pastorale,* un merveilleux chef-d'œuvre ; puis des concertos, des sonates, des
quatuors, etc. Tous ces morceaux furent successivement
exécutés dans les concerts que l'artiste donnait de temps
en temps à Vienne et dont le produit était son principal
et presque son unique revenu, revenu souvent insuffi-
sant. Aussi, en 1809, le roi de Westphalie, Jérôme Napoléon, lui ayant fait offrir la place de maître de sa chapelle avec un traitement de 7,000 francs, il inclinait à
accepter. Mais trois des amateurs les plus distingués de
Vienne, l'archiduc Rodolphe, le prince Lobkowitz et le

comte de Kinsty, se réunirent pour conserver à l'Autriche l'artiste qui faisait sa gloire, et ils promirent, s'il consentait à rester, de lui assurer par contrat une pension annuelle de 4,000 florins. Profondément touché de ces témoignages éclatants de sympathie, Beethoven accepta et déclara se fixer pour toujours à Vienne, ou plutôt en Autriche, car, la plus grande partie de l'année, il résidait dans le village de Baden à quelques lieues de la capitale.

Peu d'années après malheureusement, la création du papier monnaie en Autriche diminua presque de moitié la pension de l'artiste qui, par d'autres complications fâcheuses et douloureuses, vit empirer sa situation. Son frère aîné mourut après avoir été longtemps malade de la poitrine et comme Beethoven l'écrit à Ries : « Je puis dire que, pour le soulager, j'ai dépensé environ, 10,000 florins. »

Ce frère laissait un fils que l'artiste, nommé tuteur par le testament, après un procès pénible et dispendieux soutenu contre la veuve, une méchante femme, à ce qu'il paraît, fit élever avec sollicitude. Malheureusement le neveu répondit mal à la tendresse de son oncle qu'il contrista par le scandale de ses déréglements. En dépit de sa bonne intention, Beethoven, fût-ce à son insu, n'avait-il point cédé à un sentiment égoïste, lorsqu'il voulut séparer l'enfant de sa mère, et ne s'exagera-t-il point l'indignité de celle-ci ?

Au milieu de ces soucis, et malgré les obstacles résultant de sa surdité, l'artiste continuait de produire des chefs-d'œuvre ; il semble que l'isolement fut une des causes de la fécondité de son génie. « Séparé du monde

extérieur par son infirmité, dit Fétis [1], la musique
n'existait plus pour lui qu'au dedans de lui-même. Sa
vie d'artiste tout entière était renfermée dans ses méditations, et c'était troubler le seul bonheur dont il pût
encore jouir que de les interrompre. » Il composait le
plus souvent en marchant ; le mouvement du corps semblait favoriser l'activité de son génie. Ses longues promenades dans Vienne l'avaient fait connaître aux habitants des plus humbles quartiers, et l'admiration mêlée
de respect qu'inspirait l'artiste n'était pas le privilége
des classes élevées. Dès qu'il paraissait dans le faubourg,
tout bas on murmurait, dans la boutique comme dans
l'échoppe ou l'atelier : *Voilà Beethoven !* et l'on raconte
que, certain jour, une troupe de charbonniers, courbés
sous leurs lourds fardeaux, s'arrêtèrent respectueuse-
ment pour le laisser passer.

A dater de l'année 1811, les séjours de Beethoven à
la campagne se prolongèrent de plus en plus, et, dans
ses longues promenades comme dans la solitude du cabinet, sans négliger son art, il s'occupa beaucoup d'é-
tudes et de lectures historiques et philosophiques qui,
dans l'opinion de Fétis, influèrent sur la direction de
ses travaux. « Insensiblement et sans qu'il s'en aperçût,
ces études donnèrent à ses idées une légère teinte de
mysticisme qui se répandit sur tous ses ouvrages, comme
on peut le voir par ses derniers quatuors ; sans qu'il y
prît garde, son originalité perdit quelque chose de sa
spontanéité en devenant systématique... Les redites des
mêmes pensées furent poussées jusqu'à l'excès... La

[1] *Biographie des musiciens.*

pensée mélodique devint moins nette, etc. » Ces défauts
ne pourraient-ils pas plutôt s'attribuer à la surdité
croissante qui ne permettait pas à l'artiste de se rendre
compte des détails de son œuvre, quand il ne pouvait
guère juger que par l'intellect de ce qui s'adresse sans
doute à l'âme, à l'intelligence, mais par l'intermédiaire
obligé de l'ouïe ?

D'ailleurs les partisans zélés de Beethoven, le professeur Marx de Berlin par exemple [1], contestent vivement
cette appréciation du génie de l'artiste par M. Fétis,
dans ce qu'il appelle sa troisième manière. Pour eux il
y a toujours progrès dans la carrière du maître. Je ne
suis pas compétent pour décider entre ces deux opinions
auxquelles il faut en ajouter une troisième, celle de M.
Oulibicheff, qui admire presque exclusivement la première manière de Beethoven, estimant les deux autres
une décadence progressive ; mais évidemment il se
trompe. Ce qui d'ailleurs ne fait pas de doute c'est que
l'admiration du public dans toute l'Allemagne, peu
préoccupée de ces distinctions, ne fit que s'accroître, et
à chaque production nouvelle renchérissait sur son
enthousiasme. En 1824, on exécuta à Vienne la composition de *Mélusine* « œuvre colossale, comme l'appelle M.
Dieudonné-Denne-Baron [2]. A la fin de la cérémonie,
l'admiration qu'elle avait excitée dans la salle éclata par
un tonnerre de bravos ; Beethoven était le seul qui ne
les entendît pas. L'une des cantatrices, Mlle Unger, le
prit par la main et, le tournant vers le public, lui mon-

[1] *Ludwig Van Beethoven, Leben und Schaffen* (*vie et travaux de
Beethoven* — Berlin 1819, 2 vol. in-8.
[2] Notice sur Beethoven, dans la *Biographie nouvelle.*

tra les applaudissements qui redoublaient au milieu de l'attendrissement général. » Deux ans après, l'illustre maëstro n'existait plus.

Les désordres de son neveu l'affligeaient profondément ; la pensée lui vint de faire entrer ce jeune homme dans un régiment, et, quoique malade, il se rendit à Vienne dans ce but. Mais à peine arrivé, il dut s'aliter atteint d'une fluxion de poitrine que compliquait l'hydropisie dont il souffrait antérieurement. Au bout de quelques mois, son état était désespéré. « Lui-même, dit le biographie déjà cité d'après Ries et Spindeler, connaissait son état et disait tranquillement : *Plaudite, amici, comædia finita est*. La foule encombrait les abords de sa demeure ; les plus grands personnages se faisaient inscrire à sa porte. Le bruit du danger qu'il courait s'était répandu avec rapidité ; il parvint bientôt à Weimar où se trouvait le célèbre pianiste et compositeur Hummel qui partit aussitôt pour venir à Vienne se réconcilier avec Beethoven qui s'était brouillé avec lui quelques années auparavant : l'entrevue des deux maîtres fut touchante au delà de toute expression. Le 24 mars au matin, Beethoven demanda les sacrements qu'il reçut avec une profonde piété. Hummel entra dans sa chambre ; Beethoven ne parlait plus, cependant il parut se ranimer, il reconnut Hummel, une dernière étincelle brilla dans ses yeux ; il serra la main de son ancien ami, et lui dit : « N'est-ce pas, Hummel, que j'avais du talent ? »

Ce fut sa dernière parole, l'agonie commença et le 26, à six heures du soir, le grand artiste expirait. Beethoven avait fini de vider ce calice d'amertume in-

finie dont il lui avait fallu payer sa gloire. Peu de destinées ont été plus douloureuses ; mais on ne peut se
dissimuler que, la surdité à part, le caractère de l'artiste
fut pour quelque chose, pour beaucoup même, dans ses
ennuis. « Bon, généreux et porté à l'obligeance, simple
et naïf, dit M. Fétis, il était complètement étranger à
toute manœuvre, car il avait autant de justice que de
noblesse dans l'âme, et l'on peut affirmer que la pensée
d'une action mauvaise envers quelqu'un n'est jamais
entrée dans son esprit. » Mais enclin à l'orgueil, et
comme le personnage de la comédie « nerveux en diable
et voulant pouvoir se mettre en colère » il céda trop
facilement aux emportements de son humeur qui faisait
explosion par instants avec une violence dont lui-même
ne se rendait pas compte.

A une soirée musicale chez le comte de Browne, qui
réunissait dans ses salons l'élite de la capitale, Beethoven et Ries (son élève) devaient jouer un morceau à
quatre mains. Ils avaient déjà commencé lorsque le
jeune comte de P..., placé à l'entrée du salon, troubla
le silence en parlant à une dame de la société. Après
quelques efforts inutiles pour faire cesser cette conversation, Beethoven, arrêtant sur le clavier les mains de
Ries, se leva brusquement et dit tout haut : « *Für
solche schweine spiele ich nicht :* « Je ne jouerai pas devant
de semblables pourceaux. » Qu'on s'imagine la rumeur
causée par cet incident. « Tout autre que Beethoven, dit
Anders, aurait été mis à la porte. »

A plusieurs reprises les vivacités de son humeur le
brouillèrent avec son orchestre. « Beethoven, repoussé
de la salle et désirant néanmoins entendre son œuvre à

la répétition [1], fut obligé de rester dans l'antichambre et l'affaire ne s'arrangea que longtemps après [2]. » Dominé par ses frères qui l'exploitaient et excitaient, par un calcul égoïste, les défiances auxquelles il était porté par sa surdité : « Il se brouillait facilement avec ses amis et il n'en est pas un seul avec lequel il n'ait été en froid une ou plusieurs fois.... Mais aussi, dès qu'on parvenait à l'éclairer sur l'origine ou le sujet de la mésintelligence, il était le premier à avouer son tort ; non-seulement il en demandait pardon, mais il faisait tout ce qui était en son pouvoir pour le réparer. » Se faisant une fausse idée de l'indépendance, lui dont la faiblesse subissait à la maison un si misérable joug, il ne savait pas assez se plier dans le monde aux exigences de la vie sociale. Le prince Lichnowski, l'un de ses Mécènes les plus zélés, lui avait offert sa table régulièrement servie à quatre heures ; Beethoven accepta d'abord ; mais bientôt cette régularité lui devint à charge. « Quoi ! s'écria- » t-il en se plaignant à quelques amis, faudra-t-il toujours » rentrer chez moi à trois heures et demie pour me » raser et faire ma toilette ? C'est insupportable, je n'y » tiendrai plus. » Et il préféra manger chez le restaurateur.

Dans les salons de l'archiduc Rodolphe, son élève, il ne put davantage s'astreindre à l'étiquette. Fatigué des continuelles observations qu'on lui faisait à ce sujet, un jour, devant tout le monde, il aborde l'archiduc et

[1] Ce serait plutôt *voir* qu'il faudrait dire.
[2] Anders : — *Détails biographiques sur Beethoven*, d'après Wegeler et Ries.

lui dit : « Prince, je vous estime, je vous vénère autant
« que qui que ce soit, ; mais l'observation de tous ces
« détails d'une gênante et minutieuse étiquette qu'on
« s'obstine à vouloir m'apprendre, c'est pour moi la
« mer à boire. Je prie Votre Altesse de m'en dispen-
« ser. » L'archiduc sourit et donna l'ordre de ne plus
inquiéter l'artiste à ce sujet : « Laissez-le faire, ajouta
« le prince ; que voulez-vous, il est comme cela ! »

Vivant plus qu'aucun autre, par suite de son infirmité, dans le monde idéal, l'artiste était, pour cela
même, très facilement dupe de son imagination et manquait du sens pratique, fruit de l'expérience et de la
raison, qui doit nous conseiller incessamment dans la
conduite de la vie. Profondément religieux de cœur, il
restait trop, par respect humain peut-être, dans la
théorie ; aussi la vérité n'avait - elle point sur son
caractère l'influence qu'on eût dû en attendre. D'ailleurs, ses mœurs étaient pures et Schindeler va jusqu'à
dire que « Beethoven, malgré les tentations nombreuses
auxquelles il fut exposé, sut, tel qu'un demi-Dieu, conserver sa vertu intacte.... Il traversa la vie avec une
pudeur virginale sans avoir jamais eu une faiblesse à se
reprocher [1]. »

M. Oublichieff, le savant biographe russe, s'il se
trompe le plus souvent dans son appréciation du génie
de l'artiste, me paraît avoir mieux jugé l'homme :
« Fabuleux ou impossible, dit-il, partout ailleurs, c'est

---

[1] Schindeler. — *Vie de Beethoven*, Munster 1845. « La meilleure
source de renseignements certains que l'on puisse consulter, d'après
Scudo.

en Allemagne seulement que Beethoven, nature allemande par excellence, pouvait devenir ce qu'il fut : un
homme de bien, d'intelligence et de savoir, un homme
vertueux, allais-je dire, si le mot n'était tombé en
désuétude — un philosophe de l'école de Zénon, mais
constamment dominé par la fantaisie et *n'écoutant
presque jamais le sens pratique*. Il avait le sentiment le
plus élevé de tous les devoirs moraux, mais il en faisait
une application que la vie réelle ne comporte point.
Ses mœurs furent toujours d'une pureté irréprochable ;
elles étaient même austères et claustrales, et cette aus-
térité il eût voulu l'étendre aux pièces de théâtre et aux
opéras. Des discours licencieux lui inspiraient la même
horreur que la licence en action ; et entrer, avec la
vérité stricte et littérale, dans une de ces compositions
sans lesquelles les hommes ne sauraient vivre ensemble, équivalait pour lui au mensonge et à la trahison. Il
se dévoua au bonheur de ceux qu'il aimait, mais il prétendit qu'on fût heureux comme il l'entendait, sans
examiner si cette manière d'être heureux ne trouvait
pas des obstacles dans les circonstances ou même dans
les élans les plus irrésistibles du cœur humain. Il désirait ardemment aussi le bonheur de l'humanité ; mais
ce vœu auquel rien de ce qui existait ou avait existé ne
lui paraissait répondre, il en demanda l'accomplissement aux rêves politiques les plus absurdes. Le vrai et
le beau étaient les dieux de Beethoven, mais s'il
demeura toujours fidèle d'intention à leur culte, il ne
lui arriva pas moins de tomber dans le péché involon-
taire parce qu'un orgueil, supérieur à son intelligence
et à son génie même, lui fit voir qu'il avait sur le

beau et le bien des notions plus justes que tous les hommes pris ensemble [1]. »

Encore que, dans ce remarquable passage, on puisse et doive trouver qu'il y a parfois exagération, il ne nous en paraît pas moins certain que, pour faire contre-poids aux fougues de l'artiste et maintenir toujours l'équilibre dans cette merveilleuse organisation, il eût suffi d'une plus grande dose d'humilité. Le musicien ne pouvait y perdre assurément et combien l'homme, au milieu de ses épreuves, n'y aurait-il pas gagné pour le repos et la tranquillité de sa vie !

Comœdia finita est ! N'est-ce pas plutôt *tragœdia* qu'il eût fallu dire et une tragédie noyée dans les larmes à défaut de sang. Quand on la suit, jusqu'au dernier acte, jusqu'au dévouement suprême, à travers ses péri-péties navrantes, n'est-on pas tenté de s'écrier avec le poète des *Méditations* et des *Harmonies :*

> Heureuse au fond des bois la source vive et pure !
> Heureux le sort caché dans une vie obscure !

Quoi qu'il en soit, il est bien que, dans Paris, une inscription rappelle le souvenir de ce nom glorieux, puisque nous devons au grand artiste une reconnais-sance particulière. « C'est au génie de Beethoven, dont nous venons de caractériser l'œuvre grandiose et patrio-tique, que la France doit sans contredit de comprendre mieux chaque jour la poésie intime de la musique ins-

---

[1] Beethoven, *ses critiques et ses glossateurs*, par M. Oublichieff; in-8°, 1857, Leipsik et Paris.

trumentale. Il fallait le peintre dramatique de la *Symphonie héroïque*, de celle en *ut mineur* et de la symphonie en *fa*, pour initier l'élite de la société française aux beautés d'un art mystérieux qui semble se refuser comme la lumière à toute analyse immédiate et n'avoir d'autre loi que le caprice des sons [1]. »

[1] Scudo : *Critique et littérature musicales.* T. 1er.

BELSUNCE ET ROZE.

I

BELSUNCE.

Quel nom méritait mieux d'être rappelé à la postérité que celui du grand Evêque dont le souvenir est resté si glorieusement populaire ! Il n'en fut point ainsi du chevalier Roze, non moins admirable, non moins héroïque dans les mêmes circonstances et pourtant à peu près inconnu du plus grand nombre des lecteurs, et à plus forte raison de ceux qui ne lisent pas. Aussi c'est un devoir comme un plaisir pour nous de ne point séparer ces deux noms unis dans une même pensée de dévouement, et qui vivront à jamais dans le cœur des Marseillais reconnaissants.

« A Belsunce, dit très-bien un historien, la gloire d'avoir représenté en face du danger le prêtre chrétien et le clergé français; au chevalier Roze la gloire d'avoir déployé ce genre de courage qui ne manque pas plus à l'armée française quand, au lieu de soldats ennemis, ce sont les fléaux de la nature qu'on lui donne à combattre pour le bien de l'humanité [1]. »

[1] Portraits et Histoire des hommes utiles. — 1835-1836.

Parlons de Belsunce d'abord.

Henri-François-Xavier de Belsunce de Castelmoron, naquit au château de la Force dans le Périgord, le 4 décembre 1671, d'Armand de Belsunce, marquis de Castelmoron, baron de Gavaudan, etc. Après avoir fait ses études à Paris au collége de Louis-le-Grand, il en sortit pour entrer dans la Compagnie de Jésus où, pendant plusieurs années, il enseigna avec distinction la grammaire et les humanités. « Appelé par la Providence à une plus haute destination, dit M. l'abbé Jauffret, de Metz [1], il sortit de cette compagnie en conservant toujours pour elle l'estime la mieux méritée, la plus vive reconnaissance et la plus tendre affection. »

Nommé par le roi à l'abbaye de La Réole puis à celle de Notre-Dame-des-Chambons, et grand vicaire de l'évêque d'Agen, il fut appelé, le 19 janvier 1709, à remplacer à Marseille le pieux prélat dont la mort récente laissait le siége vacant. On n'en pouvait choisir un plus digne, d'après le témoignage que lui rendait un orateur, écho fidèle des jugements contemporains : « Je vois, dit M. Maire, chanoine de l'église cathédrale de Marseille, dans son Oraison funèbre de Belsunce, je vois un épiscopat de plus de quarante-cinq ans, dont tous les moments ont été occupés et sanctifiés par le zèle le plus ardent, le plus vif et le plus infatigable.... Je le vois... à la tête des fidèles ministres qu'il a choisis pour ses coopérateurs, il se charge du travail le plus pénible. Il prêche tous les jours et souvent jusqu'à quatre fois par jour ; il prépare le peuple à recevoir les sacrements de

[1] Œuvres choisies de Belsunce. — Tome 1er. — 1822.

la réconciliation et de la communion ; il porte le pain eucharistique dans les maisons et dans les hôpitaux, et il lui arrive souvent de le distribuer, lui seul dans une matinée, à plus de 4,000 personnes. »

Ses revenus passaient pour la plus grande partie en aumônes, et lui-même dans le secret, autant qu'il lui était possible, il se plaisait à visiter les familles pauvres pour leur prodiguer les secours en tous genres avec les sages conseils et les paternelles exhortations. Mais ce fut surtout lorsque Marseille se vit désolée par le plus terrible des fléaux,

La peste, puisqu'il faut l'appeler par son nom [1],

que la charité, que le dévouement de Belsunce éclata d'une façon non moins touchante qu'admirable, et rendit son nom illustre à jamais.

Dans les premiers jours du mois de mai de l'année 1720, un navire venu de l'Orient (Syrie) apportait le germe fatal. Plusieurs de ses passagers déposés au lazaret ayant succombé, le mal se propagea bientôt avec une effrayante rapidité, surtout quand il eut franchi la limite des *infirmeries*, et jeta dans la ville la consternation et la stupeur. Sous le coup de la première épouvante, beaucoup même des citoyens notables ou des fonctionnaires prirent la fuite. « On n'oublia rien, dit l'abbé Jauffret, pour persuader à l'Évêque que l'intérêt de la religion et celui de son peuple exigeaient qu'il mît ses jours à couvert.

[1] La Fontaine.

« A Dieu ne plaise! répondit-il, que j'abandonne un peuple dont je suis obligé d'être le père. Je lui dois et mes soins et ma vie, puisque je suis son pasteur. »

Aussitôt il assemble les curés et les supérieurs des communautés, qui s'étaient dévoués comme lui au service des pestiférés; il leur donne ses instructions en applaudissant à leur zèle, et lui-même, le premier, intrépide, infatigable, il saura donner l'exemple du dévouement, d'un dévouement qui n'aura pas un instant non pas de défaillance mais seulement d'hésitation pendant les longs mois que dura la contagion. Pour savoir ce que fut celle-ci il faut lire ce qu'en dit le courageux pontife dans son mandement du 22 octobre 1720, dont nous détachons seulement ce passage si terriblement éloquent :

« ... Sans entrer dans le secret de tant de maisons désolées par la peste et la faim, où l'on ne voyait que des morts et des mourants, où l'on n'entendait que des gémissements et des cris, où des cadavres, que l'on n'avait pu faire enlever, pourrissant depuis plusieurs jours auprès de ceux qui n'étaient pas encore morts et, souvent dans le même lit, étaient pour ces malheureux un supplice plus dur que la mort même ! Sans parler de toutes les horreurs qui n'ont pas été publiques, de quels spectacles affreux, vous et nous, pendant près de quatre mois, n'avons-nous pas été et ne sommes-nous pas encore les tristes témoins ? Nous avons vu, pourrons-nous jamais nous en souvenir sans frémir et les siècles futurs pourront-ils y ajouter foi ? nous avons vu tout à la fois toutes les rues de cette ville bordées des deux côtés de morts à demi pourris, si remplies de hardes et de meu-

bles pestiférés jetés par les fenêtres que nous ne savions
où poser les pieds ! toutes les places publiques, toutes
les portes des églises traversées de cadavres entassés, et
en plus d'un endroit mangés par les chiens sans qu'il fût
possible, pendant un nombre considérable de jours, de
leur procurer la sépulture !... Nous avons vu, dans le
même temps, une infinité de malades devenus un objet
d'horreur et d'effroi pour les personnes mêmes à qui la
nature devait inspirer pour eux les sentiments les plus
tendres et les plus respectueux, abandonnés de ce qu'ils
avaient de plus proche, jetés inhumainement hors de
leurs propres maisons, placés sans aucun secours dans
les rues parmi les morts dont la vue et la puanteur
étaient intolérables.... Nous avons vu les corps de quelques riches du siècle enveloppés d'un simple drap et
confondus avec ceux des plus pauvres et des plus misérables en apparence, jetés comme eux dans de vils et
infâmes tombereaux et traînés avec eux sans distinction à une sépulture profane, hors de l'enceinte de nos
murs ; Dieu l'ordonnant ainsi pour faire connaître aux
hommes la vanité et le néant des richesses de la terre
et des honneurs après lesquels ils courent avec empressement... Cette ville enfin, dans les rues de laquelle il
y a peu de temps on avait de la peine à passer par l'af-
fluence ordinaire du peuple qu'elle contenait, est au-
jc d'hui livrée à la solitude, au silence, à l'indigence,
à la désolation, à la mort. »

Mais quelle est la cause première du fléau et de tous
les malheurs qu'il entraîne à sa suite ? L'homme apostolique, malgré sa compassion pour ceux qui souffrent, ne
peut se la dissimuler, et la tendresse paternelle ne sau-

rait étouffer sur ses lèvres le cri de la vérité. Écoutons :
« N'en doutons pas, mes très-chers frères, c'est par le
débordement de nos crimes que nous avons mérité cette
effusion des vases de la colère et de la fureur de Dieu.
L'impiété, l'irréligion, la mauvaise foi, l'usure, l'impu-
reté, le luxe monstrueux se multipliaient parmi vous :
la sainte loi du Seigneur n'y était presque plus connue ;
la sainteté des dimanches et des fêtes profanée ; les
saintes abstinences ordonnées par l'Eglise et les jeûnes
également indispensables violés avec une licence scan-
daleuse, les temples augustes du Dieu vivant devenus
pour plusieurs des lieux de rendez-vous, de conversation, d'amusements ; des mystères d'iniquité étaient
traités jusqu'au pied de l'autel, et souvent dans le temps
du divin sacrifice ; le Saint des saints était personnelle-
ment outragé dans le très-saint Sacrement par mille
irrévérences et par une infinité de communions indignes
et sacriléges !... si donc nous éprouvons combien il est
terrible de tomber entre les mains d'un Dieu en courroux, si nous avons le malheur de servir d'exemple à
nos voisins et à toutes les nations, n'en cherchons point
la cause hors de nous. »

Ce langage paraîtra peut-être sévère à quelques-uns
aujourd'hui, mais il ne semblait que juste à ceux qui
l'entendaient. Ils savaient d'ailleurs ce qu'il en coûtait
pour parler ainsi à leur saint évêque qu'ils avaient vu,
qu'ils voyaient sans cesse donner l'exemple de l'absolu
dévouement, comme il avait fait naguère de toutes les
vertus. Son zèle, disent à l'envi les historiens, son zèle
le multiplie en quelque sorte ; on le voit parcourir les
rues à travers des monceaux de cadavres infectés ; il

entre dans les maisons dont la puanteur est extrême ; il y réconcilie les pécheurs couchés avec des morts sur le même lit, les console, les encourage et sacrifie tout à la douceur inexprimable de les voir mourir chrétiens. Les secours spirituels qu'il prodiguait aux malades étaient d'autant plus précieux qu'ils ne tardèrent pas à devenir rares par la mort d'un grand nombre de prêtres qui, dans l'exercice de leurs périlleuses fonctions, avaient trouvé sous ses yeux le martyre et la couronne de la charité... En même temps, il répand entre les mains des pauvres, tourmentés par la famine, tout ce qu'il a d'argent. Il se prive du nécessaire pour fournir à leurs besoins.

> Il se montre partout où le danger l'appelle;
> Partout où le fléau semble le plus affreux,
> Il vole, et ses secours sont au plus malheureux,

a dit admirablement le poète [1]. Afin qu'aucun ne fût oublié, il réunit tous les indigents qui se présentent dans une vaste enceinte où, pendant plusieurs mois, chaque jour, il leur rend visite pour leur distribuer ou leur faire distribuer les secours dont ils ont besoin.

Le fléau cependant continuant ses ravages, le pieux prélat, convaincu que de Dieu seul on pouvait obtenir la cessation d'une telle calamité, résolut de consacrer, par un vœu solennel sa personne et son diocèse au Sacré-Cœur de Jésus. Ce fut dans ce but qu'il publia le Mandement dont nous avons donné plus haut un extrait, et il fixa au 1er novembre, jour de la Toussaint,

[1] Millevoye. *La Peste de Marseille* (poème).

la célébration de cette fête qui se fit avec les cérémonies
les plus augustes. Dès le matin, le son des cloches,
silencieuses depuis quatre mois, vint réjouir les Marseillais dont les cœurs se réveillèrent à la foi comme à
l'espérance.

Toutes les églises se trouvant fermées depuis longtemps, le prélat fit dresser un autel au bout du Cours. Il
s'y rendit processionnellemeut à la tête de son clergé,
marchant la tête et les pieds nus, la corde au cou et la
croix entre les bras. Après avoir prononcé l'amende
honorable, suivie d'une exhortation des plus pathétiques, souvent interrompue par les larmes et les sanglots
des assistants, il prononça à voix haute, la formule de
la consécration du diocèse au Sacré-Cœur, puis enfin
célébra solennellement le Saint-Sacrifice. Le peuple,
agenouillé sur la place et dans les rues voisines, s'unis-
sait du fond du cœur à son évêque, et le rayonnement
des visages au milieu du deuil témoignait de la confiance de tous dans ces invocations suprèmes. Cette
espérance ne fut point trompée ; à dater de ce jour, la
contagion commença visiblement à décroître et Marseille sembla renaître. On avait craint que la réunion
de tant de personnes sur un même point n'amenât une
recrudescence du fléau, il n'en fut rien ; la maladie
avait perdu toute sa force et si quelque étincelle de la
contagion parut se montrer encore, elle s'éteignit
aussitôt.

Pour récompenser le zèle du prélat, le Roi, dans
l'année de 1746, le nomma à l'archevêché de Laon, la
seconde pairie de France ; mais Belsunce ne put se
résigner à se séparer de ses ouailles qui lui étaient

devenues plus chères que jamais et que désolait la nouvelle de son départ. Quelques années après, il refusa
pareillement l'archevêché de Bordeaux, en déclarant
qu'il voulait mourir au milieu de son troupeau, comme
il fit en effet plus tard. Car, pendant une longue suite
d'années, il continua d'édifier les pieux fidèles par
l'exemple de ses vertus comme aussi de les éclairer, en
les prémunissant contre les erreurs en vogue, jansénisme ou philosophisme, par ses instructions pastorales
si remarquables et bien dignes de celui qu'on désignait
partout sous le nom du *saint et savant évêque de Marseille*. Après Clément XIII qui l'avait décoré du pallium,
Benoît XIII, dans un bref du 13 décembre 1751, lui
adressait ses félicitations dans les termes suivants :
« Nous vous regardons comme notre joie et notre couronne, et comme la gloire et le modèle des pasteurs de
toutes les églises. Nous craignons même de diminuer
plutôt que d'augmenter l'éclat de vos vertus pastorales
en ajoutant de nouveaux éloges à ceux que vous avez
mérités et que vous ont si justement donnés nos prédé-
cesseurs. Nous sommes persuadé qu'il n'y a personne
qui ne connaisse votre nom et qui ne le célèbre par de
justes éloges. »

Ce langage est la meilleure réponse qu'on puisse
opposer aux assertions de certains biographes moder-
nes, entre lesquels on s'étonne de trouver le rédacteur
de la *Biographie universelle*, et qui ne sont que l'écho
des jansénistes, « lesquels, dit l'*Encyclopédie catholique*,
lui ont fait un crime d'être resté attaché aux saines doctrines de l'Église; mais ce n'est pas d'eux qu'il faut
apprendre à juger Belsunce ; c'est dans ses œuvres qu'il

s'est peint, dans ses *Instructions pastorales*, qui toutes
se distinguent par une piété douce et tendre, que ceux
mêmes qui l'ont accusé d'intolérance sont forcés de
reconnaître. » Entre ces éloquents écrits, on cite tout
particulièrement le *Traité de la bonne mort* et les deux
discours sur la *Prédestination* et sur la *Grâce*, qui,
d'après l'abbé Jauffret, « placent leur auteur au rang
de nos plus illustres docteurs. » Supérieure cependant,
peut-être, me semble l'instruction sur l'*Incrédulité*, où
je n'ai que l'embarras du choix entre les passages éloquents. Je me borne à deux courtes citations :

« Ce n'est plus en secret, c'est ouvertement et avec
une hardiesse étonnante que l'incrédulité se montre
sans voile et que partout elle proclame impunément ses
dogmes pernicieux. Peu contente de proposer furtive-
ment et sans dessein quelques difficultés détachées et
indépendantes les unes des autres, comme elle le faisait
autrefois, elle forme aujourd'hui des systèmes pleins à
la vérité d'absurdités, de contradictions, mais présentés
sous les couleurs les plus capables de tromper et d'entraîner dans l'erreur les faibles et les ignorants, et de
faire illusion à tous ceux dont les cœurs sont déjà
séduits par leurs passions.... Des cœurs déjà subjugés
ou violemment sollicités par leurs passions désirent que
les systèmes mis sous leurs yeux soient véritables, et
plus ils le désirent plus aussi sont-ils portés à les admettre comme certains. »

Plus loin nous lisons : « Parce qu'un homme a le tort
« de ne pas croire en Dieu, nous dit un fameux scepti-
« que, faut-il l'injurier ? » — Voilà sans doute bien de
l'urbanité, bien de la charité, bien de la modération

mais malheureusement il n'en fait paraître que pour
les incrédules. Il est bien éloigné de garder les mêmes
ménagements lorsqu'il parle de ceux qui, connaissant
les dangers des passions dont il est le panégyriste, travaillent à les affaiblir et voudraient pouvoir les éteindre. Il s'abandonne à leur égard à toute la vivacité de
son tempérament et à toute l'amertume de son faux
zèle ; il ne craint plus de manquer d'urbanité et de
blesser la charité en leur attribuant le *comble de la folie*
et les traitant de *forcenés.* »

Ces pages ne semblent-elles pas écrites d'hier, et à
l'adresse de certains journalistes, toujours prompts à
crier contre l'intolérance, mais peu soucieux de prêcher
d'exemple ; car ils ne se font aucun scrupule, à l'occasion, et même sans occasion, d'attaquer, calomnier,
injurier les catholiques, les prêtres, les évêques, et
le Pape lui-même, le Pape surtout.

Belsunce, lorsqu'il parlait avec cette vigueur apostolique, était déjà presque octogénaire et cette parole prophétique était en même temps un adieu. Après avoir joui
longtemps d'une santé des plus robustes, le 4 juin 1755,
il succombait à une atteinte de paralysie suivie d'apoplexie. Quoique privé de la parole, il conserva toute sa connaissance, et par ses regards et par des signes témoignait
encore de sa résignation et de sa piété. Après avoir reçu
les saintes onctions, il s'endormit du sommeil des justes.
Est-il besoin de dire la solennité de ses funérailles et l'af-
fluence d'un peuple immense accouru des points les plus
éloignés du diocèse et qui par ses larmes attestait sa
vénération et ses regrets ? A voir ce deuil on eût dit autant de fils autour du cercueil du plus tendre des pères.

II

ROZE.

Roze (Nicolas, dit le chevalier), était né à Marseille en 1671, la même année que Belsunce, d'une honnête famille de négociants. Ses parents le destinaient à suivre la même carrière et, ses études terminées, il se rendit, en 1696, à Alicante, royaume de Valence, pour y prendre la direction d'une maison de commerce fondée par son frère aîné. Il ne trompa point la confiance de ce dernier et fit preuve d'autant de prudence que d'intelligence, quoique porté d'ailleurs par ses goûts plutôt vers la carrière des armes que vers le commerce. Aussi lorsqu'après l'avènement de Philippe V, petit-fils de Louis XIV, l'Espagne eut à lutter contre une coalition qui porta la guerre jusque dans l'intérieur du pays même envahi par l'armée des alliés, Roze, en bon Français qu'il était, ne put résister à son ardeur guerrière qu'aiguillonnait le patriotisme. Levant à ses frais deux compagnies, infanterie et cavalerie, il se mit à leur tête et repoussa plusieurs détachements ennemis qui s'étaient avancés jusque sous les murs d'Alicante. Cette ville, à quelque temps de là, fut assiégée par des forces considérables, et le gouverneur, qui avait pu apprécier le courage de Roze comme sa capacité militaire, lui confia le commandement du château que le jeune Français défendit avec une glorieuse opiniâtreté, en ne consentant à capituler qu'après avoir épuisé toutes ses munitions et provisions.

Souffrant encore d'une blessure reçue pendant le siége, Roze revint dans sa patrie pour achever de se guérir. Dès qu'il fut suffisamment rétabli, il partit pour Versailles où il se rendait d'après une invitation expresse du roi Louis XIV qui, en le félicitant de sa bravoure et de son zèle patriotique, lui remit la croix de Saint-Lazare avec le bon d'une gratification de 10,000 livres. Peu après (1707), Roze repartit pour l'Espagne et il se distingua entre les plus braves à la bataille d'Almanza. Chargé d'une mission secrète pour Alicante dont les Anglais s'étaient emparés, il fut fait prisonnier et ne recouvra sa liberté que lors de l'échange général. Revenu à Marseille, il y demeura jusqu'à sa nomination comme consul à Modon, dans la Morée.

Après trois années de séjour en Orient, de graves intérêts de famille le rappelèrent en France, en 1720, et, coïncidence remarquable, il entrait dans le port de Marseille en même temps que le vaisseau qui apportait, comme nous l'avons dit, le germe fatal du fléau dont les ravages devaient être si terribles. Roze, ou mieux le chevalier Roze, comme on l'appelait dès lors, avait fait preuve sur les champs de bataille d'autant d'intrépidité que de sang-froid, mais qu'était ce courage auprès de celui qu'il allait déployer sur ce nouveau théâtre et qui fait de lui, bien mieux que les plus célèbres exploits, un incomparable héros? Car enfin, sur les champs de bataille, pour oublier le péril ou le mépriser, pour se montrer brave et très-brave, à moins d'un tempérament malheureux, il ne faut en quelque sorte que se laisser aller et céder à la nature. Tout vous

excite et sert d'aiguillon. Le bruit des instruments
guerriers, l'odeur de la poudre, l'exemple des camarades, l'ardeur patriotique et les rêves de gloire, en
outre de la grande pensée du devoir, tout contribue à
élever l'homme au-dessus de lui-même, et l'exaltant
par l'enthousiasme, à lui donner cette force surhumaine
qui fait qu'après la victoire, le vaillant soldat, tout le
premier, s'étonne de ce qu'il a pu accomplir pendant
cette ivresse à la fois sublime et terrible du combat, où
l'escalade d'une muraille à pic, sous le feu des bat-
teries croisant leurs feux, ne fut qu'un jeu pour son
audace.

Mais il n'en va pas ainsi en face de ce danger bien
autrement formidable qui résulte d'une épidémie, d'une
contagion, éclatant avec violence et qui dure des semaines, des mois, des années parfois. Là, nulle prévoyance possible, nul espoir de lutter même à armes
inégales contre un ennemi qui, à toute heure de nuit
comme de jour, vous menace, à tout instant peut vous
atteindre, qu'on sent partout quoique partout insaisis-
sable et invisible, mais révélant à chaque pas sa présence par les plus effroyables coups. Et rien ici qui
vous excite quand tant de choses au contraire semblent
faites pour décourager : la panique générale, la terreur
de ceux qui fuient comme de ceux qui restent, l'horreur
et le spectacle menaçant de tant de morts soudaines et
funestes :

Luctus ubique pavor et plurima mortis imago !

Certes, pour rester calme et intrépide dans de telles
circonstances, il faut une force d'âme peu commune ; il

faut cette héroïque sérénité que donne à l'homme de
bien la conscience d'un grand devoir à remplir sous
l'œil de Dieu avec la certitude que s'il succombe, victime ou plutôt martyr de son dévouement, la récompense ne lui manquera pas là-haut, mourût-il ignoré
·des hommes pour lesquels il a donné sa vie. Ce genre
de courage, le plus difficile quoique pas toujours le plus
apprécié de la foule, fut celui du chevalier Roze, d'autant plus admirable en cela que son dévouement était
tout spontané, tout volontaire, et que, n'ayant dans la
ville aucune position officielle, rien ne l'obligeait à y
rester; comme tant d'autres, à la première nouvelle
du péril, il pouvait s'éloigner. Mais tout au contraire,
bien différente fut sa conduite. La peste se déclare,
aussitôt il se met à la disposition de ces courageux citoyens dont les noms, comme on l'a dit, ne doivent jamais
s'oublier : le gouverneur Viguier, les échevins J.-B.
Estille, J.-P. Moustier, J.-B. Audimar et B. Dieudé. On
connaissait le courage de Roze, qui avait fait ses preuves comme militaire ; on savait ou plutôt on pressentait
son énergie ; aussi, pendant que l'on divise la ville en
cent cinquante districts confiés à différentes personnes
pour veiller aux besoins les plus pressants, il est nommé
seul commissaire pour le quartier populeux dit de la
Rive-Neuve, depuis l'Arsenal jusqu'à l'abbaye de Saint-
Victor.

Roze à l'instant se rend à son poste, l'un des plus périlleux, le plus périlleux peut-être. Par ses soins, un
hôpital est établi sous les voûtes de la Corderie pour y
recevoir et soigner les pestiférés qu'on présente. Aux
indigents, il prodigue avec les secours son argent sans

s'inquiéter s'il lui sera rendu. Il veille aux inhumations
comme au transport des malades ; mais le fléau va croissant ; les places publiques, les rues, les maisons, les na-
vires même dans le port regorgent de cadavres. Le
chevalier de Rancé, commandant des galères, accorde
des secours d'hommes et, chaque matin, trois échevins
montent à cheval pour présider à cette dangereuse besogne de l'enlèvement des morts ; le quatrième, étant
retenu à l'hôtel-de-ville pour l'expédition des affaires
d'urgence, le chevalier Roze se trouve là toujours pour
le remplacer. De vastes fosses ont été creusées dans la
campagne, et grâce à l'héroïque dévouement comme à
l'infatigable activité de ces hommes de cœur, chefs et
soldats, travaillant sans relâche, même la nuit à la
lueur des torches, la ville, au bout de quelques jours,
put être déblayée, les monceaux de cadavres gisant dans
les rues ayant été successivement enlevés.

Mais il est un endroit dans la ville qu'il semble
comme impossible d'aborder, quoiqu'il soit un foyer de
pestilence dont les émanations putrides, quand le vent
souffle de la mer surtout, portent par toute la cité de
nouveaux germes de contagion : c'est l'esplanade de la
Tourette s'étendant depuis le fort Saint-Jean jusqu'à
l'église de la Major, et où sont entassés plus de *douze
cents* cadavres, se putréfiant sous les ardents rayons du
soleil, et dont les plus récents gisent là depuis plus de
trois semaines. Le terrain ne permet pas de creuser des
fosses dans le voisinage, et toutefois, comment se risquer
à remuer cet effroyable charnier pour transporter les
restes au travers de la ville ?

A la suite d'un conseil tenu chez le gouverneur, Roze,

qui s'était offert le premier comme toujours, se rend
seul à la Tourette. Bravant la puanteur intolérable, il
traverse l'esplanade, en escalant les cadavres, et arrive
à l'extrémité du rempart du côté de la mer. Là il dé-
couvre au pied de la muraille des bastions construits
anciennement et abandonnés. Bientôt il a pu s'assurer
qu'ils sont vides à l'intérieur et très-profonds sous les
quelques pieds de terre qui ferment l'entrée. Voilà les
immenses tombeaux dont il avait besoin et que lui offre
un heureux hasard. Mais point de temps à perdre, car
le projet, s'il n'était immédiatement réalisé, deviendrait
peut-être inexécutable. Roze retourne à l'Hôtel-de-Ville,
où sa proposition ne trouve que des approbateurs. Le
lendemain, dès le matin, les bastions sont défoncés et dé-
blayés. Le chevalier, alors suivi de ses ouvriers, composés
d'une compagnie de soldats et d'une centaine de forçats
fournis par le commandant des galères, remonte dans la
ville et se dirige vers la *Tourette*. Sur la place de *Linche* il
arrête sa troupe, fait distribuer du vin à ses hommes et
les encourage par de mâles paroles, sans leur dissimuler
toutefois le péril et l'horreur surtout du spectacle qui
les attend. Quoique avertis cependant, en approchant
de l'esplanade, les plus hardis reculent repoussés par
l'odeur méphitique, malgré les mouchoirs imbibés de
vinaigre dont, par l'ordre du chevalier, ils ont pris soin
de se ceindre la tête. Roze, toujours tranquille, sinon
impassible, voit leurs hésitations qui peuvent, si l'on
n'en triomphe pas, devenir de la terreur panique. Il
comprend que les paroles ne suffisent point et qu'il faut
davantage, qu'il faut l'exemple. Il saute à bas de son
cheval, s'avance au milieu de l'esplanade, et saisissant

par les jambes le premier cadavre qui se trouve à sa portée, il le traîne jusqu'au rempart, le soulève et le précipite dans le bastion béant. A cette vue, un frémissement
parcourt la foule, un cri, le même cri, expression d'admiration et d'enthousiasme, sort de la poitrine de tous.

— Vive Roze ! Vive le chevalier !

La peur qui paralysait les plus hardis, s'est évanouie
comme par enchantement. Les soldats et les autres à l'envi
se précipitent sur l'esplanade et le chevalier, profitant
de cet élan, dirige si habilement leurs efforts que dans
un temps assez court, tous les cadavres étaient enlevés
et lancés dans les bastions, puis recouverts de chaux et
de terre. Cela avait lieu, le 16 septembre 1720. Par une
espèce de miracle, Roze qui semblait, comme Belsunce,
couvert d'un bouclier céleste :

> Sous l'aile du Seigneur, le prélat vénérable
> Dans le commun fléau demeure invulnérable ;

Roze en fut quitte pour une légère indisposition ; mais
les pauvres forçats et les braves soldats, à l'exception de
deux ou trois, au bout de quelques jours, avaient succombé, en rendant à la ville un immense, un inappré-
ciable service. Le chevalier resta jusqu'à la fin intrépide,
infatigable au poste du péril et ce fut seulement lorsque toute trace d'épidémie eut disparu, qu'il songea à
prendre quelque repos et à se démettre de ses fonctions.

« Comme on a pu le remarquer dans l'histoire de plusieurs illustres bienfaiteurs de l'humanité, dit M. Paul
Autran [1], le chevalier Roze avait si peu compté sur

[1] *Eloge de Roze,* par Paul Autran.

l'éclat de la renommée comme récompense de ses belles
actions, qu'il ne songea nullement à exploiter à son
profit la popularité qu'il s'était acquise. Il rentra dans
l'obscurité. Quant à la récompense que son dévouement
avait si bien méritée, il est vrai de dire qu'il ne semble
pas qu'on ait rien fait de ce qu'on aurait dû faire en sa
faveur après la cessation de la peste. Dans les actes de
la famille, il ne porte que le titre modeste de capitaine
d'infanterie, à la suite de la garnison de Marseille. Mais
qu'importe ! plus de richesses et d'honneur n'auraient
rien ajouté à sa gloire. » Et là haut assurément, la
récompense et des plus belles ne manqua point à ce héros, qui fut lui aussi un héros chrétien, car la religion
seule peut exalter jusqu'à la sublime abnégation d'un
tel dévouement.

D'ailleurs Roze eut aussi, même ici-bas, une première
et douce récompense. C'est à tort que des écrivains,
Marmontel et Lacretelle entre autres, ont affirmé qu'il
mourut dans l'indigence. Parti en 1722 de Marseille
pour se rendre à Paris, d'après l'invitation de quelques
amis, le chevalier dut s'arrêter au hameau de Gavotte,
près de Septèmes, par suite d'un accident arrivé à sa
voiture. Dans la maison qui lui donna l'hospitalité, se
trouvait une jeune et aimable personne, Mlle Labasset
qui, pleine d'admiration pour son dévouement, s'estima
heureuse (quoiqu'il ne fût ni jeune ni riche) de lui offrir
sa main et avec elle sa fortune assez considérable. Roze,
tout désintéressé qu'il fût, en acceptant la première, ne
put refuser la seconde. Le mariage se fit dans une chapelle dépendant de la paroisse de Pennes ; et Roze, au
lieu de continuer son voyage, revint à Marseille, où il

vécut dans la retraite, content du bien qu'il pouvait faire
et de la joie qu'il trouvait dans un paisible et charmant
intérieur. Marmontel se trompe encore quand il dit que
sa fille, à cause de sa pauvreté, se fit religieuse. Il mourut, sans laisser d'enfants, le 2 septembre 1733, à l'âge
de soixante-deux ans, et nul doute qu'il ait reçu à son
heure suprême la bénédiction de son évêque, qui devait
lui survivre tant d'années encore. On peut affirmer pareillement sans crainte de se tromper que, malgré le
silence qui depuis un temps s'était fait autour de sa
gloire, la mort de Roze fut un deuil pour tous ses con-
citoyens et que la ville entière voulut assister à ses funérailles.

BÉRANGER

Peu d'hommes ont joui de leur vivant d'une pareille popularité, d'une telle renommée, mais qui ne devaient lui survivre que très diminuées, et cela fort justement d'ailleurs. — « Il a créé dans notre littérature, dit un judicieux critique, un genre qui n'existait pas avant lui, la chanson lyrique ou l'ode chantée. Son style est toujours (non pas, certes) pur, correct, élégant, son vers souvent inspiré. Lorsqu'il veut chanter les malheurs ou les gloires de la patrie, il élève et entraîne. Il sait aussi exprimer des sentiments plus tendres, et faire vibrer les fibres du cœur. Toutefois, même sous le rapport littéraire, il a été trop vanté. Comme chansonnier il manque de gaîté ; son rire est amer et n'a ni l'abandon ni l'entrain de celui de Désaugiers, son émule. Comme poète lyrique, il manque de souffle ; il a de l'inspiration, mais une inspiration qui dure peu et ne va guère au-delà de la première ou de la seconde strophe. Les épithètes oiseuses ou redondantes prennent trop souvent la place de la pensée ; les chevilles même n'y sont pas rares. Les refrains seuls sont toujours heureux et viennent se graver d'eux-mêmes dans la mémoire. A tout prendre, Béranger est un poète, un vrai poète, mais qui doit plus encore à l'art et au travail qu'à la nature.

Ses contemporains l'ont placé au premier rang, mais la
postérité plus juste le fera descendre au second (voire
même au troisième) qui seul lui appartient. »

Ce qui est par dessus tout regrettable et déplorable,
c'est que, dans les œuvres du chansonnier, se rencontrent, et nombreuses, des pièces licencieuses, irreli-
gieuses, cyniquement impies, ou qui sont empreintes
des passions politiques et des haines injustes de l'époque. Pourtant ce n'était point un sentiment violent qui
les avait dictées à l'auteur, s'il est vrai qu'il ait répondu
à des amis lui conseillant de retrancher ces chansons :

« Je m'en garderais bien, ce sont celles-là qui servent
de passe-port aux autres. »

Cette parole, que rapporte la *Biographie universelle*
de Feller, serait tellement blâmable et coupable qu'on
incline à douter de son authenticité. Le biographe nous
dit d'ailleurs : « Pendant les dernières années de sa vie,
Béranger montra des sentiments meilleurs que ceux
qu'il avait eus jusque-là; s'il n'était pas croyant encore,
il parlait de la religion avec respect; il tenait à rappeler
qu'il avait toujours été spiritualiste. Il avait conservé
des relations avec sa sœur qui était religieuse, et depuis
longtemps retirée dans un couvent où elle priait et
expiait pour son frère; il s'était mis aussi en relation
avec le curé de sa paroisse qu'il chargeait de distribuer
ses aumônes ; car, quoique peu riche, il était bienfaisant. Lorsque sa dernière heure approcha, le prêtre et
la religion vinrent au chevet du malade et furent bien
reçus; il sortit de sa bouche des paroles sympathiques,
chrétiennes même, et l'on peut croire qu'un retour à
Dieu plus complet et plus consolant aurait eu lieu si de

malheureux amis (quels amis que ceux-là !) n'étaient intervenus pour l'empêcher. »

Sa mort eut lieu à Paris, le 16 juillet 1857, à l'âge de 77 ans; il était né dans cette même ville le 19 août 1780 comme lui-même le dit dans la chanson intitulée le *Tailleur et la Fée.*

> Dans ce Paris plein d'or et de misère,
> En l'an du Christ mil sept cent quatre-vingt,
> Chez un tailleur, mon pauvre vieux grand-père,
> Moi, nouveau né, sachez ce qui m'advint :
> Rien ne prédit la gloire d'un Orphée
> A mon berceau qui n'était pas de fleurs ;
> Mais mon grand-père, accourant à mes pleurs,
> Me trouve un jour dans les bras d'une fée ;
> Et cette fée, avec de gais refrains,
> Calmait le cri de mes premiers chagrins.
>
> Le bon vieillard lui dit, l'âme inquiète :
> « A cet enfant quel destin est promis ? »
> Elle répond : « Vois-le, sous ma baguette,
> « Garçon d'auberge, imprimeur et commis.
> « Un coup de foudre ajoute à mes présages [1].
> « Ton fils atteint va périr consumé ;
> « Dieu le regarde, et l'oiseau ranimé
> « Vole en chantant braver d'autres orages.
>
> . . . .
>
> « Tous les plaisirs, sylphes de la jeunesse,
> « Eveilleront sa lyre au sein des nuits. »
> Le vieux tailleur s'écrie : « Eh quoi ! ma fille
> « Ne m'a donné qu'un faiseur de chansons !
> « Mieux jour et nuit vaudrait tenir l'aiguille
> « Que, faible écho, mourir en de vains sons.

[1] L'auteur fut frappé de la foudre dans sa jeunesse.

« — Va, dit la fée, à tort tu t'en alarmes ;
« De grands talents ont de moins beaux succès.
« Ses chants légers seront chers aux Français,
» Et du proscrit adouciront les larmes. »

Cette pièce, l'une des meilleures inspirations de Béranger, est en quelque sorte une auto-biographie du poète comme aussi en même temps un spécimen remarquable de son talent, ce qui nous a fait la citer pour la plus grande partie.

Vanité de la gloire humaine ! Béranger à peine dans la tombe, en dépit de ses funérailles si magnifiques, le silence, précurseur de l'oubli, se fit autour de l'idole. L'ombre descendit sur la statue debout encore sur le piédestal, mais devant laquelle la foule passait de plus en plus rapide et froide, indifférente, parfois dédaigneuse. Dans les rangs mêmes de ceux qui s'étaient montrés les plus prodigues de louanges, il se trouvait des aristarques, M. Pelletan, par exemple, pour discuter, presque contester le talent, le caractère même du poète, et nous étonner par la sévère impartialité de leurs jugements. Aussi maintenant qui lit Béranger, et combien se vend-il, bon an, mal an, de ses ouvrages?

BERTHOLLET

I

Peu de temps avant le 9 thermidor, un dépôt graveleux, trouvé au fond de quelques barriques d'eau-de-vie, donna lieu à une grave accusation contre un fournisseur qui, dit-on, voulait empoisonner les soldats. On confie à un chimiste, déjà célèbre, l'analyse du liquide. Tout semblait prouver qu'on cherchait un coupable afin de s'emparer des richesses du fournisseur. L'examen du liquide confirme cette présomption et le chimiste, n'écoutant que le devoir et la conscience, n'hésite pas à faire un rapport favorable. Appelé bientôt après devant le Comité du salut public, il est soumis à un interrogatoire qui n'était rien moins que rassurant.

— Es-tu sûr de ce que tu dis ? lui fut-il demandé d'un ton menaçant.

— Très-sûr, répond avec calme le savant.

— Ferais-tu sur toi-même l'épreuve de cette eau-de-vie.

Le chimiste, sans répondre, emplit un verre du liquide et l'avale d'un trait.

— Tu es bien hardi.

— Moins que je ne l'étais en écrivant mon rapport.

L'accusation fut abandonnée, grâce à l'intrépide fer-

meté du savant qui, dans une autre circonstance, fit
preuve encore du sang-froid le plus étonnant. C'était
pendant l'expédition d'Égypte : un jour, que pour certaines recherches, il remontait le Nil dans une barque,
tout à coup, sur le rivage, parurent des Mameluks, et
sur la barque plut une grêle de balles. Pendant que
les rameurs faisaient force de rames dans l'espoir
d'échapper, on vit le savant en question occupé à
remplir ses poches des pierres, servant à lester l'em-
barcation.

— Et que faites-vous là ? lui dit un autre voyageur.

— Vous le voyez, répondit-il, je prends mes précautions pour couler plus vite, afin de n'être pas mutilé par
ces barbares.

La barque cependant put échapper au péril, et ceux
qui la montaient arrivèrent sains et saufs au port. Or,
le savant qui, sans y songer, donnait à nos braves soldats des leçons de courage, c'était Berthollet, l'homme
illustre dont Cuvier put dire à juste titre :

« Témoin des évènements les plus surprenants, porté
par eux dans des climats lointains, élevé à de grandes
places et à des dignités éminentes, tout ce monde extérieur est peu de chose pour lui en comparaison de la
vérité. Particulier, académicien, sénateur, pair de
France, il n'existe que pour méditer et pour découvrir.
La science fait naître à chaque instant dans ses mains
de ces procédés avantageux, de ces industries fructueuses
qui enrichissent les peuples ; mais ce n'est point pour
ces applications faciles qu'il la poursuit, c'est pour elle
seule. Dans l'invention la plus utile, il ne voit qu'un
théorème de plus, et dans ce théorème qu'un échelon

d'où il s'efforce d'apercevoir et d'atteindre un théorème plus élevé [1]. »

En effet, cet homme illustre à qui la chimie, au commencement de ce siècle, fut redevable d'immenses progrès, ne songea jamais à tirer parti de ses découvertes qu'il eût pu tenir secrètes, sans que personne l'en eût blâmé. Le chlore ne lui valut qu'un ballot de toiles blanchies par son procédé ; encore sa délicatesse hésitait-elle à accepter, alors que les Anglais auraient plus volontiers encore offert de le prendre pour associé ; ce qui eût été pour lui toute une fortune.

« Personne n'ignore aujourd'hui ce que c'est qu'une blanchisserie berthollienne. On dit même dans les ateliers, *bertholler, berthollage* : on y entretient des ouvriers que l'on y appelle des *bertholleurs.* Rien ne met plus authentiquement le sceau au mérite d'une découverte. C'est la seule récompense qu'en ait tirée l'auteur, et il n'en désira point d'autre. »

Pourtant, à cette époque antérieure à la Révolution, il n'était point riche quoique arrivé à une position déjà fort honorable, prix de sa laborieuse persévérance.

II

Berthollet (Claude-Louis), d'une famille originaire de la France, mais expatriée, naquit à Talloire, à deux lieues d'Annecy, le 9 octobre 1748. Il appartenait par sa mère, Philiberte Donier, à une des familles nobles de

---

[1] Cuvier, *Notices historiques,* tome II.

la Savoie : son père était châtelain du lieu. Rien ne fut négligé pour l'éducation de l'enfant, quoique la fortune des parents fût médiocre. Après quelques années passées au collége d'Annecy, il fut envoyé à celui de Chambéry, et termina ses études classiques au collége des Provinces de Turin. Les plus brillantes carrières semblaient ouvertes à sa jeune ambition, mais son goût pour les sciences lui fit préférer la médecine. Reçu docteur en 1768, il vint quelques années après à Paris, trouvant que dans la province les ressources lui manquaient pour l'étude vers laquelle il se sentait plus particulièrement entraîné, celle de la chimie. Il ne se trompait pas ; mais arrivé à Paris, où il ne connaissait personne et la bourse assez peu garnie, il ne tarda pas à se trouver dans l'embarras. La pensée lui vint alors de s'adresser au célèbre médecin génevois Tronchon, son compatriote, qui, prévenu par son air franc et ouvert et par la tournure sérieuse de son esprit, lui fit le meilleur accueil et devint bientôt pour lui comme un père. Afin de lui assurer d'abord une existence tranquille, il le recommanda au duc d'Orléans qui le nomma l'un de ses médecins, en même temps qu'il faisait mettre à la disposition du jeune savant son laboratoire de chimie, dans lequel volontiers le prince se renfermait pour expérimenter avec l'habile préparateur Guettard, son maître comme celui de son père. Rien ne pouvait être plus précieux pour Berthollet, qui comprit aussitôt qu'il avait trouvé sa voie, ce qui lui fut confirmé par l'illustre Lavoisier, dont il fit connaissance quelque temps après. Plusieurs Mémoires publiés successivement par lui de 1776 à 1780 et « empreints, dit M. Parisot, de cette sagacité, de cette

finesse, de cette étendue dont plus tard il devait présenter
aux savants le modèle accompli, » attirèrent l'attention
de l'Académie des sciences qui le nomma adjoint chimiste à la place de Bucquet (15 avril 1780), et cinq ans
après, l'admit au nombre de ses membres.

Il continua dès lors avec plus de zèle que jamais ses
expériences et ses publications, et en 1787, de concert
avec Guyton de Morveau, Lavoisier et Fourcroy, il
s'occupa de la refonte de la terminologie scientifique,
qu'ils réussirent à faire prévaloir. « Comparé au langage extravagant que la chimie avait hérité de l'art
hermétique, dit Cuvier, ce nouvel idiome fut un service
réel rendu à la science, et contribua à accélérer l'adoption de nouvelles théories. »

En 1789, dans le tome II des *Annales de chimie*, notre
savant publia, sous le titre de : *Blanchiment des toiles
avec l'acide muriatique oxygéné*, le résultat de ses expériences relatives au chlore, « une découverte, dit Parisot, qui l'eût rendu *dix fois millionnaire*, s'il eût voulu
l'exploiter à son seul profit. » D'autres découvertes
également utiles suivirent celle-là. On dut par exemple
à Berthollet un moyen nouveau de conserver l'eau
douce pour les navigations de long cours, en faisant
brûler l'intérieur des tonneaux destinés à la contenir.

Berthollet, depuis longtemps était devenu Français
par des lettres de naturalisation qu'il avait été heureux
d'obtenir. Aussi, ce ne fut pas en vain, qu'en 1792,
devant les menaces de la plus formidable coalition, la
France fit appel au patriotisme de son fils d'adoption.
De tous les points de l'horizon, au Nord, au Midi, à
l'Est, à l'Ouest, des légions ennemies envahissaient

notre territoire et la France n'avait à leur opposer que des conscrits auxquels manquaient, avec l'habitude des armes, les munitions et le matériel de guerre. Mais, grâce à Berthollet et à son ami Monge, aidés par un petit bataillon de chimistes choisis par eux, on trouva sur notre sol même tout ce qu'on s'était trop habitué à demander à l'étranger : le soufre, le salpêtre, l'airain ; dès lors les produits de nos fabriques et de nos arsenaux suffirent à la prodigieuse consommation de quatorze armées. Aussi, n'est-on que juste, en reconnaissant et proclamant que la France, sauvée alors de l'invasion et du démembrement, ne dut pas moins ce bonheur au zèle infatigable de nos savants qu'à l'héroïque dévouement des soldats combattant et mourant aux frontières.

Pendant l'année 1791, Berthollet fut envoyé en Italie par le Directoire comme président de la commission chargée du choix des objets d'art les plus précieux qui devaient être transportés à Paris. La noble conduite de Berthollet dans ces circonstances lui valut l'estime du général en chef Bonaparte, qui, plein d'admiration pour sa science comme pour son caractère, résolut dès lors de se l'attacher. Seul il connut à l'avance le secret de l'expédition d'Égypte, dont il fit partie pour le plus grand avantage de la science comme de l'armée. Pendant l'insurrection du Caire, ce fut à son courage et à sa présence d'esprit que les membres de l'Institut durent de conserver avec la vie tous les trésors scientifiques recueillis jusqu'alors. Quand, après la levée du siége de Saint-Jean-d'Acre, la peste se déclara dans le camp français, il n'hésita point à s'associer à Larrey pour reconnaître, dès les premiers symptômes, la présence du fléau et indiquer les mesures qui pourraient rendre la contagion moins terrible. Monge, tombé malade, dut la vie à ses soins fraternels.

Lorsqu'on fut de retour en France, Bonaparte n'oublia pas les services rendus par notre savant, qui, membre du Sénat conservateur après le 18 brumaire, fut ensuite nommé comte, grand officier de la Légion d'honneur, grand'croix de l'ordre de la Réunion, etc. « Heureusement pour la science, dit Parisot, il ne se laissa ni éblouir, ni absorber par des fonctions aussi élevées, aussi importantes. Toujours il conserva sa simplicité et son goût pour la retraite et l'étude. »

Les revenus de ses emplois, et en particulier de la sénatorie de Montpellier, étaient dépensés au profit de la science et servaient à l'entretien d'un magnifique laboratoire, toujours ouvert aux étrangers comme aux amis et surtout à de nombreux élèves que l'illustre maître voyait avec plaisir s'exercer sous ses yeux aux préparations les plus délicates. Mais la générosité de Berthollet l'ayant entraîné, il dut enfin s'apercevoir que son budget des recettes et dépenses se soldait par un déficit; résolu tout aussitôt à rétablir l'équilibre, mais sans détriment pour la science, il établit dans sa maison l'économie la plus sévère, et vendit chevaux et voitures.

On avertit l'Empereur, qui, tout aussitôt, mande Berthollet aux Tuileries. Après quelques reproches bienveillants relativement au silence gardé par le savant sur sa situation critique, Napoléon lui dit :

« Souvenez-vous que j'ai toujours 100,000 écus au service de mes amis. »

Et cette somme fut remise le lendemain à Berthollet,
qui, tout occupé de ses expériences et confiné pour ainsi
dire dans son laboratoire, n'en sortait que bien rarement pour se rendre aux Tuileries, et ne se montra pas
plus courtisan. On ne pourrait assurément que l'en
louer si toujours il s'en fût tenu là. Mais on regrette
d'avoir à ajouter qu'en 1814, cédant, parait-il, aux
conseils de son ami Laplace, il vota la déchéance de
Napoléon en se ralliant au gouvernement provisoire.
Lui convenait-il d'agir ainsi après les témoignages
d'affectueuse estime dont l'Empereur, qui l'appelait son
chimiste et son ami, n'avait pas été pour lui avare?
Berthollet se devait à lui-même de rester à l'écart, et de
n'accepter rien des gouvernements qui devaient succé-
der à l'Empire. Mais, pour être juste, il ne faut pas
dissimuler que son caractère, sinon son intelligence,
avait reçu un grand ébranlement par suite de la terrible catastrophe qui, en 1812, lui enleva son fils unique,
dont la mort fut des plus tragiques. « Dès lors, toute
gaîté fut perdue pour lui. Pendant le peu d'années
qu'il survécut, son air morne et silencieux contrastait
péniblement avec ses habitudes antérieures; on ne le
vit plus sourire ; quelquefois, une larme s'échappait
malgré lui... »

Cuvier ajoute :

« Sa dernière maladie a été de celles qui surprennent
et désespèrent la médecine : un ulcère charbonneux,
venu à la suite d'une fièvre légère, l'a dévoré lentement
pendant plusieurs mois, mais sans lui arracher un
mouvement d'impatience. Cette mort, qui arrivait à lui
par le chemin de la douleur, dont, comme médecin, il

pouvait calculer les pas et prévoir le moment, il l'a
envisagée avec autant de constance que les souffrances
du désert ou les menaces des barbares. »

Berthollet a laissé de nombreux travaux scientifiques
fort loués par Parisot, Cuvier, Mongellaz, etc., mais
dont l'énumération, pas plus que l'appréciation ne peuvent entrer dans notre cadre.

C'est l'homme plus encore que le savant que nous
avons tenu à faire connaître, par des motifs qu'il n'est
pas besoin d'indiquer à nos lecteurs.

BOSSUET

I

Dois-je l'avouer? Oui, je dois le dire, le confesser hautement pour l'instruction et l'exemple de la jeunesse, je n'étais plus un adolescent, depuis longtemps déjà sorti des bancs du collége, pourtant je nourrissais contre l'illustre évêque de Meaux les plus étranges préventions, d'autant moins excusables que j'en jugeais par ouï dire ; dans ma folle témérité, j'osais nier son génie sans avoir rien lu que quelques bribes de ses ouvrages, et encore avec des idées préconçues, avec le parti pris de n'y pas trouver ce qu'y voyaient, ce qu'y admiraient tous les autres. On croit ainsi, à un certain âge, faire preuve d'indépendance en ayant l'air de ne pas penser comme tout le monde.

Quand je lisais, dans les manuels de rhétorique et ailleurs, les éloges prodigués à l'*aigle de Meaux,* volontiers je haussais les épaules, car à cet aigle je trouvais, moi, une médiocre envergure et tout au plus j'accordais qu'il fût un passereau.

J'avais appris en vain par cœur les *Oraisons funèbres,* mauvais moyen à la vérité de faire goûter les chefs-d'œuvre par l'écolier auquel le travail souvent pénible

de la mémoire dérobe le sens de beautés que faute d'expérience, il avait déjà bien de la peine à saisir. Les
comprit-il parfaitement, à force de les relire et de les
ressasser pour retenir le mot à mot, il ne tarde pas à se
blaser tout à fait sur les passages les plus sublimes et
quelquefois irremédiablement, pour la vie. Du moins, en
ce qui me concerne, ai-je éprouvé qu'il a fallu de longues années avant que ces auteurs latins ou français, et
je dis les meilleurs et ceux-là surtout, trop appris
par cœur dans la jeunesse, retrouvassent pour moi le
charme de la nouveauté et que j'y découvrisse ces détails
admirables, cette grâce ou cette majesté que tant de ·
fois j'avais entendu vanter naguère, sans y croire autrement que sur parole et sous bénéfice d'inventaire.

Ainsi m'arriva-t-il pour Virgile, pour Boileau, Corneille, La Fontaine, Racine et tout particulièrement
pour Bossuet contre lequel, qui sait pourquoi? ma prévention était plus opiniâtre, peut-être parce que je le
connaissais moins que les autres. En outre des *Oraisons
funèbres*, je n'avais guère lu que le *Discours sur l'Histoire
universelle*, et précisément à l'époque où, par la complète
ignorance des choses de la vie, on se passionne pour les
sottes inventions du roman. Aussi le volume de Bossuet
m'avait médiocrement intéressé, et par le souvenir quel-
conque que j'en gardais, je restais un admirateur singulièrement tiède du grand écrivain, et même, à parler
rondement, je ne l'admirais pas du tout, me gênant
peu pour le dire. Bien au contraire, avec cette outre-
cuidance et cet aplomb qui sont le propre du jeune
homme d'autant plus tranchant qu'il ignore davantage,
je mettais une sorte de vanité, vanité sotte, à dénigrer

l'homme illustre, et je parlais de son génie avec une irrévérence dont le seul ressouvenir me fait aujourd'hui monter la rougeur au front. La contradiction d'hommes sensés, d'hommes graves, juges compétents, ne faisait que m'exaspérer, et me pousser à multiplier les sottises et les blasphèmes.

« Ce temps dura son temps, » comme s'exprime Lacordaire ; après quelques années, m'éclairant par l'expérience, et moins affolé des lectures frivoles, je commençai par l'étude, par la réflexion, à prendre goût aux vraies beautés littéraires, à rectifier mon jugement faussé, à revenir sur mes préventions, sans être entièrement raisonnable toutefois, particulièrement à l'égard de Bossuet, peut-être, à cause de la fameuse *Histoire Universelle*, lue ou plutôt feuilletée en temps inopportun et à laquelle je gardais rancune et par contre coup à son auteur.

Or, certain soir que, devant un homme respectable, à qui je dois être reconnaissant à toujours du service qu'il me rendit alors, je m'exprimais sur le compte de Bossuet écrivain en termes assez lestes et le qualifiais comme je ne ferais pas maintenant tel de nos plumitifs à la douzaine, je fus interrompu vivement quoique pourtant sans humeur par l'auditeur en question qui me dit :

« Je ne puis m'empêcher de vous l'avouer, mon jeune ami, ce langage m'afflige pour vous ; je le comprendrais à peine chez un lycéen ennuyé du pensum et de la retenue. Mais vous n'en êtes plus là, Dieu merci ? Excusez-moi de vous le dire, pour en parler sur ce ton, il faut que vous ne connaissiez pas ou connaissiez bien peu celui que vous attaquez.

— Comment donc! j'ai appris par cœur ses *Oraisons funèbres*; j'ai lu, il n'y a pas longtemps encore, son *Histoire universelle,* qui franchement me paraît au-dessous de sa réputation ; je n'ai pu même aller jusqu'au bout tout d'une haleine au moins.

— Sans doute, comme vous faisiez pour les romans de Walter Scott ou de Cooper?

— Je ne dis pas non.

— Mais maintenant qu'il n'en est plus ainsi, que les œuvres de pure imagination sont appréciées par vous à leur valeur, et que votre esprit s'étant mûri, vous prenez goût à des choses tout à la fois plus sérieuses et plus littéraires, je m'étonne de cette obstination, dans ce qu n'est pour moi qu'un déplorable préjugé.

— Préjugé ?

— Oui, préjugé! car chez vous, mon ami, je ne puis croire que ce soit défaut d'intelligence. Mais vous en reviendrez, je n'en doute pas, quand vous aurez consenti à étudier les pièces du procès, et que vous pourrez vous prononcer en connaissance de cause. Tenez, sans être prophète, je ne crains pas d'affirmer que si, quelque jour, il vous tombe sous la main par exemple un recueil des *Sermons* de Bossuet (pour moi son œuvre capitale quoique peut-être pas la plus populaire), la lumière se fera et votre opinion, sur l'homme incomparable, changera du tout au tout.

— Si jamais cela arrive....

— Je n'en fais pas l'ombre d'un doute : plus tôt ou plus tard, vous penserez de Bossuet ce qu'en pensait un homme qui, lui aussi, avait du génie et n'est point suspect de... gallicanisme, l'illustre Joseph de Maistre. Il n'a pas craint de dire à propos d'une citation du sermon sur l'*Amour des Plaisirs*, par Bossuet : « *Cet homme dit ce qu'il veut ; rien n'est au-dessous ni au-dessus de lui.* »

— C'est de Maistre qui a dit cela ?

— Lui-même dans le deuxième entretien des *Soirées de Saint-Pétersbourg*. Mais dans ses lettres il s'exprime en termes bien plus énergiques encore! « Cet homme, dit-il, » est mon grand oracle. Je plie volontiers sous cette tri- » nité de talents qui fait entendre à la fois dans chaque » phrase un logicien, un orateur et un prophète. » Se peut-il un langage plus décisif?

— Voilà qui donne à réfléchir, car de Maistre, depuis que j'ai lu, je ne sais où, ses fameuses pages sur le bour-reau comme celles sur la guerre, est pour moi un écri-vain de premier ordre et dont le jugement mérite grande considération. Aussi vous me donneriez la ten-tation.... D'aventure, auriez-vous dans votre bibliothè-que l'ouvrage en question et vous serait-il possible de me le prêter?

— Parfaitement, j'ai là, sur ce rayon, à droite, qua-tre volumes compactes des *Sermons choisis* de Bossuet. Vous pouvez les emporter et les lire tout à loisir. J'ai bon espoir, ou plutôt j'ai la certitude qu'avant la fin du premier volume vous ne penserez pas autrement que moi sur le grand orateur et que vous ferez hautement votre peccavi, trop heureux de le faire.

— Nous verrons bien! Grand merci toujours pour le prêt des volumes que je garderai le moins longtemps qu'il me sera possible.

— Gardez-les tout le temps nécessaire à votre édifi-cation.... littéraire. On ne lit pas cela comme un roman ou un volume de poésies. Il vous faut toujours bien quelques semaines. »

Or, moins de huit jours après, je rapportais les quatre volumes.

« Quoi ! déjà ! me dit l'ami presque avec l'accent du reproche. Est-il donc possible que vous ayez pris si peu goût à cette lecture et qu'elle vous ait lassé si vite ?

— Bien au contraire, elle m'a surpris, ravi, enthousiasmé jusqu'à l'extase, jusqu'au délire. Bossuet est aussi pour moi maintenant le sublime orateur, l'incomparable écrivain ; et si j'ai quelque regret, c'est qu'on ne songe pas à lui élever dans sa ville épiscopale une statue, je serais des premiers à souscrire. Ah ! mon ami, que je vous remercie de me l'avoir fait connaître ! Quel homme ! quel homme ! qui dit tout ce qu'il veut dire, en effet, et comme il le veut. O la merveilleuse, l'inimitable éloquence, inimitable parce qu'elle joint à la solidité du fond la beauté de la forme, d'une forme d'autant plus admirable qu'elle dédaigne toute recherche, et qu'elle fait tout naturellement à la pensée un vêtement splendide ! Quelle profondeur et quelle élévation ! Quelle puissance et quelle majesté ! Quelle ample et royale faconde ! Ce style, plus plein encore de choses que de mots, s'épanche à larges ondes, en flots impétueux, comme le fleuve des Cordillières jaillit de la source intarissable. Merci mille fois, merci de m'avoir conduit par la main et un peu malgré moi à la découverte de trésors que je m'obstinais à méconnaître et dans lesquels je me promets de puiser hardiment sans crainte de jamais les tarir. Si je vous rapporte ces volumes, c'est qu'après lecture des deux premiers, j'ai couru chez le libraire pour me pro-

curer l'ouvrage que j'ai acheté bel et bien sur mes économies. Ce sont là de ces livres qu'il faut avoir à soi,
assuré qu'on est de pouvoir les lire et relire dix fois plutôt qu'une. Que n'ai-je la boîte de cèdre dans laquelle
Alexandre renfermait l'*Iliade*, j'y mettrais, moi, l'œuvre
de Bossuet et la placerais aussi sous mon chevet !

— Et là, là, doucement, mon ami ! Je ne ne dis pas
que vous exagériez maintenant dans la louange ; mais
je crains l'excès de cet enthousiasme si soudain parce
que la réaction peut être à redouter.

— Non, non, certes non ! Ne vous troublez pas de ce
souci. Mon enthousiasme ne sera point un feu de paille
parce qu'il ne vient pas de la surprise. Je ne crois pas
qu'il y ait présomption de ma part à affirmer, à jurer
que je penserai toujours de même et que vous ne me
verrez pas, fût-ce après dix ans, après vingt ans, me
refroidir.

Je ne m'étais point trop avancé et il n'y avait point
témérité dans ces affirmations. Je ne me suis jamais
lassé de la lecture ou plutôt de l'étude de ces admirables sermons dans lesquels je découvrais sans cesse des
beautés nouvelles. Quel moraliste et quel poète à la fois
que ce puissant orateur et dans lequel on ne sait ce qu'il
faut admirer le plus ou l'enchaînement logique du discours ou l'énergie et la vérité des tableaux, ou la profondeur des pensées et la force des expressions ! On n'aurait que l'embarras du choix pour les citations. Quelle
étonnante et fidèle peinture par exemple que celle qu'il
nous fait de la vie et des illusions ou occupations qui
jusqu'à la fin nous amusent !

II

« Considérez, je vous prie, à quoi se passe la vie humaine. Chaque âge n'a-t-il pas ses erreurs et sa folie? Qu'y a-t-il de plus insensé que la jeunesse bouillante, téméraire et mal avisée, toujours précipitée dans ses entreprises, à qui la violence de ses passions empêche de connaître ce qu'elle fait? La force de l'âge se consume en mille soins et mille travaux inutiles. Le désir d'établir son crédit et sa fortune ; l'ambition et les vengeances, et les jalousies, quelles tempêtes ne causent-elles pas à cet âge ? Et la vieillesse paresseuse et impuissante, avec quelle pesanteur s'emploie-t-elle aux actions vertueuses ! combien est-elle froide et languissante ! combien trouble-t-elle le présent par la vue d'un avenir qui lui est funeste !

» Jetons un peu la vue sur nos ans qui se sont écoulés ; nous désapprouverons presque tous nos desseins, si nous sommes juges un peu équitables ; et je n'en exempte pas les emplois les plus éclatants, car, pour être les plus illustres, ils n'en sont pas pour cela les plus accompagnés de raison. La plupart des choses que nous avons faites, les avons-nous choisies par une mûre délibération? N'y avons-nous pas plutôt été engagés par une certaine chaleur inconsidérée, qui donne le mouvement à tous nos desseins ? Et dans les choses mêmes dans lesquelles nous croyons avoir apporté le plus de prudence, qu'avons-nous jugé par les vrais principes ? Avons-nous jamais songé à faire les choses par leurs

motifs essentiels et par leurs véritables raisons ? Quand
avons-nous cherché la bonne constitution de notre âme?
quand nous sommes-nous donné le loisir de considérer
quel devait être notre intérieur, et pourquoi nous étions
en ce monde? Nos amis, nos prétentions, nos charges
et nos emplois, nos divers intérêts que nous n'avons
jamais entendus, nous ont toujours entraînés ; et jamais
nous ne sommes poussés que par des considérations
étrangères. Ainsi se passe la vie, parmi une infinité de
vains projets et de folles imaginations ; si bien que les
plus sages, après que cette première ardeur qui donne
l'agrément aux choses du monde est un peu tempérée
par le temps, s'étonnent le plus souvent de s'être si fort
travaillés pour rien [1] ».

A-t-on mieux que Bossuet déchiffré l'insatiable con-
voitise qui, de même qu'une autre non moins terrible
passion, jamais ne dit : c'est assez ! *affer ! affer !*

« Premièrement, chrétiens, c'est une fausse imagination des âmes simples et ignorantes, qui n'ont pas
expérimenté la fortune, que la possession des biens de
la terre rend l'âme plus libre et plus dégagée. Par
exemple on se persuade que l'avarice serait tout à fait
éteinte, que l'on n'aurait plus d'attache aux richesses, si
l'on en avait ce qu'il faut. Ah ! c'est alors, disons-nous,
que le cœur qui se resserre dans l'inquiétude du besoin,
reprendra sa liberté tout entière dans la commodité et
dans l'aisance. Confessons la vérité devant Dieu : tous
les jours, nous nous flattons de cette pensée ; mais
certes nous nous abusons, notre erreur est extrême.

[1] Sermon sur *la Loi de Dieu.*

C'est une folie de s'imaginer que les richesses guériront
l'avarice, ni que cette eau puisse étancher cette soif.
Nous voyons par expérience que le riche, à qui tout
abonde, n'est pas moins impatient dans ses pertes que
le pauvre à qui tout manque ; et je ne m'en étonne pas :
car il faut entendre, messieurs, que nous n'avons pas
seulement pour tout notre bien une affection générale,
mais que chaque petite partie attire une affection particulière ; ce qui fait que nous voyons ordinairement que
l'âme n'a pas moins d'attache, que la perte n'est pas
moins sensible dans l'abondance que dans la disette. Il
en est comme des cheveux qui font toujours sentir la
même douleur, soit qu'on les arrache d'une tête chauve,
soit qu'on les tire d'une tête qui en est couverte : on
sent toujours la même douleur à cause que chaque
cheveu ayant sa racine propre, la violence est toujours
égale. Ainsi, chaque petite parcelle du bien que nous
possédons tenant dans le fond du cœur par sa racine
particulière, il s'ensuit manifestement que l'opulence
n'a pas moins d'attache que la disette, au contraire,
qu'elle est du moins en ceci, et plus captive, et plus
engagée, qu'elle a plus de liens qui l'enchaînent et un
plus grand poids qui l'accable [1] ».

Quoi de plus éloquent et en même temps de plus
vrai que ce morceau sur les passions !

« Si vous regardez la nature des passions auxquelles
vous abandonnez votre cœur, vous comprendrez aisément qu'elles peuvent devenir un supplice intolérable.
Elles ont toutes en elles-mêmes des peines cruelles, des

[1] *Sermon sur l'Impénitence finale.*

dégoûts, des amertumes. Elles ont toutes une infinité
qui se fâche de ne pouvoir être assouvie ; ce qui mêle
dans elles toutes des emportements qui dégénèrent en
une espèce de fureur non moins pénible que déraison-
nable. L'amour impur, s'il m'est permis de le nommer
dans cette chaire, a ses incertitudes, ses agitations violentes, et ses résolutions irrésolues et l'enfer de ses
jalousies. *Dura sicut infernus simulatio* : et le reste que
je ne dis pas. L'ambition a ses captivités, ses empres-
sements, ses défiances et ses craintes, dans sa hauteur
même qui est souvent la mesure de son précipice. L'avarice, passion basse, passion odieuse au monde, amasse
non-seulement les injustices, mais encore les inquiétudes avec les trésors. Eh ! qu'y a-t-il donc de plus aisé
que de faire de nos passions une peine plus insupportable en leur ôtant, comme il est très juste, ce peu de
douceur par où elles nous séduisent, et leur laissant
seulement les inquiétudes cruelles et l'amertume dont
elles abondent.... « Je ferai sortir du milieu de toi le
« feu qui dévorera tes entrailles » dit le prophète. Je ne
l'enverrai pas de loin contre toi, il prendra dans ta
conscience, et ses flammes s'élanceront du milieu de toi,
et ce seront tes péchés qui le produiront. Le pensez-vous
chrétiens, que vous fabriquiez en péchant l'instrument
de votre supplice éternel ? Cependant vous le fabriquez.
Vous avalez l'iniquité comme l'eau ; vous avalez des
torrents de flammes [1] ».

Quelle sublime ironie et quelle profondeur dans ces
quelques lignes à l'adresse des ambitieux dont les évè-

[1] Sermon sur la *Nécessité de la Pénitence.*

nements, conduits par une mystérieuse providence, déjouent si facilement et si continuellement les desseins ! *Et nunc reges intelligite !*

« En effet, considérez, chrétiens, ces grands et puissants génies ; ils ne savent tous ce qu'ils font : Ne voyons-nous pas tous les jours manquer quelque ressort à leurs grands et vastes desseins, et que cela ruine toute l'entreprise ? L'évènement des choses est ordinairement si extravagant, et revient si peu aux moyens que l'on y avait employés, qu'il faudrait être aveugle pour ne pas voir qu'il y a une puissance occulte et terrible qui se plait à renverser les desseins des hommes, qui se joue de ces grands esprits qui s'imaginent remuer tout le monde, et qui ne s'aperçoivent pas qu'il y a une raison supérieure qui se sert et se moque d'eux comme ils se servent et se moquent des autres [1] ».

Voici maintenant sur la souffrance une page merveilleusement consolante pour les infortunés et qu'ils ne sauraient trop méditer et relire !

« Oui, je le dis encore une fois, les grandes prospérités ordinairement sont des supplices et les châtiments sont des grâces. « Car qui est le fils, dit l'Apôtre, que » son père ne corrige pas ? »…. Il n'est pas à propos que tout nous succède ; il est juste que la terre refuse ses fruits à qui a voulu goûter le fruit défendu. Après avoir été chassés du paradis, il faut que nous travaillions avec Adam, et que ce soit par nos fatigues et nos sueurs que nous achetions le pain de vie. — Quand tout nous rit dans le monde, nous nous y attachons trop facile-

[1] Sermon sur la *Loi de Dieu.*

ment ; le charme est trop puissant et l'enchantement
trop fort. Ainsi, mes frères, si Dieu nous aime, croyez
qu'il ne permet pas que nous dormions à notre aise dans
ce lieu d'exil. Il nous trouve dans nos vains divertissements, il interrompt le cours de nos imaginaires féli-
cités, de peur que nous ne nous laissions entraîner aux
fleuves de Babylone, c'est-à-dire au courant des plaisirs
qui passent. Croyez donc très certainement, ô enfants de
la nouvelle alliance, que lorsque Dieu vous envoie des
afflictions, c'est qu'il veut briser les liens qui vous
tenaient attachés au monde, et vous rappeler à votre
patrie. Le soldat est trop lâche qui veut toujours être
à l'ombre ; et c'est être trop délicat que de vouloir vivre
à son aise et en ce monde et en l'autre.... Ne t'étonne
donc pas, chrétien, si Jésus-Christ te donne part à ses
souffrances, afin de t'en donner à sa gloire [1] ».

Dans le sermon sur les *Obligations de l'état religieux*,
il est sur le mariage plusieurs pages que j'ai lues
d'abord avec une sorte de stupeur et dans lesquelles,
aujourd'hui encore, j'inclinerais à trouver quelque
exagération quoique avec un fond de vérité. Mais la
franchise de l'expression, comme la profondeur de
l'observation, et l'éloquente réalité de certains détails
m'avaient frappé, et je n'ai pu résister à la tentation de
cette nouvelle citation encore qu'un peu longue.

« Demandez, voyez, écoutez : que trouvez-vous dans
toutes les familles, dans les mariages même qu'on croit
les mieux assortis et les plus heureux, sinon des peines,
des contradictions, des angoisses ? Les voilà ces tribu-

[1] Sermon sur l'*Utilité des souffrances.*

lations dont parle l'Apôtre ; il n'en a point parlé en
vain. Le monde en parle encore plus que lui ; toute la
nature humaine est en souffrance. Laissons-là tant de
mariages pleins de dissensions scandaleuses; encore une
fois, prenons les meilleurs : il n'y paraît rien de malheureux ; mais pour empêcher que rien n'éclate,
combien faut-il que le mari et la femme souffrent l'un
de l'autre !

» Ils sont tous deux également raisonnables, si vous
le voulez : chose étrangement rare, et qu'il n'est pas
permis d'espérer ; mais chacun a ses humeurs, ses préventions, ses habitudes, ses liaisons. Quelques convenances qu'ils aient entre eux, les naturels sont toujours
assez opposés pour causer une contrariété fréquente
dans une société si longue : on se voit de si près, si
souvent, avec tant de défauts de part et d'autre, dans
les occasions les plus naturelles et les plus imprévues,
où l'on ne peut point être préparé ; on se lasse, le goût
s'use, l'imperfection rebute, l'humanité se fait sentir de
plus en plus ; il faut à toute heure prendre sur soi, et
ne pas montrer tout ce qu'on y prend ; il faut à son
tour prendre sur son prochain, et s'apercevoir de sa
répugnance. La complaisance diminue, le cœur se des-
sèche ; on se devient une croix l'un à l'autre : on aime
sa croix, je le veux ; mais c'est la croix qu'on porte.
Souvent on ne tient plus l'un à l'autre que par devoir
tout au plus, ou par une estime sèche, ou par une
amitié altérée et sans goût, et qui ne se réveille que
dans les fortes occasions. Le commerce journalier n'a
presque rien de doux : le cœur ne s'y repose guère ;
c'est plutôt une conformité d'intérêt, un lien d'honneur,

un attachement fidèle, qu'une amitié sensible et cordiale. Supposons même cette vive amitié : que fera-t-elle ? où peut-elle aboutir ? Elle cause aux deux époux des délicatesses, des sensibilités, des alarmes. Mais voici où je les attends : enfin, il faudra que l'un soit presque inconsolable à la mort de l'autre ; et il n'y a point dans l'humanité de plus cruelles douleurs que celles qui sont préparées par le meilleur mariage du monde.

» Joignez à ces tribulations celle des enfants, ou indignes et dénaturés, ou aimables mais insensibles à l'amitié ; ou pleins de bonnes et de mauvaises qualités, dont le mélange fait le supplice des parents ; ou enfin heureusement nés et propres à déchirer le cœur d'un père et d'une mère qui dans leur vieillesse voient, par la mort prématurée de cet enfant, éteindre toutes leurs espérances. Ajouterai-je encore toutes les traverses qu'on souffre dans la vie par les voisins, par les ennemis, par les amis même, les jalousies, les artifices, les calomnies, les procès, les pertes de biens, les embarras des créanciers ! Est-ce vivre ? O affreuses tribulations, qu'il est doux de vous voir de loin dans la solitude ![1] »

Voilà certes qui doit consoler un peu le célibataire contristé de son isolement, et qui ne semble pas fait pour encourager à l'hymen ! Mais le grand moraliste chrétien, s'il donne la préférence à la vie la plus parfaite, ne dissimule pas que l'état religieux, lui aussi, a ses épreuves, ses peines, ses tentations contre lesquelles on ne saurait être trop en garde. O la page étonnante que celle-ci choisie entre plusieurs autres :

[1] *Sur les obligations de l'état religieux.*

« Mais pendant que les enfants du siècle parlent ainsi,
quel est le langage de ceux qui doivent être enfants de
Dieu ? Hélas ! ils conservent une estime et une admiration secrète pour les choses les plus vaines, que le monde
même, tout vain qu'il est, ne peut s'empêcher de mépriser. O mon Dieu, arrachez, arrachez du cœur de vos
enfants cette erreur maudite. J'en ai vu, même de bons,
de sincères dans leur piété, qui, faute d'expérience,
étaient éblouis d'un éclat grossier. Ils étaient étonnés de
voir des gens, avancés dans les honneurs du siècle, leur
dire. « *Nous ne sommes point heureux !* » Cette vérité leur
était encore nouvelle, comme si l'Évangile ne la leur
avait pas révélée, comme si leur renoncement au monde
n'avait pas dû être fondé sur une pleine et constante
persuasion de sa vanité.

« Oh ! qu'elle est redoutable cette puissance des ténèbres qui aveugle les plus clairvoyants ! C'est une
puissance d'enchanter les esprits, de les séduire, de leur
ôter la vérité même, après qu'ils l'ont crue, sentie,
aimée. O puissance terrible, qui répand l'erreur, qui
fait qu'on ne voit plus ce qu'on voyait, qu'on craint de le
revoir, et qu'on se complaît dans les ténèbres de la
mort..... On promet à Dieu d'entrer dans cet état de
nudité et de renoncement ; on le promet et c'est à Dieu :
on le déclare à la face des saints autels ; mais après avoir
goûté le don de Dieu, on retombe dans le piége de ses
désirs. L'amour-propre, avide et timide, craint toujours de manquer : il s'accroche à tout, comme une personne qui se noie se prend à tout ce qu'elle trouve,
même à des ronces et à des épines pour se sauver. Plus
on ôte à l'amour-propre, plus il s'efforce de reprendre

d'une main ce qui échappe à l'autre. Il est inépuisable
en beaux prétextes ; il se replie comme un serpent, il
se déguise, il prend toutes les formes ; il invente mille
nouveaux besoins, pour flatter sa délicatesse et pour
autoriser ser relâchements. Il se dédommage en petits
détails des sacrifices qu'il a faits en gros : il se retranche
dans un meuble, dans un habit, un livre, un rien qu'on
n'oserait nommer ; il tient à un emploi, à une confi-
dence, à une marque d'estime, à une vaine amitié.
Voilà ce qui lui tient lieu des charges, des honneurs,
des richesses, des rangs que les ambitieux du siècle pour-
suivent : tout ce qui a un goût de propriété, tout ce qui
fait une petite distinction, tout ce qui console l'orgueil
abattu et resserré dans des bornes si étroites, tout ce
qui nourrit un reste de vie naturelle, et qui soutient ce
qu'on appelle le moi ; tout cela est recherché avec avidité.
On le conserve, on craint de le perdre ; on le défend avec
subtilité, bien loin de l'abandonner; quand les autres
nous le reprochent, nous ne pouvons nous résoudre à
nous l'avouer à nous-mêmes : on est plus jaloux là-des-
sus qu'un avare ne le fut jamais de son trésor.

« Ainsi la pauvreté n'est qu'un nom, et le grand sacrifice de la piété chrétienne se tourne en pure illusion
et en petitesse d'esprit. On est plus vif pour des baga-
telles que les gens du monde ne le sont pour les plus
grands intérêts ; on est sensible aux moindres commodités qui manquent : on ne veut rien posséder, mais on
veut tout avoir, même le superflu, si peu qu'il flatte
notre goût : non-seulement la pauvreté n'est point pra-
tiquée, mais elle est inconnue. On ne sait ce que c'est
que d'être pauvre par la nourriture grossière, pauvre

par la nécessité du travail, pauvre par la simplicité et
la petitesse du logement, pauvre dans tout le détail de
la vie. »

Le lecteur n'aura point regret à ces citations encore
que multipliées ; il les préférerait certainement à une notice forcément écourtée, qui dans ces proportions ré-
duites se trouve partout, mais dont pourtant nous ne
croyons pas pouvoir nous dispenser comme on le verra
plus loin. Bossuet est surtout dans ses écrits, en outre
du *Discours sur l'Histoire universelle* et les *Sermons,* dans
l'*Histoire des Variations,* le *Commentaire sur les Evan-
giles,* les *Elévations sur les Mystères,* etc, etc, et aussi
dans ses *Lettres* où son génie, dans la spontanéité et la
familiarité du style épistolaire, garde sa grandeur et sa
sublimité [1]. Même dans l'abandon de la correspondance
intime qui semble devoir le retenir sur la terre, plus
d'une fois l'Aigle tout à coup prend son vol qui l'emporte
vers les hauteurs, et là, planant dans l'espace et s'élevant toujours, il apparaît de loin aux regards éblouis
encore l'astre-roi qu'il fixe incessamment de sa prunelle
immobile.

[1] Entre ses ouvrages nous ne mentionnons pas même pour mémoire : *La Défense de l'Eglise Gallicane,* ouvrage posthume apprécié par J. de Maistre à sa juste valeur, et fort suspect puisqu'il fut
publié, sur une copie de provenance équivoque, et quarante ans
après la mort de Bossuet qui, à un certain moment, paraît-il, avait
qualifié les quatre propositions en termes plus que sévères, au risque
de se condamner lui-même.

III

Terminons, comme nous l'avons promis, par quelques
détails biographiques :

Bossuet (Jacques Bénigne) naquit à Dijon, le 27 septembre 1627, d'une famille de magistrats. Il avait six
ans lorsque son père, nommé conseiller au parlement de
Metz nouvellement institué, alla s'établir dans cette
ville, mais en laissant ses deux fils au collége de Dijon
dirigé par les Jésuites. Bossuet quitta cette maison neuf
ans après, envoyé par ses parents à Paris, comme pen-
sionnaire au collége de Navarre dont le grand maître
était Nicolas Cornet, célèbre par son savoir et sa piété,
et qui, prompt à distinguer son nouvel élève, le prit en
grande affection. Dès l'année suivante, Bossuet « soute-
nait sa première thèse et avec un tel éclat, dit la *Biographie universelle* de Michaud, qu'on parla de lui à Paris
comme d'un prodige. On voulut le voir à l'hôtel de
Rambouillet. Le comte de Feuquières l'y amena, et là,
pour essayer cette abondance de pensées et cette facilité
d'expression dont il semblait doué, on l'invita à composer un sermon. Au milieu de cette assemblée des plus
beaux esprits de France, Bossuet prononça, après quelques instants de réflexion, un sermon qui fut accueilli
par l'admiration générale. »

En 1652, Bossuet fut ordonné prêtre, après une retraite qu'il fit sous la direction de Saint Vincent de
Paul, qui devint dès lors son ami et l'admit à ses conférences du mardi où l'on traitait de tout ce qui a rapport

au ministère ecclésiastique. Le vénérable Cornet, dont l'affection pour Bossuet n'avait fait que s'accroître, voulait le faire nommer à sa place grand maître du collége de Navarre auquel la munifence de Mazarin permettait de donner de nouveaux et grands développements. Mais Bossuet se jugea trop jeune pour une pareille tâche et, malgré tous les motifs qui semblaient devoir le retenir à Paris, il alla se fixer près de sa famille à Metz. Nommé chanoine de la cathédrale, il se livra avec zèle aux devoirs du ministère et particulièrement à la prédication. La foule se pressait à ses sermons qui déterminèrent parmi les protestants de nombreuses conversions.

Appelé fréquemment à Paris pour les affaires du chapître, il prêcha et avec un grand succès dans cette ville, particulièrement un Avent et un Carême devant le roi et la reine mère; il prononça aussi plusieurs panegyriques, entre autres celui de Saint Paul qui fut fort remarqué. Vers la même époque, parut le beau livre de l'*Exposition de la Doctrine catholique*, composé d'abord à l'intention de Turenne et qui aida fort à sa conversion.

En 1669, Bossuet devint évêque de Condom; deux mois après, il prononçait l'oraison funèbre d'Henriette d'Angleterre, l'un de ses chefs-d'œuvre. Nommé l'année suivante précepteur du Dauphin, il accepta ces nouvelles fonctions, mais en se démettant de son évêché et ne voulut, comme indemnité, qu'un modeste bénéfice. C'est alors que furent composés, pour l'instruction du Dauphin, quelques-uns des meilleurs ouvrages de l'auteur, le *Discours sur l'Histoire universelle*, la *Politique tirée de l'Ecriture sainte*, le *Traité de la connaissance de Dieu et de soi-même*. En 1781, l'éducation du jeune prince étant

terminée, le roi, pour récompenser Bossuet, le nomma
évêque de Meaux. « Il embrassa dès lors avec zèle les
devoirs de l'épiscopat, il reprit la prédication pour les
fidèles de son diocèse.... Son éloquence avait laissé de
longs souvenirs et une tradition de respect et d'admiration pour son troupeau. Il s'occupa sans cesse d'instructions pastorales, de pieuses recommandations ; il composa des prières et un catéchisme qui depuis a été généralement adopté ; lui-même l'enseignait quelquefois aux
petits enfants [1]. »

Dans la regrettable assemblée du clergé de 1782,
réunie à Paris par la volonté du roi, en opposition au
pape, Bossuet, lors de la séance d'ouverture, prononça
un sermon sur l'*Unité de l'Eglise* « ayant surtout pour
but de montrer qu'on ne songeait point à s'en écarter.
Mais, dit le biographe déjà cité, ce discours se sent un
peu de l'embarras où se trouvait Bossuet à la fois si
soumis et si dévoué aux deux puissances et *contraint* à
combattre l'une au nom de l'autre. » Pourquoi contraint ? L'illustre orateur n'aurait-il pas pu et dû, dans
cette circonstance, conserver vis-à-vis de la royauté
l'indépendance et la franchise dont il avait fait preuve
en d'autres temps relativement à la conduite privée du
roi. On sait que, condamnant avec un saint courage ses
liaisons adultères, plus d'une fois il obtint de Louis XIV
la cessation du scandale ; par malheur trop fréquente
était la rechute.

Au milieu de ses sollicitudes pastorales, Bossuet continuait la rédaction et la publication de ses ouvrages, et en

---

[1] *Biographie universelle.*

particulier sa polémique aves les protestants, qui n'eurent pas une réponse sérieuse à opposer à l'*Histoire des Variations*, le chef-d'œuvre du genre. Puis vint, à propos de la trop célèbre Madame Guyon, l'affaire du quiétisme dans laquelle Bossuet, ayant complètement raison quant au fond, ne sut pas toujours tempérer dans la forme l'emportement de son zèle. Dans sa polémique avec Fénelon qu'on vit, si prompt à reconnaître son erreur et à se condamner lui-même après la décision venue de Rome, Bossuet, trop souvent passionné et violent, ne se souvint pas assez des égards dus à un ancien ami, et son langage comme son attitude, qui contrastaient si fort avec la modération de son adversaire, lui firent tort dans l'esprit de beaucoup de personnes. On l'accusait de dureté et d'orgueil, quand il ne paraît avoir cédé qu'à l'impatience de la contradiction et à l'ardeur de son zèle dans des questions dont il s'exagérait, ce semble, l'importance par une certaine tendance à la sévérité contrastant avec la modération de son langage vis-à-vis des messieurs du Port Royal. C'est aller trop loin et exagérer d'une autre façon que d'insinuer, comme l'ont fait quelques-uns, qu'il inclinait vers leurs doctrines.

A propos de la polémique dont il est parlé plus haut, racontons une anecdote qui prouve les sentiments dont Bossuet était animé et la vivacité passionnée de ses convictions.

« Qu'auriez-vous fait si j'avais soutenu M. de Cambrai ? lui demanda Louis XIV un jour.

— Sire, répondit Bossuet, j'aurais crié vingt fois plus haut.

L'évêque de Meaux touchait à sa soixante-seizième

année et son intelligence n'avait point faibli, sa santé semblait robuste encore, lorsqu'il ressentit tout à coup les premières et douloureuses atteintes de la maladie (la pierre) à laquelle il devait succomber le 12 avril 1704, à Paris, où il se trouvait. De cette ville son corps fut ramené à Meaux et enterré dans la cathédrale après des funérailles solennelles. « Aujourd'hui, dit Michaud, l'on peut plus franchement prononcer que, parmi les hommes éloquents, aucun ne l'a été à la manière de Bossuet. Jamais l'éloquence ne fut plus dégagée de tout artifice, de tout calcul : c'est une grande âme qui se montre à nu et qui entraîne avec elle. Les mots, l'art de les disposer, l'harmonie des sons, la noblesse ou le vulgaire des expressions, rien n'importe à Bossuet ; sa pensée est si forte que tout lui est bon pour l'exprimer. »

BOURDALOUE

Celui qu'on a si bien nommé le *Prince des Orateurs*, n'est pas un artiste à la façon de Cicéron par exemple, avant tout préoccupé de l'art de bien dire, de cadencer la phrase et d'arrondir savamment la période. Bourdaloue veut convaincre plus encore que plaire, parce qu'il obéit à une conviction forte et que chez lui tous les actes et la vie entière sont en harmonie avec ses paroles. Il se prêche lui-même et met toujours l'exemple à côté de la leçon.

Je ne sais rien de plus touchant, de plus admirable que ce que les biographes nous racontent des derniers temps de sa vie. Au comble de la célébrité, alors que les contemporains, le roi Louis XIV et les personnages les plus illustres lui demandaient conseil et que son nom était dans toutes les bouches, il disait, d'après ce que nous apprend le Père Martineau, son confrère :

« Dieu m'a fait la grâce de connaître le néant de ce » qui brille le plus aux yeux des hommes, et il me fait » encore celle de n'en être point touché. »

Un autre jour, il disait encore : « être si profonde- » ment convaincu de son incapacité pour tout bien que,

» malgré tous ses succès, il avait beaucoup plus à se dé-
» fendre du découragement que de la présomption. »

En sorte que rien n'était plus remarquable, comme
l'écrit Villenave, au milieu de tant de gloire que tant
d'humilité [1].

Aussi n'aspirait-il qu'à se faire oublier et il lui tardait
de pouvoir s'ensevelir dans la solitude pour se préparer
à la mort. Il en fit la demande au Père provincial « qui
ne put consentir à priver la Société de celui qui en faisait le principal ornement. » Bourdaloue, pour cette fois
se résigna ; mais l'année suivante, il écrivit au général
une longue lettre pour le supplier de lui accorder ce
qu'il n'avait pu obtenir du Père provincial.

« Il y a cinquante-deux ans dit-il, que je vis dans la
» Compagnie, non pour moi mais pour les autres ; du
» moins plus pour les autres que pour moi. Mille affaires
» me détournent et m'empêchent de travailler, autant
» que je le voudrais, à ma perfection qui néanmoins est
» la seule chose nécessaire. Je souhaite de me retirer et
» de mener désormais une vie plus tranquille : je dis
» plus tranquille afin qu'elle soit plus régulière et plus
» sainte. Je sens que mon corps s'affaiblit et tend vers
» sa fin. J'ai achevé ma course et plût à Dieu que je
» pusse ajouter : J'ai été fidèle ! Je suis dans un âge où
» je ne me trouve plus guère en état de prêcher. Qu'il
» me soit permis, je vous en conjure, d'employer uni-
» quement pour Dieu et pour moi-même ce qui me reste
» de vie, et de me disposer par là à mourir en religieux.
» La Flèche, ou quelque autre maison qu'il plaira aux

---

[1] Notice sur Bourdaloue. Edition de 1812. 16 volumes in-8°.

» supérieurs (car je n'en demande aucune en particulier
» pourvu que je sois éloigné de Paris), sera le lieu de
» mon repos. Là, oubliant les choses du monde, je re-
» passerai devant Dieu toutes les années de ma vie dans
» l'amertume de mon âme. Voilà le sujet de tous mes
» vœux. »

Bourdaloue est tout entier dans cette admirable lettre ; aussi j'ai tenu à la donner tout au long et non par
extraits seulement comme ont fait la plupart des biographes. Il se montre bien là tel que nous le dépeint son
confrère, le Père Bretonneau : « Cependant Bourdaloue,
en pensant aux autres, ne s'oubliait pas lui-même ; au
contraire, ce fut par de fréquents retours sur lui-même
qu'il se mit en état de servir si utilement les autres....
Ses succès ne l'éblouirent point et ses occupations ne
l'empêchèrent pas de veiller rigoureusement sur sa conduite. D'autant plus en garde qu'il était plus connu et
dans une plus haute considération... Etroitement resserré dans les bornes de sa profession, il joignait aux
talents de la prédication et de la direction des âmes le
véritable esprit religieux.... Il ne s'épargnait en rien
également prêt pour qui que ce fut et se faisant tout à
tous. Dans ce grand nombre de personnes de la première distinction dont il avait la conduite, bien loin de
négliger les pauvres et les petits, il les recevait avec
bonté ; il descendait avec eux, dans le compte qu'ils lui
rendaient de leur vie, jusques aux moindres particularités ; et plus sa réputation et son nom leur inspiraient de
timidité en l'approchant, plus il s'étudiait à gagner leur
confiance, et à leur faciliter l'accès auprès de lui. Il
ne se contentait pas de ce bon accueil. Il les allait

trouver s'ils étaient hors d'état de venir eux-mêmes [1]. »

Et avec cela chez cet homme vraiment apostolique :
« un dévouement inviolable au service de l'Eglise, et
» une soumission entière aux puissances ecclésiastiques
» et à ses supérieurs. » Il le prouva bien dans cette circonstance ; car le général, ayant fait à sa demande une
réponse toute favorable, il se disposait à partir. Mais,
d'après le désir exprimé par ses supérieurs immédiats,
il crut devoir retarder de quelques semaines, et dans
l'intervalle, par suite des remontrances venues de Paris,
une seconde lettre arriva de Rome qui révoquait la permission donnée.

Bourdaloue n'insista pas, prompt à se soumettre à
l'ordre de ses supérieurs dans lequel il vit l'expression
de la volonté du ciel. Il reprit ses fonctions avec un
nouveau zèle, et même avec plus d'activité et d'ardeur
que jamais, prêchant, enseignant, confessant, et il ne
put être arrêté par un rhume opiniâtre dont il souffrait
depuis plusieurs semaines. Mais, à la suite d'un sermon
qu'il avait prêché pour une prise d'habit, il se sentit
plus indisposé. Le dimanche, jour de la Pentecôte
(11 mai 1704), il dut se mettre au lit et une fièvre maligne interne se déclara avec les symptômes les plus alar-
mants. Quoiqu'il se fît peu d'illusion sur son état, il
insista auprès du médecin pour savoir la vérité toute
entière. On satisfit à son désir, et avant même que le
docteur eût fini de parler, le malade dit : « C'est assez,
» je vous entends : il faut maintenant que je fasse ce

_____

[1] Préface du Père Bretonneau dans la première édition des *Sermons
de Bourdaloue.*

» que j'ai tant de fois prêché et conseillé aux autres. »

Dès le lendemain, après s'être préparé par une confession de toute sa vie à recevoir les derniers sacrements, « il entra lui-même, dit le Père Bretonneau, témoin occulaire sans doute, dans tous les sentiments qu'il avait inspirés à tant de moribonds. Il se regarda comme un criminel condamné à mort par l'arrêt du ciel. Dans cet état, il se présenta à la justice divine. Il accepta l'arrêt qu'elle avait prononcé contre lui et qu'elle allait exécuter : « J'ai abusé de la vie, dit-il en s'adressant à » à Dieu : je mérite que vous me l'ôtiez et c'est de tout » mon cœur que je me soumets à un si juste châti » ment. »

D'après ce que nous lisons ailleurs, il dit à ceux qui l'entouraient : « Je vois bien que je ne puis guérir sans » miracle ; mais que suis-je pour que Dieu daigne faire » un miracle en ma faveur? Que sa sainte volonté s'ac- » complisse aux dépens de ma vie s'il l'ordonne ainsi ; » qu'il me sépare de ce monde où je n'ai été que trop » longtemps et qu'il m'unisse pour jamais à lui ! »

Avec une entière tranquillité d'esprit et comme s'il pouvait encore compter sur de longs jours, il mit en ordre les papiers dont il était dépositaire. Puis, se souvenant de ses nombreux et illustres amis, « il désira qu'on leur apprît qu'il regardait sa séparation d'avec eux sur la terre comme une partie du sacrifice qu'il faisait à Dieu de sa vie. »

Il s'entretint ensuite quelque temps avec son directeur, et alors un mieux s'étant manifesté, ses confrères et amis reprirent quelque espérance. Mais, dans la soirée, un violent accès de fièvre survint, bientôt suivi du

délire et l'agonie commença. Le lendemain mardi,
13 mai, vers cinq heures du matin, il expira. Bossuet
l'avait précédé de quelques semaines dans la tombe
(12 avril 1704.)

II

Bourdaloue était dans la soixante-douzième année
de son âge, né à Bourges, le 20 août 1632, l'année même
où le pape Urbain VIII approuvait la Congrégation des
Prêtres de la Mission, fondée par Saint Vincent-de-
Paul. Bourdaloue, qui reçut au baptême le prénom de
Louis, entra, dès l'âge de quinze ans, dans la Compagnie de Jésus. Il passa par tous les exercices, employant
les dix-huit premières années de noviciat, soit à ses
propres études, soit à professer la rhétorique, la philosophie, la théologie. Quelques sermons qu'il eut occasion de prêcher révélèrent sa véritable vocation à ses
supérieurs qui le destinèrent dès lors à la prédication.
Après s'être fait entendre en province avec un grand
succès, il vint à Paris et prêcha tout d'abord dans l'é-
glise de la maison professe avec un éclat extraordinaire.
Egalement aimé des grands, du peuple et des savants,
il attirait une foule prodigieuse ; sa réputation croissait
d'un sermon à l'autre ; plus on l'entendait, plus on voulait l'entendre.

Le roi Louis XIV le goûtait tout particulièrement, et,
après l'avoir entendu, depuis l'Avent de l'année 1670,
plusieurs Avents et plusieurs Carêmes, il le redemandait
toujours en disant : « J'aime mieux ses redites que les
» choses nouvelles d'un autre. »

Sa courageuse franchise même ne le refroidissait pas. On raconte qu'un jour Bourdaloue, ayant prêché devant le roi, celui-ci lui dit :

« Mon père, vous devez être content de moi ; madame » de Montespan est à Clagny.

— » Oui, sire, répondit le prédicateur, mais Dieu se- » rait plus satisfait si Clagny était à soixante-dix lieues » de Versailles. »

On conçoit après cela que madame de Sévigné pût écrire : « Jamais prédicateur n'a prêché si hautement » ni si généreusement les vérités chrétiennes.... Le Père » Bourdaloue frappe comme un sourd, disant des vérités » à bride abattue, parlant à tort et à travers contre l'a- » dultère.

La même madame de Sévigné disait à sa fille : « *Je* » *m'en vais en Bourdaloue,* » comme elle eût dit : « *Je* » *m'en vais en cour,* » et ne laissait échapper aucune occa- sion d'entendre le célèbre prédicateur, témoin cette anec- dote : Bourdaloue devait prêcher une passion que ma- dame de Sévigné avait déjà entendue avec sa fille l'année précédente : « Et c'était pour cela, dit-elle, que j'en » avais envie ; mais l'impossibilité m'en ôta le goût. » Les laquais y étaient dès mercredi ; et la presse était » à mourir. »

On ne saurait s'en étonner quand on lit aujourd'hui ces sermons, les premiers de ce genre, et dont le Père Bretonneau dit avec raison : « Il avait dans un éminent degré tout ce qui peut former un parfait prédicateur. Il reçut de la nature un fonds de raison qui, joint à une imagination vive et pénétrante, lui faisait trouver d'a- bord dans chaque chose le solide et le vrai.... Ses divisions justes, ses raisonnements suivis et convaincants, ses mouvements pathétiques, ses réflexions judicieuses et d'un sens exquis, tout va à son but.... Persuadé que le prédicateur ne touche qu'autant qu'il intéresse et qu'il applique, et que rien n'intéresse davantage et n'attire plus l'attention qu'une peinture sensible des mœurs où chacun se voit lui-même et se connaît, il tournait là tout son discours. » Il suffit de citer ces admirables sermons sur le *Mariage,* le *Choix, d'un état,* les *Divertissements du monde,* l'*Hypocrisie,* la *Prière ,* les *Devoirs envers les domestiques* etc., dans lesquels abondent, avec les solides raisonnements, les observations et les conseils pratiques, les réflexions d'une étonnante sagacité et tous ces portraits admirables de relief et de vie d'une vérité si prodigieuse quoique on ne pût reconnaître les modèles et qui faisaient dire à madame de Termes : « Il est inimitable et les prédicateurs qui l'ont voulu copier sur cela n'ont fait que des marmousets. »

Quoique admirable par la solidité des raisonnements et la victorieuse logique, Bourdaloue savait aussi parler au cœur, témoin ce qu'écrivait madame de Maintenon, à l'occasion d'un sermon prêché devant Louis XIV et sa cour. « Il a parlé au Roi sur sa santé, sur l'amour de » son peuple, sur les craintes de la cour ; il a fait verser » bien des larmes; il en a versé lui-même : c'était son » cœur qui parlait à tous les cœurs. »

Quand aujourd'hui la lecture seule de tant de pages éloquentes nous frappe d'une façon si vive et nous émeut si profondément, qu'on imagine ce que ce devait être quand ces mêmes choses étaient dites au milieu du silence solennel d'un immense et religieux auditoire, et tombaient des lèvres de Bourdaloue : « Le feu dont il animait son action, dit le Père Bretonneau, sa rapidité en prononçant, sa voix pleine, résonnante, douce et harmonieuse, *tout était orateur en lui,* et tout servait à son talent. »

On conçoit après cela que Bossuet ait pu dire dans la candeur de sa modestie : « Cet homme sera éternellement notre maître en tout. »

N'oublions pas ce mot encore d'un des contemporains de Bourdaloue et qui prouve que, dans l'estime de tous, chez lui la vertu égalait le talent : « Sa conduite, disait on, est la meilleure réponse que l'on puisse faire aux *Lettres Provinciales.* »

BREGUET

« Les perfectionnements apportés par Breguet dans
cette partie de la mécanique à laquelle il avait consacré
ses veilles, ont eu pour résultat de donner à la France la
première horlogerie de l'Europe, au dire de tous ceux
qui ne sont pas Anglais. Ses perfectionnements s'éten-
dent à toutes les branches comme à toutes les parties
de l'art. C'est à lui qu'on doit, sinon la première idée,
du moins l'usage commode des montres perpétuelles qui
se remontent d'elles-mêmes par le mouvement qu'on
leur donne en les portant.... C'est Breguet qui, pour ga-
rantir de fractures le pivot du balancier, en cas de choc
violent ou de chute de la montre, imagina le parachute
qui préserve le régulateur de toute atteinte ; invention
précieuse surtout pour les montres de poche. C'est lui
qui, le premier, fabriqua des cadratures de répétition
d'une disposition plus sûre, laissant plus de place pour
les autres parties du mécanisme, etc., etc. Mais c'est
surtout aux sciences exactes, à l'astronomie, à la physique et à la navigation, que Breguet, en multipliant
les moyens de calculer les *minima* les plus délicats de la
durée avec la dernière exactitude, a rendu des services
inappréciables. »

Ainsi s'exprime M. Val. Parisot, qui, par ses connaissances spéciales, a su, mieux que nous ne pourrions le faire, mettre en relief les services rendus par cet artisan illustre dont le nom, resté justement populaire, est une preuve nouvelle que la gloire ne dédaigne personne, et se plaît à récompenser tous les genres de mérite. A ce titre, Breguet, comme Jacquard, comme Richard Lenoir, mérite une place dans notre galerie, d'autant plus que chez lui le caractère de l'homme était à la hauteur du talent, du génie de l'artiste ; c'est M. Parisot qui n'hésite pas à lui donner ce titre, et qui songerait à le lui contester ?

« Breguet, dit M. Villenave, était recherché dans les premières classes de la société où il comptait plusieurs amis. On a dit de lui qu'il avait toujours conservé la naïveté de la jeunesse et même celle de l'enfance ; qu'il voyait tout en beau, excepté ses ouvrages ; qu'en lui, tout était égal, uni, simple ; qu'il était timide sans être jamais embarrassé ; qu'on trouvait des rapports entre lui et le bon La Fontaine ; qu'il n'avait jamais voulu quitter sa petite et modeste maison où la fortune était venue le trouver ; qu'il était toujours prêt à être utile aux artistes ; que tous étaient heureux autour de lui, et lui plus que les autres. On raconte qu'étant devenu un peu sourd sans être susceptible, il disait, quand on riait de quelque quiproquo : *Dites-le-moi, que je rie aussi*, ce qu'il ne manquait pas de faire. »

Breguet (Abraham-Louis), naquit à Neufchatel en Suisse, le 10 janvier 1747, d'une famille d'origine française. Enfant, il paraissait d'une intelligence paresseuse, et ses maîtres augurèrent assez mal de son peu de goût pour la grammaire française et latine. Tout

jeune encore, il perdit son père, et sa mère s'étant rema-
riée à un horloger, celui-ci, voyant le peu de fruit que
l'enfant tirait de la fréquentation du collége, résolut de
le garder à la maison pour l'occuper aux travaux de son
état. Cette vie sédentaire ne sembla point d'abord, plus
que l'autre, agréable à l'enfant, doué d'une extrême
vivacité ; peu à peu, cependant, les combinaisons mé-
caniques l'intéressèrent et il devint apprenti des plus
zélés.

Son beau-père, cependant, qui voulait faire de lui un
ouvrier émérite, l'emmena à Paris et le plaça chez un
célèbre horloger de Versailles pour qu'il achevât de se
perfectionner dans son art et, en effet, au bout de peu
d'années, Abraham-Louis était le premier ouvrier de
l'atelier ; intelligent autant que laborieux et rangé.
Quoique à peine sorti de l'adolescence, il se trouvait père
de famille, ayant, par la mort précipitée de son beau-
père et de sa mère, une jeune sœur à élever et établir !
Son salaire de chaque jour devait seul suffire à toutes
les charges ; et non-seulement le jeune ouvrier réussit à
équilibrer son budget, mais il put faire quelques économies et trouver du loisir pour suivre un cours de mathématiques, car il avait compris que la connaissance des
sciences exactes lui devait être singulièrement utile
ou plutôt indispensable. Son professeur était l'abbé
Marie, savant distingué, que les rares dispositions de
l'élève, comme sa bonne conduite, intéressèrent et qui
ne fut pas avare pour lui de ses précieux enseignements.

Il n'est pas douteux qu'ils contribuèrent beaucoup à
développer le génie du jeune Breguet dont la réputation,
comme habile horloger, date de cette époque et depuis

ne fit que s'accroître. Un jour le duc d'Orléans se trouvait à Londres, dans l'atelier de l'horloger Arnold, connu dans toute l'Europe, et renommé comme le premier dans son art. Le prince tira sa montre, et, la montrant à Arnold, lui demanda ce qu'il en pensait.

L'horloger, après l'avoir ouverte et examinée avec grande attention, non sans témoigner plusieurs fois de son étonnement, la rendit au visiteur en disant :

— Vous avez là, monseigneur, un chef-d'œuvre, et ce Breguet est, dans notre partie, un maître, mais un maître qu'au plus tôt je veux connaître, et dont il me tarde de serrer la main. » En effet, laissant là son atelier et ses travaux commencés, et, embrassant sa famille, Arnold s'embarqua pour le continent, et quelques jours après, il arrivait à Paris.

Un matin, Breguet, averti par la sonnerie du timbre, voit entrer dans son atelier un étranger qui, le sourire aux lèvres et la main tendue, lui dit :

— Mon cher confrère, j'ai vu tout récemment à Londres, dans la main d'une altesse française, une montre fabriquée par vous et que j'ai admirée comme un chef-d'œuvre. Aussi ai-je passé le détroit tout exprès pour faire votre connaissance et vous adresser moimême mes félicitations ; je suis Arnold, de Londres.

Qu'on juge de la stupéfaction comme de la joie de Breguet à cette visite si inattendue pour lui, car, même au temps de ses plus grandes prospérités, il était resté fort modeste.

« Malgré tant de titres inconstestables à la gloire et à la renommée, cet homme éminemment moral, qui rendait justice à tous, excepté à lui-même, jusqu'à s'étonner de la régularité de ses instruments, *doutait de sa propre réputation*, même en présence des étrangers qui s'honoraient de lui en fournir le témoignage [1]. »

Profondément touché des témoignages d'estime et de sympathie que lui donnait Arnold, il s'efforça de le reconnaître de son mieux par son accueil, et lorsque le confrère repartit pour l'Angleterre, il lui confia son fils aîné qu'il devait, deux années après, mais sans l'avoir prévu, aller rejoindre.

La révolution éclata, Breguet, tout entier à son art, resta complètement étranger à la politique ; mais à cause de sa célébrité, et sans doute aussi de sa réputation d'honnête homme, il n'en fut pas moins classé parmi les suspects. Par bonheur, grâce à quelques-uns de ses clients, alors très-influents, il put éviter la prison et il lui fut permis de quitter la France. Il passa, avec sa famille, en Angleterre, où sa situation ne laissait pas que d'être critique et de le préoccuper. Il se voyait tout au moins dans la nécessité, afin de s'assurer le pain quotidien, d'abandonner ses savantes recherches pour redevenir un simple ouvrier, lorsqu'un ami généreux, témoin de ses perplexités, lui dit :

— A Dieu ne plaise, que vous abandonniez l'art pour le métier. Continuez vos importants travaux, dont le résultat pour moi est d'autant moins douteux que votre fils aîné peut s'y associer. D'ailleurs, n'ayez souci du lendemain ni pour votre famille ni pour vous ; voici qui vous rassure pour l'avenir.

Et l'excellent ami, M. Desnay-Flyche, présentait à Breguet un portefeuille rempli de banknotes, qu'après

[1] *Encyclopédie des gens du monde.*

s'être longtemps défendu, le Français dut accepter. C'est ainsi que, pendant les deux années de son exil dans la Grande-Bretagne, Breguet eut toute sécurité pour ses recherches. Aussi, quand il lui fut permis de rentrer en France, riche de nouvelles connaissances et devenu le premier dans son art, il put en peu de temps, aidé d'ailleurs par le secours de ses amis, relever ses établissements détruits, dont la prospérité alla toujours en augmentant. Sa vie dès lors s'écoula paisible et heureuse. Il devint successivement horloger de la marine, membre du bureau des longitudes, et en 1816 remplaça Carnot à l'Institut. En 1823, il fit partie du jury d'examen pour les produits de l'industrie. Après avoir rempli ces fonctions momentanées avec le zèle et la conscience qu'il apportait à tout, il se remit à son grand ouvrage sur l'horlogerie, qu'il avait hâte de voir terminé, comme par un secret pressentiment. Car un matin, peu d'instants après s'être assis à son bureau, il tomba foudroyé par une attaque d'apoplexie.

« Le talent de Breguet, dit M. Parisot, n'était point exclusivement restreint à l'art auquel il fit faire des pas si prodigieux. Il imagina le mécanisme léger et solide des télégraphes établis par Chappe ; il créa un thermomètre métallique d'une sensibilité au-dessus de tout ce qui est connu, surtout pour le développement instantané du calorique, etc. »

On ne peut trop regretter qu'il ait laissé inachevé son *Traité de l'Horlogerie*, dans lequel toutes ses découvertes devaient être consignées et qui eût renfermé, en particulier, beaucoup de faits intéressants sur la transmission du mouvement par les corps qui restent eux-mêmes en repos.

LA BRUYÈRE. (JEAN DE)

———

On n'a sur La Bruyère aucuns détails biographiques;
« On ne connaît rien de sa famille, dit Suard l'académicien, et cela est fort indifférent ; mais on aimerait à
savoir quel était son caractère, son genre de vie, la
tournure de son esprit, dans la société ; et c'est ce qu'on
ignore aussi. »

D'Olivet, dans son *Histoire de l'Académie*, n'est pas
absolument de cet avis puisqu'il nous dit : « On me l'a
dépeint comme un philosophe qui ne songeait qu'à
vivre tranquille avec des amis et des livres ; faisant un
bon choix des uns et des autres ; ne cherchant ni ne
fuyant le plaisir, toujours disposé à une joie modeste et
ingénieux à la faire naître ; poli dans ses manières et
sage dans ses discours; craignant toute sorte d'ambition
même celle de montrer de l'esprit. »

De son côté Boileau nous dit [1], mais à la date du
18 mai 1787, l'année même de la publication des
Caractères et quelque temps auparavant sans doute :
« Maximilien (La Bruyère) m'est venu voir à Auteuil,
» et m'a lu quelque chose de son *Théophraste*. C'est un
» fort honnête homme et à qui il ne manquerait rien si

———

[1] Lettre à Racine.

» la nature l'avait fait aussi agréable qu'il a envie de
» l'être. Du reste, il a de l'esprit, du savoir et du
» mérite. »

L'éloge semble maigre, mais la lecture du livre,
dont il ne connaissait que des fragments, sans doute
ouvrit les yeux à Despréaux puisqu'il devint bientôt un
des partisans zélés de La Bruyère et contribua beaucoup,
avec Bossuet et Racine, à le faire entrer à l'Académie
où le moraliste fut reçu six ans après la publication des
Caractères, c'est-à-dire en 1693. On a remarqué qu'il
fut le premier académicien qui, dans son discours, ait
fait l'éloge des confrères vivants, Bossuet, La Fontaine
et Despréaux. On ne sait plus rien de lui ensuite, si ce
n'est la date de sa mort arrivée en 1696 [1].

Ce silence des contemporains n'est-il pas des plus
étonnants quand il s'agit d'un homme à qui son livre
avait fait sans nul doute bien des ennemis et dont il
semble que les Mémoires du temps auraient dû particulièrement s'occuper ? Il faut que sa vie tout à fait
retirée, la réserve de son caractère, peut-être la crainte
aient tenu la curiosité à distance.

Mais si La Bruyère est ignoré comme homme, l'écrivain jouit d'une assez belle notoriété « et le livre des
Caractères, qui fit beaucoup de bruit dès sa naissance »,
n'a rien perdu pour nous de ses mérites, et il compte
au premier rang des livres classiques. Ce n'est pas
d'ailleurs le livre de tout le monde et qu'on puisse goûter
à tous les âges. Il exige une certaine maturité d'es-

---

[2] Il était né à Dourdan en 1639. Il venait d'acheter une charge
de trésorier de France à Caen, lorsque Bossuet le fit venir à Paris
pour enseigner l'histoire à M. le Duc, (fils du prince de Condé).

prit et une connaissance du monde qui permette d'apprécier la sagacité des observations. Je me rappelle que, jeune homme encore, un volume des *Caractères* m'étant tombé dans les mains, tout en appréciant tels ou tels passages, certaines façons de s'exprimer qui me semblaient vives, ingénieuses, originales, le plus souvent, mon inexpérience me rendait hésitant; je m'étonnais ayant peine à comprendre et assez semblable à un homme qui entendrait parler une langue étrangère dont quelques mots seulement lui seraient familiers. Je pourrais encore me comparer à celui qui, voyant un portrait peint par un maître, mais sans connaître l'original, pourrait admirer l'habileté des procédés, le talent de facture, mais serait inapte à se prononcer quant à la ressemblance.

Dans mon ignorance du monde, je jugeais ce La Bruyère un peu bien enclin à la médisance, et montrant trop l'humanité par les côtés qui ne la font ni aimer ni estimer. Pour un chrétien sincère tel qu'il paraît avoir été d'après le chapitre justement vanté des *Esprits forts*, je le trouvais en général fort peu charitable, très hardi et même téméraire dans certains de ses jugements soit sur les hommes, soit sur les choses. A part le chapitre cité plus haut, on dirait que ce moraliste, qui avait lu l'*Evangile* et l'*Imitation*, écrit avec la plume de Théophraste ou Sénèque, une plume dont la pointe est d'or, de diamant même, mais singulièrement affilée et qui peut faire des blessures mortelles mieux que le meilleur stylet italien. Encore ne semble-t-il pas que, pareille à la lance d'Achille, elle sut toujours guérir les blessures qu'elle aurait pu faire.

La Bruyère dit excellemment : « Quand une lecture vous élève l'esprit et qu'elle vous inspire des sentiments nobles et courageux, ne cherchez pas une autre règle pour juger l'ouvrage, il est bon et fait de main d'ouvrier. »

Très bien ! mais si je ne craignais de paraître téméraire, j'exprimerais le doute que telle soit l'impression qui résulte le plus habituellement de la lecture des *Caractères* et non pas plutôt une disposition railleuse, ironique, sarcastique, un sentiment de dédain et de mépris pour l'humanité. Le tort du moraliste précisément, c'est de s'adresser trop à l'esprit, à l'intelligence, et, dans son livre il n'y a pas assez pour le cœur. J'ajouterai qu'en certains endroits, quand il s'agit de sujets chatouilleux, qui se rencontrent dans l'étude des passions, le moraliste, en témoignant de sa sagacité comme observateur, ne fait pas toujours assez preuve de discrétion ; dans le chapitre sur *les Femmes* entre autres, il est telle phrase qu'on aurait plaisir à effacer, sûr de l'approbation du sexe, celle-ci par exemple :

« Il y a peu de femmes si parfaites qu'elles empêchent un mari de se repentir, du moins une fois le jour, d'avoir une femme, ou de trouver heureux celui qui n'en a point. »

La Bruyère, au reste, je le répète, n'est point le livre des jeunes gens et moins encore des demoiselles.

Après ces réserves, appréciant les procédés de l'écrivain, je n'hésiterai pas à dire avec Suard : « Ce n'est pas seulement par la nouveauté et la variété des mouvements et des tours que le talent de La Bruyère se fait remarquer ; c'est encore par un choix d'expressions, vives, figurées, pittoresques ; c'est surtout par ses heu-

reuses alliances de mots, ressource féconde des grands
écrivains dans une langue qui ne permet pas, comme
presque toutes les autres, de créer ou de composer des
mots, ni d'en transplanter d'un idiome étranger..... En
lisant avec attention les *Caractères*, il me semble qu'on
est moins frappé des pensées que du style ; les tournures
et les expressions paraissent avoir quelque chose de
plus brillant, de plus fin, de moins inattendu que le
fond des choses mêmes ; et c'est moins l'homme de génie
que le grand écrivain que j'admire. »

Il semble en effet que La Bruyère, pas toujours
exempt de recherche, soit un ouvrier, non, un artiste
merveilleusement habile dans l'art de bien dire et préoccupé surtout du désir de donner tout son relief à la
pensée par l'expression. C'est un artiste, aussi voyons-
nous qu'il excelle dans les portraits ; ils abondent
dans son livre ou plutôt dans sa galerie, et touchés
avec une largeur de pinceau en même temps qu'une
délicatesse qui font que, tout en conservant, dans une
certaine mesure, quelque air de ressemblance avec le
type original et premier, ils ne sont point de simples
copies, mais par des traits ajoutés et empruntés à
divers modèles, nous saisissent par « cet ensemble de
vérité idéale et de vérité de nature qui constituent la
perfection des beaux arts. »

Dirai-je cependant qu'on voudrait chez l'écrivain
plus de spontanéité, plus d'abandon ; une phrase
qui se détendît parfois et où l'on ne sentît pas
autant le savant et studieux arrangement. On aimerait
que La Bruyère se souvînt un peu davantage du conseil
de Régnier :

Les négligences sont ses plus grands artifices.

Le livre de La Bruyère est dans toutes les bibliothèques ; aussi faut-il être sobre de citations. Quelques
passages suffiront.

« Il y a dans l'art un point de perfection comme de
bonté et de maturité dans la nature : celui qui le sent
et qui l'aime a le goût parfait ; celui qui ne le sent pas
et qui aime en deçà et au delà a le goût défectueux. Il
y a donc un bon et un mauvais goût et l'on dispute des
goûts avec fondement.

» Il y a autant d'invention à s'enrichir par un sot livre
qu'il y a de sottise à l'acheter ; c'est ignorer le goût du
peuple que de ne pas hasarder quelquefois de grandes
fadaises. »

» Un beau visage est le plus beau de tous les spectacles ; et l'harmonie la plus douce est la voix de celle que
l'on aime. »

« Etre avec les gens qu'on aime, cela suffit : rêver,
leur parler, ne leur parler point, penser à eux, penser à
des choses plus indifférentes, mais auprès d'eux, tout
est égal. »

« Certains poètes sont sujets dans le dramatique à de
longues suites de vers pompeux, qui semblent forts,
élevés et remplis de grands sentiments. Le peuple
écoute avidement, les yeux élevés et la bouche ouverte,
croit que cela lui plaît, et à mesure qu'il y comprend
moins, l'admire davantage : il n'a pas le temps de res-
pirer, il a à peine celui de se récrier et d'applaudir.
J'ai cru autrefois, et dans ma première jeunesse que ces

endroits étaient clairs et intelligibles pour les acteurs, pour le parterre et l'amphithéâtre ; que leurs auteurs s'entendaient eux-mêmes et qu'avec toute l'attention que je donnais à leur récit, j'avais tort de n'y rien entendre : je *suis détrompé.* »

A l'appui de cette observation nous citerons une curieuse anecdote racontée par Fontenelle dans la vie de Corneille. On lit ces quatre vers dans la 1re scène du IIe acte de la tragédie de : *Tite et Bérénice* :

> Faut-il mourir, madame ; et, si proche du terme,
> Votre illustre inconstance est-elle encor si ferme
> Que les restes d'un feu que j'avais cru si fort
> Puissent dans quatre jours se promettre ma mort ?

L'acteur Baron qui, lors de la première représentation, faisait le personnage de Domitian et qui, en étudiant son rôle, trouvait quelque obscurité dans ces quatre vers, crut son intelligence en défaut et en alla demander l'explication à Molière, chez lequel il demeurait. Molière, après les avoir lus, avoua qu'il ne les entendait pas non plus : « Mais attendez, dit-il à Baron, M. Corneille doit venir souper avec nous aujourd'hui, et vous lui direz qu'il vous les explique. » Dès que Corneille arriva, le jeune Baron alla lui sauter au col comme il faisait ordinairement parce qu'il l'aimait, et ensuite il le pria de lui expliquer les vers qui l'embarrassaient : « Je ne les entends pas trop bien non plus, dit Corneille, mais récitez-les toujours, tel qui ne les entendra pas les admirera. »

Une citation encore, mais celle-ci faite dans un senti-

ment tout autre que pour les précédentes : « On a
dû faire du style ce qu'on a fait de l'architecture. On a
entièrement abandonné l'ordre gothique que *la barbarie
avait introduit pour les palais et pour les temples;* on a
rappelé le dorique, l'ionique et le corinthien ; ce qu'on
ne voyait plus que dans les ruines de l'ancienne Rome,
devenu moderne, éclate dans nos portiques et dans nos
péristyles. De même, etc. »

Ce passage, ou plutôt cette diatribe malheureuse
contre notre admirable architecture gothique, et qu'on
a plusieurs fois, non sans raison, reprochée à La Bruyère
depuis le retour à de meilleures idées, pèse sur sa
mémoire ; il est un bel exemple de la tyrannie des préjugés contemporains.

BUGEAUD

Dans la *France héroïque* se trouve une biographie dé-
veloppée du maréchal Bugeaud, duc d'Isly. Mais depuis
cette publication a paru une très-remarquable étude sur
l'illustre guerrier en tête du livre aujourd'hui si connu
du général Trochu et qui a pour titre : *L'Armée Française*
en 1867, 20ᵉ édition. Nous n'avons pu nous refuser au
plaisir de détacher quelques pages au moins de ce beau
travail. L'auteur dédie son livre à Bugeaud en le qualifiant : « mon vénéré maître. » Pourquoi faut-il que
l'élève, amené à passer de la théorie à la pratique ne se
soit pas mieux souvenu des leçons et des exemples de ce
maître si prompt à l'action et que les Arabes, dans leur
langue imagée, avaient surnommé : *El Kébir*, le maître
de la fortune ! Imaginez Bugeaud gouverneur de Paris
pendant le siége, quelle autre eût été la défense ! M. de
Moltke ne serait pas peut-être aujourd'hui si triom-
phant ? Venons aux citations.

« Si dans l'étude de la carrière du maréchal, dit le général Trochu, on s'arrête de parti pris, comme l'ont fait
longtemps les adversaires politiques, au sans façon des
attitudes, à de certaines faiblesses, à des contrastes souvent très-heurtés, à des témérités indiscrètes et hasar-
dées, on juge partialement et on juge mal. Ses débuts

dans la vie et dans le monde, l'ardeur de ses convictions,
les excitations de la lutte expliquaient surabondamment
ces écarts du moment où dominaient, à ne pouvoir s'y
méprendre, la bienveillance et la bonhomie. Mais comment ne pas s'incliner devant la sincérité de son patriotisme, la fermeté de son incomparable bon sens, l'ampleur
de ses vues, la richesse de son expérience, la simplicité
véritablement antique de ses habitudes et de sa vie ? »

« Le maréchal Bugeaud écrivait et parlait avec une
remarquable facilité, avec une éloquence entraînante,
inégale quelquefois, toujours originale, pittoresque,
imagée. Sa parole, quand il haranguait les troupes sous
l'empire d'une grande passion et d'une grande conviction, atteignait à des hauteurs imprévues. Lequel d'entre nous n'a encore la mémoire et l'âme remplie de ce
discours digne de Tacite par la grandeur des aperçus et
par la sobriété du langage, où il nous annonça, le soir
du 13 août, 1844, dans l'Ouerdefou, à la lueur des torches, sa ferme résolution de livrer bataille le lendemain
à Isly. Les soldats saisis d'enthousiasme bordaient les
escarpements des deux rives, et quatre cents officiers,
pressés au fond de l'étroite vallée, acclamaient, palpi-
tants, leur général dont la haute taille et la voix reten-
tissante dominaient toutes les tailles et toutes les voix.
Quelle grande scène militaire !... Nous fûmes tous per-
suadés, entraînés. Nous vîmes se resserrer étroitement
entre notre chef et nous, sous l'influence de cette parole
qui prouvait la victoire, des liens de solidarité et de confiance qui disaient assez ce que serait la journée du lendemain. »

On sait que le maréchal avait pris pour devise :

Ense et Aratro, voici à quelle occasion : Après le glorieux combat de l'Hôpital-sous-Conflans (28 juin 1815) où avec dix-sept cents hommes d'infanterie, il battit un corps autrichien de six mille hommes, « emportant avec lui l'honneur d'avoir combattu le dernier pour la défense du territoire, il revit les bois de la Dordogne et ses foyers. C'est alors que commença pour lui cette seconde carrière où l'attendaient d'autres luttes et d'autres efforts, où il dut reconquérir par la plus persévérante économie, un *champ après l'autre*, comme il le disait souvent, le domaine paternel passé en des mains étrangères. L'agriculture, où il ne tarda pas à exceller, devint la passion de sa vie et il y apporta les aptitudes, les vues pratiques, le rare bon sens qu'il avait naguère montré dans les armées.

« .... Je ne sais rien de plus caractéristique et de plus attachant que cette évolution de trente ans dans l'existence du maréchal, qui commence au camp de Boulogne comme simple soldat, le ramène à travers cent actions d'éclat dans les champs de la Piconerie, l'y fixe quinze ans, et le rejette pour le reste de sa vie, dans la lutte politique et dans l'armée. »

Après les évènements de 1830, en effet, Bugeaud, rappelé à l'activité fut envoyé, en même temps par les électeurs à la Chambre des députés. Plus tard, il partit pour l'Algérie dont il devint par la suite gouverneur-général, et rendit à la colonie et à la France d'inappréciables services à la fois général habile et éminent administrateur. « La persévérance des efforts, l'éclat des moyens, la grandeur des résultats, forcèrent ses plus ardents contradicteurs à s'incliner devant l'homme

et devant les services rendus. Les récits des soldats ren-
trant dans leurs foyers le firent populaire. A un mouvement particulier des épaules, ils avaient deviné, dans
ce général en chef, le grenadier qui avait autrefois porté
comme eux le havre-sac. Son attentive sollicitude pour
leurs besoins, ses ménagements pour leurs fatigues, sa
résolution dans le danger, sa bonhomie, le leur avaient
rendu cher. Ils l'appelaient affectueusement « le père
Bugeaud » comme autrefois les vétérans de Louis XIV
appelaient Catinat « le père la Pensée. »

Bugeaud était né en 1784, dans la Dordogne ; engagé
en 1804, dans les vélites du camp de Boulogne, il était
caporal à Austerlitz (2 décembre 1805). Maréchal de
France et duc d'Isly, après la bataille de ce nom (14 août
1844), il mourut en 1849 et couronna sa vie si glorieuse
par une fin admirablement chrétienne.

CAFFARELLI

Il est des noms plus populaires, sans doute, que celui-ci, et cependant qui fut plus digne de sympathie et
d'estime que ce héros dont son consciencieux historien,
de Gérando, disait, en dédiant son livre aux instituteurs
de la jeunesse française : « La mémoire de Caffarelli
» doit vous être chère. Personne plus que lui n'honora
» les fonctions touchantes auxquelles vous consacrez
» votre vie ; il voulut s'y associer. Vous trouverez en lui
» un ami, *vos élèves y trouveront un modèle*. Puissent nos
» enfants être nourris dans la méditation de semblables
» exemples ! Puissent-ils s'accoutumer de bonne heure
» à répéter avec transport le nom de nos grands
» hommes !... Je n'ai pu que tracer la vie de Caffarelli ;
» c'est à vous qu'il appartient d'en faire l'éloge et
» d'achever mon ouvrage ; ou plutôt vous aurez fait
» bien plus que moi. Il devra à votre zèle la gloire dont
» il était le plus digne, celle d'avoir fait naître de nou-
» velles vertus par l'exemple des siennes.

« Placé par un heureux concours de circonstances au
» milieu de tous ceux qui ont approché Caffarelli, dit
» plus loin l'écrivain, j'ai entendu ce concert unanime
» et touchant de témoignages qui lui sont universelle-
» ment rendus ; je l'ai entendu peut-être du point le

» plus favorable et le plus propice pour en recueillir
» l'ensemble. Les regrets de l'amitié sont le plus beau
» monument que puisse conserver pour nous l'histoire
» de celui qui n'est plus ; c'est un monument que j'ai
» consulté ; j'y ai trouvé empreinte l'image de ses ver-
» tus... J'espère d'ailleurs que plus cet essai est étranger
» à toutes pretentions littéraires, mieux on y reconnaî-
» tra le seul hommage rendu à la vérité par la droiture.
» Je n'ai pas eu d'autre motif, d'autre but que celui de
» transmettre aux âmes honnètes l'émotion salutaire et
» douce que ces images ont fait passer dans mon
» cœur [1]. »

Caffarelli du Falga (Louis-Marie-Joseph-Maximilien),
était né à Falga, dans le Haut-Languedoc (13 février
1756). Elevé à l'école de Sorrèze, il en sortit pour entrer
dans le corps royal du génie dont il devint bientôt l'un
des officiers les plus distingués. Quoique appartenant à
une arme spéciale, « le jeune officier comprenait que
les sciences exactes, lorsqu'elles absorbent seules toute
l'attention de l'esprit, l'épuisent souvent par une habitude trop continuelle de l'analyse et que, le fixant plus
sur des signes que sur des idées, elles arrètent le développement des facultés méditatrices ; mais associées en
lui à un heureux mélange d'études, plus variées et plus
riches de faits, elles reçurent par ce rapprochement
même une utilité nouvelle. Les sciences morales donnaient le mouvement à ses idées ; les sciences mathématiques les réglèrent. Celles-ci fortifièrent sa raison pendant que celles-là nourrissaient sa curiosité et exaltaient
sa pensée. »

[1] De Gérando. *Vie de Caffarelli* ; in-8°, 1801.

Très-bien ! Voilà des paroles que les jeunes gens ne sauraient trop méditer. Continuons :

« Il était remarquable, sans doute, de voir un jeune militaire dans l'âge des plaisirs, placé sur une scène bruyante et entouré de tant de séductions, se livrer à des occupations aussi sérieuses. Cependant, elles ne donnèrent rien de sauvage ou de brusque à son humeur ; elles ne l'enlevèrent point au commerce de ses camarades et de ses amis. Il sut, au contraire, y répandre tous les charmes qui naissent de l'égalité du caractère, de l'affabilité et de cet abandon naturel qui obtient la confiance en la prévenant... Caffarelli s'acquit donc l'affection et l'estime de tous ses camarades et de ceux-là mêmes dont les habitudes présentaient plus d'oppositions avec les siennes. Dans ce nombre, il en trouva aussi qui surent les goûter, les partagèrent et s'unirent à lui par les plus étroits rapports ! »

Mais le jeune officier fut arraché brusquement à ses chères occupations par une terrible nouvelle, celle de la maladie de sa mère, la plus tendre des mères qui, d'après ce qu'on lui écrivait, était à toute extrémité. Le cœur navré, il accourut pour recueillir son dernier soupir et lui fermer les yeux, comme il avait fait pour son père quelques années auparavant. Il avait consolé sa mère mourante non-seulement par sa présence et ses soins affectueux, mais encore, mais surtout par la promesse qu'il serait lui, l'aîné, le tuteur, le père de ses frères et sœurs, au nombre de huit et dont plusieurs étaient fort jeunes encore. Il tint parole ; il fit plus même. En sa qualité d'aîné, les lois lui assuraient plus de la moitié de l'héritage ; il ne voulut point profiter de

cet avantage, et déclara que le patrimoine serait partagé
par portions égales entre tous. Il mit donc tout en commun ou plutôt, comme on l'a dit, il se réserva pour sa
part toutes les privations et toutes les fatigues… Il pour-
vut à tous les besoins, et réglant l'administration du patrimoine, il en accrut la valeur par de sages améliorations.

Il avait dù faire, momentanément du moins, à ses
devoirs de père de famille le sacrifice de sa carrière militaire et remettre pour un temps son épée au fourreau
en devenant l'intendant de la fortune commune et
aussi l'instituteur, le professeur des orphelins. Mais,
dans son amour du bien, cette tâche ne lui suffisait pas,
d'après ce que nous apprend l'historien contemporain.
« Surpassant encore le célèbre exemple qu'a donné en
Prusse un seigneur bienfaisant (de Rochow), en créant
dans ses terres des établissements réguliers d'instruction, il voulut lui-même devenir l'instituteur des enfants
de son village. Chaque soir, après le travail des champs,
on le vit au milieu d'eux leur donner des leçons de lecture, d'écriture et d'arithmétique; il s'attachait particulièrement à leur enseigner la première des sciences,
celle du vrai bonheur, en leur apprenant à aimer la
vertu. Ses domestiques avaient part à ses instructions.
Il ne se laissa ni rebuter par les fastidieux détails qu'elles entraînaient, ni détourner par ses autres affaires ou
par ses propres études. Il associait ses frères à ses touchantes fonctions, il les faisait jouir des douceurs qu'il
leur devait; et sa vie se partageait ainsi entre l'accomplissement des devoirs modestes et sublimes qui appartiennent à une bienfaisance éclairée et les sentiments
de la nature. »

Cependant, le congé de Caffarelli, prolongé à diverses reprises, enfin expiré, il dut rejoindre sa compagnie à Cherbourg. Bientôt la révolution éclata, le jeune du Faya se montra sympathique à quelques-unes des idées nouvelles qui devaient amener, dans sa conviction, la réforme de graves abus. Mais, d'ailleurs, il sut toujours se défendre de l'exagération et témoigna hautement en toute occasion de son horreur pour les violences et les excès, fût-ce même au péril de sa vie ; en voici la preuve :

Lors du décret rendu par l'Assemblée législative, le 10 août, et qui prononçait la déchéance du Roi, Caffarelli se trouvait, en qualité d'adjoint à l'état-major, à l'armée du Rhin, que commandait Biron. « Il opposa seul aux commissaires une résistance énergique et motivée, » protestant contre le décret qu'il déclarait injuste et inconstitutionnel. Il ajoutait que, quant à lui, jamais il ne pactiserait avec les factieux et les anarchistes. Destitué pour cet acte courageux par les commissaires, il s'enrôla comme simple soldat dans une compagnie de grenadiers ; exclu par suite d'un décret de l'Assemblée ordonnant à tous les officiers suspendus de s'éloigner de la frontière, il revint à Paris. A peine arrivé, il se vit emprisonné ; mais, comme par miracle, oublié dans la prison, et non traduit devant le tribunal révolutionnaire, il recouvra sa liberté après une détention de quatorze mois. — Employé quelque temps dans les bureaux du comité militaire, il obtint de retourner à l'armée du Rhin, commandée maintenant par Kléber qui, plus d'une fois, eut occasion de l'apprécier, mais surtout en septembre 1793, au passage du fleuve, près de Dusseldorf. Peu de temps après, Caffarelli fit preuve du même sang-froid intrépide sous les yeux d'un autre non moins bon juge, l'héroïque Marceau. Lors du passage de la Nahe, près de Creutznach, Caffarelli commandait une manœuvre, quand un boulet de canon lui brisa la jambe gauche; l'amputation reconnue nécessaire, le blessé la subit avec une fermeté stoïque et vit, sans un soupir, emporter la pauvre jambe mutilée que devait remplacer une jambe de bois. A peine l'opération terminée, « il demanda du papier, et, de sa main propre, écrivit au genéral Marceau une lettre détaillée sur les moyens qu'il jugeait les plus propres à contenir l'ennemi. Son héroïsme obtint la récompense la plus digne de lui; son conseil fut suivi et le détachement fut sauvé. »

Le vaillant soldat guéri, malgré l'embarras de la jambe de bois, n'en continua pas moins le service d'activité. Lors de l'expédition d'Egypte, choisi tout d'abord par Bonaparte comme un des officiers les plus capables, il fut chargé de la direction en chef du génie. En outre de ce qui concernait ces fonctions, il chercha, dit un biographe, à s'assurer tous les moyens de transporter les éléments de notre industrie dans la colonie nouvelle, soit pour satisfaire aux besoins de l'armée, soit pour accélérer cette civilisation des peuples orientaux qui était, dans cette expédition, sa pensée dominante.

Durant toute cette campagne laborieuse autant que pleine de périls, il donna l'exemple du courage, de l'abnégation, du dévouement héroïque; et cependant, au dire de quelques historiens (entre lesquels il ne faut point compter Gérando), Caffarelli n'était pas populaire dans l'armée parce qu'on l'accusait d'être l'un des auteurs de l'expédition. Les soldats soulageaient leur mauvaise humeur par une plaisanterie d'ailleurs assez innocente, murmurant, lorsqu'ils voyaient passer le général traînant sa jambe de bois : « Celui-là se moque bien de ce qui arrivera, il est toujours sûr d'avoir un pied en France. »

D'un autre côté, Caffarelli était l'objet d'une haine particulière de la part des indigènes qui, le voyant diriger tous les travaux, le regardaient comme un personnage des plus influents. Lors de la révolte du Caire, il courut risque de la vie ; sa maison fut mise au pillage, et l'on y brisa tous les instruments de mathématiques et d'astronomie apportés d'Europe à grands frais. Le lendemain, les amis de Caffarelli lui témoignant leurs regrets de la perte irréparable pour lui de ces trésors et des précieux matériaux qu'il avait réunis déjà, il répondit simplement : L'armée et l'Egypte ont été sauvées !

Caffarelli, comme Kléber, ne devait pas revoir la France. Au siége de Saint-Jean-d'Acre, il se trouvait, pour son service, dans un poste des plus périlleux. Renversé de son cheval et foulé aux pieds à plusieurs reprises, toujours il se relevait, obstiné à commander, lorsqu'une balle lui fracassa le coude. L'amputation, cette fois encore, fut jugée nécessaire ; elle semblait avoir réussi ; mais le chagrin que le blessé ressentit de la mort d'un officier, son ami, comme lui transporté à l'ambulance, provoqua une réaction fatale que toute la science des médecins fut impuissante à conjurer, et Caffarelli succomba le 27 avril 1799. Dans l'ordre du jour du lendemain on lisait : « Il emporte au tombeau les regrets » universels ; l'armée perd en lui un de ses chefs les plus » braves, l'Egypte un de ses législateurs, la France un » de ses meilleurs citoyens, les sciences un homme qui y » remplissait un rôle célèbre. »

Ce témoignage, à la vérité officiel, prouve que le général était mieux apprécié par les soldats qu'on a pu le penser d'après les paroles rapportées plus haut. Mais voici qui le prouve mieux encore : le désir de reconnaître par lui-même un des points les plus importants de la géographie de l'Orient, avait engagé Bonaparte à se rendre à Suez (4 nivôse an VII), avec Monge, Berthollet, Costal et du Falga Caffarelli. On avait traversé la mer Rouge, près de Suez, à un gué praticable seulement pendant la marée basse. Au retour, la marée commençant à monter, on dut prendre un autre chemin en s'éloignant du rivage. Mais par une erreur du guide, on s'égara au milieu de marais profonds, entre lesquels donnait passage seulement un sentier fort étroit. Plusieurs des chevaux trébuchèrent et s'enfoncèrent dans la bourbe, d'où il fut impossible de les retirer. Il en fut ainsi de celui que montait Caffarelli qui, à cause de sa jambe, n'ayant pu descendre à temps, courait le plus grand danger. Deux guides (soldats) du général en chef, l'aperçoivent et s'efforcent d'arriver jusqu'à lui.

« Mes amis, leur crie Caffarelli, il n'y a aucun moyen de se dégager d'ici, éloignez-vous et n'enlevez pas trois hommes à la patrie lorsque vous pouvez en sauver deux. »

Ces généreuses paroles, au lieu de décourager les braves soldats, ne font qu'exalter leur dévouement. Ils continuent intrépidement d'avancer, et par des efforts presque surhumains, parviennent à sauver la vie au général, cette vie qui promettait encore de si grandes choses ; mais qui, pour le malheur de la France, devait bientôt toucher à son terme.

La *Vie* ou l'éloge de Caffarelli par de Gérando, le document le plus important comme le plus sûr de tous ceux que nous avons pu consulter, fut lue deux années seulement après la mort du général, devant la seconde classe de l'Institut national (12 messidor an IX). Là, comme ailleurs, régnaient encore les préjugés dominant à la fin du siècle précédent, et qui avaient amené tant de catastrophes. Aussi l'historien, qui devait être moraliste chrétien si distingué, se montra-t-il fort discret relativement aux convictions religieuses de son héros. Mais le peu qu'il en dit suffit pour relever encore Caffarelli à nos yeux, parce que ce passage, explicite déjà dans sa brièveté, nous permet de penser davantage :

« Une personne avait fixé son cœur, mais ne répondit point à ses espérances. Dès ce jour, il renonça à l'hymen et chercha sa consolation dans les soins qu'il prit de sa famille. Mais vivant dans le célibat, il y conserva des mœurs pures.

« ... L'absolu scepticisme répugnait à son cœur. Il aimait à rapporter l'ensemble des phénomènes de l'univers à l'influence d'une cause bienfaisante et sage, dans laquelle il trouvait réalisées ces idées du meilleur absolu qui étaient le terme ordinaire de sa pensée et sous la protection de laquelle il plaçait les destinées de la vertu. Il aimait à étendre au delà des confins étroits de la vie la carrière de ses espérances. Son âme avait, si l'on peut s'exprimer ainsi, un besoin immense de l'avenir. Le trait dominant de son caractère était un désir ardent du bonheur des hommes, une sorte de générosité impatiente qui allait au devant de tout ce qui était bon et utile, et ne pouvait jamais se satisfaire. »

Pour un tel homme, malgré le malheur des temps, l'Evangile ne dut pas être toujours un livre fermé, et l'on peut croire assurément que sur son lit de douleur, à l'heure suprême, le héros tournait ses regards vers le ciel pendant que la prière du chrétien s'échappait de ses lèvres.

DE LA CHAISE

Cette rue s'appela d'abord chemin de la *Maladrerie*, puis rue des *Teigneux*, noms qui lui furent donnés à cause d'un hôpital s'élevant sur l'emplacement occupé ensuite par l'hospice des *Petits Ménages*, monument, non, bâtiment qui lui-même va disparaître, car les démolisseurs sont à l'œuvre et paraissent pressés d'en finir.

On n'aura point à le regretter, si surtout à la place de ce vaste mais peu gracieux édifice, ayant un peu l'extérieur d'une prison, nous voyons s'épanouir le beau square que promet l'ancien jardin de l'établissement. De la rue on apercevait à travers la grille deux ou trois allées d'arbres magnifiques, et l'on n'eût pas demandé mieux parfois que de se reposer sous leur ombrage [1].

Comment et à quelle époque la rue, dite des Teigneux, prit-elle le nom de la *Chaise* ? Nous l'ignorons. Ce dernier nom lui vient-il d'une enseigne ainsi qu'un historien l'affirme, ou du célèbre Jésuite qui fut pendant tant d'années le confesseur de Louis XIV ? Cette version me paraît préférable, d'abord comme la plus naturelle ; puis parce qu'elle rappelle le souvenir d'un

---

[1] Ces arbres, à l'exception de trois ou quatre, ont été abattus l'an dernier, pendant le siége.

homme qui, dans le poste le plus difficile qui fut jamais, fit preuve d'un mérite peu ordinaire, soit que la prudence chrétienne, ce que nous inclinons à croire, ait dicté sa conduite ; soit, comme l'ont prétendu ses ennemis, qu'elle fut le résultat des calculs de la politique et d'une merveilleuse habileté.

François d'Aix de la Chaise, petit neveu du père Cotton, confesseur de Henri IV, né au château d'Aix, le 25 août 1624, était fils de Georges d'Aix, seigneur de la Chaise, et de Rénée de Rochefort. Sa rhétorique terminée au collége de Roanne, il entra comme novice chez les Jésuites. Après deux années de préparation, chargé tour à tour du cours d'humanités et du cours de philosophie, il professa avec éclat, à ce point que ses leçons furent imprimées en 1661, sous ce titre : *Abrégé de mon cours de philosophie*[1]. Nommé supérieur de la province de Lyon, il fut, sans doute par le conseil de l'Archevêque de cette ville, Villeroi, frère du maréchal, choisi comme confesseur du roi Louis XIV, en remplacement du père Terrier, qui venait de mourir.

« Jusque-là, dit un biographe, le Père La Chaise avait vécu à plus de cent lieues de la cour. Il y parut au commencement de 1675 et s'y montra simple et aisé dans ses manières, poli et prévenant sans affectation. Tous les suffrages se réunirent bientôt en sa faveur. »

Cette unanimité dans la bienveillance ne devait pas être de longue durée ; car, jeté au milieu de toutes les intrigues de la cour comme des complications et des difficultés suscitées tour à tour et presque coup sur coup par

---

[1] 2 petits vol. in-folio, à Lyon.

les passions du roi, l'affaire du jansénisme, celle du
quiétisme, la révocation de l'édit de Nantes, la déclara-
tion de 1682, etc : « Quelque avis qu'il embrassât, dit
le biographe déjà cité, il se faisait des ennemis et il lui
arriva plus d'une fois de déplaire également aux partis
opposés. »

Le biographe exagère et le bon Père ne tint pas
autant qu'il l'affirme la balance égale entre les opinions,
à moins qu'elles ne fussent indifférentes au point de
vue de la conscience. Mais ce qui doit surtout lui mériter nos éloges, c'est que, chargé, par suite de sa position, de la feuille des bénéfices, il s'attachait à ne faire
que de bons choix. Il donna aux missions une grande
impulsion. Les jansénistes, dont l'hostilité l'honore,
l'accusaient de favoriser les passions du roi ; le fait est
qu'il travailla avec persévérance à ruiner l'influence de
Mme de Montespan et qu'il y parvint. Après la mort de
la reine, il crut sage de conseiller et de bénir le mariage du roi avec Mme de Maintenon, qui, dit-on, ne lui
pardonna pas de s'être opposé à la publicité de cette
union restée morganatique ; il semblait difficile que la
veuve de Scarron fût déclarée officiellement reine de
France.

Dans sa lettre au cardinal de Noailles (8 octobre
1708), Mme de Maintenon pourtant rendait au père La
Chaise cette justice : « Qu'il avait osé *louer*, en présence
du roi, *la générosité et le désintéressement de Fénelon.* »

Il ne craignait pas d'ailleurs de dire la vérité au roi
et même assez rudement parfois, d'après ce que racon-
tait Louis XIV lui-même, après la mort du père La
Chaise : « Je lui disais quelquefois : « *Vous êtes trop*

doux ! — Ce n'est pas moi qui suis trop doux, répon-
dait-il, *c'est vous, sire, qui êtes trop dur.* »

Le roi cependant ne voulut jamais consentir à ce
qu'il prît sa retraite bien que, devenu plus qu'octogénaire, le père La Chaise la demandât ; mais y mit-il
assez d'insistance ? « Il lui fallut porter le fardeau jus-
» qu'au bout. La décrépitude et les infirmités ne purent
» l'en délivrer. Sa mémoire s'était éteinte, son juge-
» ment affaibli, ses connaissances brouillées, et Louis
» XIV se faisait apporter ce cadavre pour dépêcher avec
» lui les affaires accoutumées. »

Ainsi s'exprime Saint-Simon, si peu favorable aux
Jésuites. Plus loin il ajoute : « Désintéressé en tout
» genre quoique fort attaché à sa famille ; facile à reve-
» nir quand il avait été trompé, et ardent à réparer le
» mal que son erreur lui avait fait faire ; d'ailleurs
» judicieux et précautionné, il ne fit jamais de mal qu'à
» son corps défendant. Les ennemis même des Jésuites
» furent forcés de lui rendre justice et d'avouer que
» c'était un homme de bien, honnêtement né et très-
» digne de remplir sa place. »

Sa conduite, à l'égard de ses nombreux ennemis, en
est la meilleure preuve : « Libelles, couplets satiriques,
» histoires scandaleuses, dit M. de Chantelauze, ne ces-
» sèrent de l'assaillir de toutes parts durant tout le
» cours de son ministère. Bien qu'il eût en main un
» pouvoir qui dût inspirer de sérieuses craintes à ses
» ennemis, il ne se vengea de leurs calomnies en toute
» occasion que par le silence. Plusieurs puissantes caba-
» les s'élevèrent sourdement contre lui pour le supplan-
» ter : il eut l'habileté de les découvrir à temps et de

» les déjouer sans en tirer vengeance et sans faire le
» moindre éclat. »

Le chancelier d'Aguesseau, un contemporain du
père La Chaise et très-prévenu contre les Jésuites, dit
aussi de lui : « Le père La Chaise était un *bon gentil-*
» *homme*, qui aimait à vivre en paix et à y laisser vivre
» les autres ; capable d'amitié, de reconnaissance, et
» bienfaisant. »

Ce *bon gentilhomme*, comme dit assez singulièrement
le célèbre magistrat, était brave à l'occasion, témoin ce
passage d'une lettre de Boileau à Racine, datée de
Mons, à l'époque du siége : « J'ai oublié de vous dire
» que, pendant que j'étais sur le mont Pagnotte, a
» regarder l'attaque, le R. P. de La Chaise était dans la
» tranchée et même tout près de l'attaque pour la voir
» plus distinctement. J'en parlais hier à son frère (capi-
» taine des gardes) qui me dit tout naturellement : *Il se*
» *fera tuer un de ces jours*. Ne dites rien de cela à per-
» sonne, car on croirait la chose inventée, et elle est
» très-vraie et très-sérieuse. »

Le P. La Chaise mourut à Paris, le 20 janvier 1709, à
l'âge de quatre-vingt-cinq ans. Il était membre de
l'Académie des Inscriptions et Belles-Lettres, et se
montrait fort assidu aux séances.

Les Jésuites avaient acheté, en 1626, non loin de
Paris, une maison de campagne appelée la Folie-Re-
gnault, qu'ils nommèrent plus tard le *Mont-Louis*, en
l'honneur du roi. Cette résidence que Louis XIV fit
embellir et agrandir, par considération pour son confesseur, devint une villa fort agréable, comme on dirait
aujourd'hui, où volontiers le père La Chaise aimait à

venir se reposer et se distraire en compagnie de ses
confrères. Aussi lorsque sous l'Empire, ce terrain fut
converti en cimetière, le funèbre enclos prit le nom de
La Chaise. Quand on songe qu'en soixante années au
plus, le cimetière de l'Est, continuellement agrandi, est
devenu l'immense nécropole que nous voyons, on ne
peut s'empêcher de dire avec le refrain de la ballade
allemande : *Les morts vont vite.*

CHARLEMAGNE

————

Nous ne saurions raconter ici la vie du grand Empereur, si célèbre dans les chroniques et les épopées du moyen-âge, d'autant plus que nous l'avons fait ailleurs assez longuement [1] et que nous n'aimons point à nous répéter. Sauf quelques exceptions d'ailleurs, les récits de guerre n'entrent point dans notre nouveau cadre.

Mais nous trouvons, dans le vieux chroniqueur presque contemporain, connu sous le nom de moine de Saint Gal, un très-curieux épisode et qui nous semble avoir le mérite d'être parfaitement de circonstance avec la folie des mœurs actuelles. Nous reproduisons donc, tout au long, en le traduisant du latin, ce récit original et si fort empreint de ce qu'on appelle la couleur locale.

Un certain jour de fête, après la célébration de la messe, l'Empereur dit aux siens :

« Ne nous laissons point engourdir dans un repos qui nous mènerait à la paresse ; allons chasser jusqu'à ce que nous ayons pris quelque venaison. »

La journée cependant était pluvieuse et froide, Charles portait comme à l'ordinaire un vêtement de peau de brebis de peu de valeur. Arrivant de Pavie,

[1] *France héroïque*, t. Ier.

dont les marchands vénitiens avaient fait comme l'entrepôt du commerce de l'Orient, les grands au contraire étaient parés, ainsi qu'aux jours de fête, d'habits magnifiques en étoffes légères et moelleuses, ornées de plumes d'oiseaux de Phénicie et de plumes de paon, d'autres fois enrichies ou surchargées de fourrures, de pourpre de Tyr, et même de franges faites d'écorces de cèdre. L'Empereur ayant donné immédiatement le signal du départ, tous durent se mettre en chasse dans ce costume, et galoper tout le jour à travers les fourrés, les buissons et les ronces où les brillantes mais peu solides étoffes laissèrent maints lambeaux ; elles furent en outre transpercées par la pluie, tachées par la boue comme par le sang des bêtes fauves tuées pendant la chasse. Puis au retour, comme les courtisans, tout honteux de leurs habits déchirés et flétris, grelottant aussi par le froid, se hâtaient de descendre de cheval pour courir changer de vêtements, l'Empereur, qui voulait que la leçon fût complète, dit d'un ton bref :

« Inutile de changer d'habits avant l'heure du coucher ; ceux-ci sècheront mieux sur nous. »

Alors chacun, plus soucieux de son corps que de sa parure, s'empresse pour trouver un foyer où se réchauffer. Mais la chaleur du feu acheva de détériorer les minces étoffes et les légères fourrures qui, toutes grippées et plissées, se collaient sur les membres et le soir achevèrent de se gâter quand il fallut les retirer. Cependant l'Empereur avait donné l'ordre que tous, le lendemain, se présentassent devant lui avec le costume de la veille. On pense ce qu'il était. Il fallut obéir pourtant, mais non sans grande honte pour les illustres personnages, si fiers naguère de leurs vêtements superbes et chèrement payés qui maintenant, insuffisants à les couvrir, ressemblaient avec leurs trous et leurs taches aux haillons du pauvre. Charles alors, souriant non sans quelque malice, dit à l'un des serviteurs de sa chambre :

« Frotte un peu notre habit dans tes mains et apporte-nous-le. »

Le serviteur fit ce qui lui était ordonné. L'Empereur aussitôt, prenant de ses mains et montrant le vêtement redevenu parfaitement propre et où l'on ne remarquait ni tache, ni déchirure, s'écria :

« O les plus fous des hommes ! Quel est maintenant le plus précieux et le plus utile de nos habits ? Est-ce le mien que je n'ai acheté qu'un sou ou les vôtres si peu solides et qui vous ont coûté tant de livres pesant d'argent ? »

Les courtisans, interdits et silencieux, baissaient la tête et la rougeur de leurs visages attestait leur confusion.

CHATEAUBRIAND

I

« On n'est plus assez juste pour Chateaubriand tant
vanté naguère ! » écrivait un jour avec toute raison
notre excellent confrère et ami Léon Gautier. Le temps
est loin, hélas ! où un poète républicain adressait à l'auteur du *Génie du Christianisme* cette épître qui n'est pas
assurément l'une des pièces les moins remarquables de
la *Némesis* :

> .... Aussi quand tu parus dans ton vol triomphant,
> Fils du Nord, le Midi t'adopta pour enfant.
> Oh ! Dieu t'avait créé pour les sublimes sphères,
> Où meurt le bruit lointain des mondaines affaires ;
> Il te mit dans les airs où ton vol s'abîma
> Comme le grand condor que vénère Lima :
> Oiseau géant, il fuit notre terre profane,
> Dans l'océan de l'air il se maintient en panne ;
> Là, du lourd quadrupède il contemple l'abri,
> L'aigle qui passe en bas lui semble un colibri,
> Et noyé dans l'azur comme une tache ronde,
> On dirait qu'immobile il voit tourner le monde.
> C'était là ton domaine alors, que revenant
> Des huttes du Sachem sur le vieux continent,
> Tu t'élevas si haut d'un seul bond que l'Empire
> Un instant s'arrêta pour écouter ta lyre.

Le monde des beaux-arts à peine renaissant
Se débattait encore dans son limon de sang ;
Ce chaos attendait ta parole future ;
Tu dis le *fiat lux* de la littérature.

Quelques années après, un illustre orateur, du haut de la chaire de Notre-Dame, adressait au même poète un hommage plus solennel encore quoique en moins de paroles : « ... Et tant d'autres que je ne veux pas nommer, pour ne pas approcher trop près des grands noms de l'époque ; car, si j'en approchais, pourrais-je m'empêcher de saluer cet illustre vétéran, ce prince de la littérature française et chrétienne, sur qui la postérité semble avoir passé déjà tant on respire dans sa gloire le parfum et la paix de l'antiquité. »

Ce langage dans la bouche de Lacordaire étonnerait sans doute aujourd'hui que, provoquée surtout par les *Mémoires d'Outre tombe*, la réaction s'accentue si énergiquement et ne reste pas toujours dans la juste mesure. Du grand écrivain si l'on ne se tait pas, on parle presque avec le ton du dédain, et cela de jeunes Messieurs tout fiers d'écrire, au courant de la plume et sans rature dans le journal en vogue, la chronique quotidienne et qui croient bien dans le for intérieur que feu Chateaubriand ne leur va pas à la cheville. Le chantre des *Martyrs !* bath, un phraseur et qui avait l'ingénuité de croire que les écrits, dignes de ce nom, ne s'improvisent pas, que :

La méditation du génie est la sœur ;

que les grandes pensées ne sauraient se passer de la nouveauté et de la splendeur de la forme. Quoique on

prétende aujourd'hui, Chateaubriand n'est pas le premier venu dans la république des lettres et il a laissé
bon nombre de pages qui sont des plus belles de notre
langue et que ne doit pas dédaigner la postérité. Dans
le *Génie du Christianisme* en particulier, si l'auteur avec
un grand appareil scientifique, se montre parfois médiocre docteur, faible théologien, polémiste arriéré ; si,
comme critique littéraire, il laisse à désirer par exemple lorsqu'il s'emporte à des louanges tellement hyper-
boliques pour B. Pascal dont « les Pensées tiennent
plus du Dieu que de l'homme ; » il n'est que juste de
reconnaître que beaucoup de chapitres, tout le livre en
particulier relatif à l'histoire naturelle, *Instinct des Oiseaux, Migrations des Oiseaux, des Plantes* etc., n'ont rien
perdu de leur fraîcheur et de leur éclat. Il y a là un
souffle puissant, un parfum de grâce et de poésie dont
l'âme se sent doucement pénétrée comme d'une rosée
céleste. Il en est de même de bien des pages qu'un chrétien seul pouvait écrire et dans lesquelles vibre l'accent
de la conviction, le chapitre sur l'*Extrême-Onction* entre
autres, ceux relatifs aux *Missions*, etc. Sans doute on
peut reprocher parfois à l'auteur dans son meilleur langage un peu trop d'alliage et le mélange de locutions
profanes ; mais qui sait si ce n'était point une nécessité
de l'époque et si, pour être compris de son siècle, il ne
fallait pas ce style parfois un peu bariolé et qui s'efforce
le plus possible de dérober aux regards ce que Bossuet
appelle éloquemment « la face hideuse de l'Evangile ? »

Pour juger sainement du livre et tenir compte à l'auteur de tout le bien qu'il a produit, il faut se rappeler
dans quelles circonstances il parut et quel était l'état gé-

néral des esprits au lendemain du XVIII° siècle et de la
Révolution. Voici à ce sujet et comme indication sûre,
d'après un témoin oculaire, ce qui se passait en 1797 ou
1798 dans l'atelier du peintre David :

« Il arriva qu'un des élèves, en racontant une histoire
bouffonne, y mêla à plusieurs reprises le nom de Jésus-
Christ. La première fois, Maurice ne dit rien, seulement
sa physionomie devint sévère ; mais lorsque le conteur
eut répété de nouveau le nom sacré, alors les yeux du
chef de la secte des penseurs s'enflammèrent, et Maurice fit taire le mauvais plaisant en lui imposant impérieusement silence. L'étonnement des élèves parut
grand ; mais il ne fut exprimé que sur la physionomie
de chacun qui resta muet. Maurice était sujet à des co-
lères très-vives, mais qui duraient peu ; il avait d'ailleurs du tact, et en cette occasion, il sentit la nécessité
de justifier par quelques paroles la hardiesse de la sortie
qu'il venait de faire :

« — Belle invention vraiment, dit-il en continuant
» de peindre, que de prendre Jésus-Christ pour sujet de
» plaisanterie ! Vous n'avez donc jamais lu l'*Evangile*
» tous tant que vous êtes ? L'*Évangile !* c'est plus beau
» qu'Homère, qu'Ossian ! Jésus-Christ au milieu des
» blés, se détachant sur un ciel bleu ! Jésus-Christ di-
» sant : « *Laissez venir à moi les petits enfants !* » Cher-
» chez donc des sujets de tableaux plus grands, plus
» sublimes que ceux-là ! Imbécile, ajouta-t-il en s'adres-
» sant avec un ton de supériorité amicale à son cama-
» rade qui avait plaisanté, achète donc l'*Évangile* et lis-
» le avant de parler de Jésus-Christ. »

« Il faut le répéter, de telles paroles, dites à cette épo-

que et dans un lieu tout à fait public, eussent certainement excité de la rumeur et pu compromettre la sùreté.
du harangueur. Tous les élèves le sentirent bien ; car
lorsque Maurice eut cessé de parler, il y eut un intervalle de silence assez long pendant lequel tout le monde
se consulta du regard pour savoir comment on prendrait
la chose.

« Le brave Moriès trancha la difficulté : « *C'est bien
cela, Maurice !* » dit-il d'une voix ferme ; et à peine ces
mots eurent-ils été prononcés que tous les élèves criè-
rent à plusieurs reprises : *Vive Maurice !*

« On aurait tort de croire cependant que, dans le sentiment généreux que fit éclater cette jeunesse, il entràt
des idées de piété. A l'atelier de David, comme par toute
la France alors, on était et l'on affectait surtout d'être
très-indévot. »

C'est à ce moment là même ou bientôt après, que parut le livre de Chateaubriand et l'on sait avec quel immense succès. Il fallait pour cela qu'il parlàt au siècle
une langue que celui-ci pùt tout d'abord comprendre,
qui lui fùt sympathique bien loin de l'effaroucher, ce
qui n'empêche pas que cette langue riche, imagée, colorée, brillantée, mais parfois trop humaine, n'ait fréquemment aussi la vraie note chrétienne, capable de
faire sur le lecteur une heureuse impression, plus sans
doute qu'on ne veut l'admettre aujourd'hui. Il nous
semble que le livre, débarrassé du fatras scientifique et
soi-disant théologique, et allégé par quelques autres retranchements, pourrait être grandement utile encore.
Dans nul autre peut-être de ses ouvrages, Chateaubriand ne fut mieux inspiré, moins obsédé de préoccu-

pations étrangères ou personnelles, et l'on sent à l'énergie de son accent, à la vivacité de sa foi, qu'il était dans
toute la ferveur du néophyte et sous le coup encore du
douloureux évènement qui l'avait frappé comme un
coup de foudre en déterminant sa conversion ainsi que
lui-même l'a proclamé dans une page éloquente :

« Ma mère, dit-il, après avoir été jetée à soixante-
douze ans dans les cachots où elle vit périr une partie
de ses enfants, expira sur un grabat où ses malheurs
l'avait reléguée. Le souvenir de mes égarements répandit sur ses derniers jours une grande amertume. Elle
chargea, en mourant, une de mes sœurs de me rappeler
à cette religion dans laquelle j'avais été élevé. Ma sœur
me manda les derniers vœux de ma mère ; quand la
lettre me parvint au delà des mers, ma sœur elle-même
n'existait plus ; elle était morte aussi des suites de son
emprisonnement. Ces deux voix sorties du tombeau,
cette mort qui servait d'interprète à la mort, m'ont
frappé ; je suis devenu chrétien ; je n'ai point cédé, j'en
conviens, à de grandes lumières surnaturelles ; ma conviction est sortie de mon cœur ; j'ai pleuré et j'ai cru. »

L'*Itinéraire de Paris à Jérusalem* est un livre des plus
remarquables et dans lequel on sent la conviction
comme aussi sans doute dans les *Martyrs* encore que
Chateaubriand, dominé par ses souvenirs ou ses préjugés classiques, ait fort enguirlandé, enjolivé, poétisé le
paganisme de la décadence qui fait trop belle figure en
vérité à côté du christianisme de l'âge d'or ou de l'âge
héroïque. Puis dans tel chapitre, l'épisode de Velléda
par exemple, le langage des passions terrestres, des
passions coupables, fait explosion avec trop de violence

et ce n'est pas à tort que Feller a dit : Un reproche assez grave a été fait à Chateaubriand ; dans le tableau
qu'il fait des passions, ses peintures sont si voluptueuses
qu'elles ne peuvent être mises sans danger sous les yeux
de la jeunesse et qu'elles seraient même capables de
troubler l'âge mûr et la vieillesse. » Reproches qui peuvent et doivent s'adresser à *Réné*, *Atala*, les *Martyrs*, la
Vie de Rancé.

Dans des livres même sérieux pour le fond comme
pour la forme, les *Etudes et Discours historiques* par
exemple, l'illustre écrivain, qu'on ne saurait excuser
parfois de témérité, quant à ses appréciations des faits
politiques ou religieux, n'est pas toujours assez discret
dans ses peintures ou ses citations, qu'il s'agisse des
mœurs des païens ou de celles de telle période de notre
histoire. On ne saurait l'excuser par exemple de sa complaisance à citer tout au long, à propos du règne de
Henri III, un immonde épisode qu'il copie textuellement
dans Brantôme, (*Les Femmes galantes*). Ces passages ris-
qués et ces témérités de langage sont d'autant plus re-
grettables que le livre est en général écrit de la meilleure
plume du maître, qu'il abonde en portraits étonnants
de relief, en tableaux saisissants, en réflexions et commentaires vraiment éloquents.

II

La politique a beaucoup, et trop même, préoccupé
Chateaubriand, par l'entraînement d'illusions généreuses sans doute, mais il faut bien le reconnaître aussi,

par la passion de la popularité, par le vain désir de
jouer un grand rôle, d'être un personnage important
dans l'Etat :

> Ton âme, insatiable aux choses du moment,
> Redemandait toujours un nouvel aliment.
> Quand ton char eut touché la borne de l'arène,
> Tu voulus réunir dans ta main souveraine
> La palme politique et celle des beaux-arts.

Chateaubriand croyait sans doute, comme il le disait,
n'écouter que la voix du patriotisme quand c'était surtout un sentiment personnel, égoïste qui lui soufflait ses
résolutions et lui dictait plus d'une fausse démarche.
« M. de Villèle, dit Feller, lui obtint le ministère des
affaires étrangères ; mais Chateaubriand ne croyait lui
devoir aucune reconnaissance pour tant de bons offices :
la domination du premier ministre lui devenait insupportable, il prit la résolution de le supplanter, et l'on
ne peut s'empêcher de blâmer sa conduite à cette
époque. M. de Villèle lui était sans doute infiniment inférieur comme écrivain, mais il lui était de beaucoup
supérieur comme homme d'état ; pour le renverser, Chateaubriand descendit à des manœuvres peu dignes de
lui..... Contre son intention sans doute, les coups qu'il
avait portés à M. de Villèle étaient retombés sur le gouvernement et contribuèrent à décider la chute de la Restauration. »

Dans la brochure intitulée : *De la Restauration et de la
Monarchie élective*, publiée en 1831, on lit cette phrase
entre autres : « Je suis bourbonnien par honneur,
royaliste par raison et conviction, républicain par goût

et par caractère. » L'homme qui parlait et qui agissait
ainsi se croyait de bonne foi un grand homme d'Etat et
s'étonnait et s'indignait qu'on ne le prît pas au sérieux.

Il ne semble pas douteux que cette personnalité, si
fortement accusée dans les *Mémoires d'Outre-tombe*, n'ait
été le grand malheur et aussi le tort de Chateaubriand
qui eût dû apporter plus de désintéressement dans l'accomplissement de sa glorieuse tâche et donner à ses
nobles labeurs leur véritable but dans lequel sa propre
gloire ne vînt que comme une préoccupation secondaire,
dernière, et non principale, comme l'affirme un de ses
admirateurs, M. Loménie : « Paraître sous un beau jour
» devant la postérité, voilà la pensée dominante de toute
» la vie de Chateaubriand.... Il n'hésite jamais à *tout*
» *sacrifier*, non-seulement des intérêts ou des ambitions,
» mais peut-être aussi quelquefois des convenances et
» des devoirs du moment, à cette constante préoccupa-
» tion de l'avenir. »

Cela est d'autant plus étrange, d'autant plus inexplicable que, sincèrement et au plus profond de son cœur,
Chateaubriand était chrétien et d'un christianisme non
pas seulement spéculatif et théorique. Pourtant ce
grand esprit, cette sublime intelligence, cette haute
expérience même ne suffirent pas à l'éclairer dans la
pratique, à faire tomber ce fatal bandeau que l'orgueil
avait épaissi sur ses yeux à lui révéler ce qu'il avait
proclamé plus d'une fois lui-même comme une vérité
certaine, élémentaire, à savoir que l'humilité, que l'oubli plus ou moins complet de soi-même est la vertu
essentielle du fidèle et que la religion seule peut et doit
nous l'inspirer. Par l'obsession de cet orgueil étrange-

ment naïf, et ces travers de son esprit, en dépit de son génie, l'illustre écrivain ne fit ni aux autres ni à lui-même tout le bien qu'il eût pu, et s'il faut l'avouer même, il fit à eux comme à lui, plus d'une fois, quelque mal. Comme nous l'avons dit, dans la plupart de ses ouvrages, il est un certain nombre de passages, de pages même qu'on s'étonne d'y lire, et que la main d'un chrétien, s'il les avait écrites dans la fièvre du travail, n'aurait pas dû hésiter, après réflexion, à effacer.

Pour lui-même, l'illustre poète, faute d'une règle de conduite assez ferme, en écoutant trop, ce semble, les entraînements de l'ambition et d'autres, a vu souvent sa vie troublée par l'inquiétude, empoisonnée par les cruels déboires, par les déceptions amères, bouleversée même par des orages. Par les mêmes motifs, et faute sans doute d'avoir fait à la préoccupation religieuse la plus large part dans sa vie, ses dernières années furent désolées par cet ennui morne, par ces incurables et, sous certains rapports, inexcusables tristesses à l'état de phénomène et dont plusieurs témoins oculaires nous font de si prodigueux récits. Madame de Bawr dit dans ses *Mémoires et Souvenirs* :

« Comment donc devint-il si indifférent à tant de gloire ? Hélas ! il ne put supporter la perte de sa jeunesse. Sans qu'il fût atteint d'aucune infirmité, d'aucune souffrance grave, il était si malheureux de vieillir que rien ici-bas n'excita plus son intérêt, ne lui apporta plus de joie. Cette mélancolie de caractère, dont son ardente imagination lui donna des accès auxquels nous devons *Réné* et tant d'autres belles pages, devint une tristesse habituelle. La tête penchée, l'œil abattu, il res-

tait immobile et silencieux au milieu de ses amis et de
ses admirateurs sans prendre plus de part à ce qui se
disait autour de lui qu'il n'en prenait aux plus grands
évènements du monde. Pensait-il à ses belles années ?
Dans ce cas il faut croire que le brillant souvenir de la
jeunesse ajoutait encore à sa peine. Quelles que fussent
les idées qui venaient assombrir son visage, il était douloureux de voir ce beau génie sous le poids d'un malheur sans remède et de voir s'éteindre le feu d'une vie
de gloire et d'amour dont la flamme ne se ranimait que
par instants. »

M. Loménie n'est pas moins affirmatif : « Il croyait
peu, il est vrai, au génie de ses contemporains et à la
durée de leur gloire, mais il doutait presque autant de
son génie et la crainte d'être enseveli dans le commun
naufrage des réputations de son siècle et de manquer le
but de sa vie, *faisait le tourment secret de ses derniers
jours...* Le sentiment religieux, quoique très vif dans
cette âme d'artiste, ne fut jamais assez fort pour lui
faire prendre résolûment en mépris la destinée de son
nom.

« Tant que la veillesse ne lui fit point trop sentir ses
atteintes, il résista de son mieux aux impulsions de ce
caractère malheureux... Mais plus tard, cette caducité,
si odieuse à sa poétique imagination, le fit s'abandonner
tout entier à une profonde et incurable mélancolie. A
mesure que ses facultés faiblissaient, il se repliait sur
lui-même et, ne voulant pas qu'on vît son esprit subir
comme son corps la pression des années, il s'imposait le
silence et ne parlait presque plus [1]. »

[1] Loménie. — *Biographie des contemporains par un homme de rien.*

La biographe ajoute cependant en façon de correctif :
« *L'auteur du Génie du Christianisme* n'a certainement pas
échappé à la grande infirmité de notre époque. Il a eu
sa part, et une assez forte part d'égoïsme et d'orgueil.
Mais ceux qui ont pu l'étudier de près dans sa vieillesse,
à cet âge où les traits de caractère deviennent, comme
les traits du visage, plus accentués et plus saillants,
ceux-là savent tout ce qui se mêlait de noblesse d'âme
et de sincère défiance de soi-même à cet égoïsme et à
cet orgueil qu'engendrent les séductions de la gloire. »

Pour être juste et comme circonstance atténuante,
faudrait-il ajouter que chez le poète cet état douloureux
autant que singulier pouvait tenir à je ne sais quelle
disposition physique et maladive, à une lacune dans
l'organisation. L'admirable Joubert, dans cette étonnante lettre du 21 octobre 1803, où le Chateaubriand,
qui sera pour tant d'autres une énigme incompréhensible, se trouve, nombre d'années à l'avance, si bien
déchiffré, et l'on peut dire, percé à jour, Joubert nous
dit en propres termes :

« Un fonds d'ennui, qui semble avoir pour réservoir
l'espace immense qui est vacant entre lui-même et ses
pensées exige perpétuellement de lui des distractions
qu'aucune occupation, aucune société ne lui fourniront
jamais à son gré et auxquelles aucune fortune ne pourrait suffire, s'il ne devenait tôt ou tard sage et réglé. Tel
est en lui l'homme natif... »

Citons de cette lettre quelques passages encore non
moins instructifs que curieux : « Il est certain qu'il a
blessé dans son ouvrage des convenances importantes,
et que même il s'en soucie fort peu, car il croit que son

talent s'est encore mieux déployé dans ces écarts.

« Il est certain qu'il aime mieux les erreurs que les vérités dont son livre est rempli, parce que ces erreurs sont plus siennes, il en est plus l'auteur.

« .... Il a, pour ainsi dire, toutes ses facultés en dehors, et ne les tourne point en dedans. Il ne se parle point, il ne s'écoute guère, il ne s'interroge jamais, à moins que ce ne soit pour savoir si la partie inférieure de son âme, je veux dire son goût et son imagination, sont contents, si sa pensée est arrondie, si ses phrases sont bien sonnantes, si ses images sont bien peintes, etc, observant peu si tout cela est bon ; c'est le moindre de ses soucis.

« Il parle aux autres, c'est pour eux seuls et non pas pour lui qu'il écrit ; aussi c'est leur suffrage plus que le sien qu'il ambitionne, et de là vient que son talent ne le rendra jamais heureux, car le fondement de la satisfaction qu'il pourrait en recevoir est hors de lui, loin de lui, varié, mobile, inconnu.

« Sa vie est autre chose. Il la compose, ou pour mieux dire, il la laisse s'arranger d'une toute autre manière. *Il n'écrit que pour les autres et ne vit que pour lui.* Il ne songe point à être approuvé, mais à se contenter. Il ignore même profondément ce qui est approuvé dans le monde ou ce qui ne l'est pas.

« Il n'y a songé de sa vie et ne veut point le savoir. Il y a plus : comme il ne s'occupe jamais à juger personne, il suppose aussi que personne ne s'occupe à le juger. Dans cette persuasion, il fait avec une pleine et entière sécurité ce qui lui passe par la tête, sans s'approuver ni se blâmer le moins du monde. »

Cette lettre, qu'on a le regret de ne pouvoir citer en

entier, atteste chez son auteur une sagacité de coup
d'œil qui tient de la divination, et vient à l'appui, ce
semble, des considérations présentées plus haut. Il n'a
manqué à Chateaubriand, pour son propre bonheur et
même pour sa gloire devant la postérité, qu'une pratique plus conforme à sa théorie.

Quoiqu'il en soit, il résulte de là pour qui sait réfléchir, un grand enseignement, une leçon formidable et
salutaire : c'est que les dons de l'intelligence pas plus
que les richesses matérielles ne sont un présent gratuit ;
il faut les recevoir de la main de Dieu, quand ils nous
viennent, avec une profonde gratitude, mais aussi avec
tremblement par la crainte d'en user mal et que l'orgueil
ou la vanité ne nous les rende fatals alors même qu'ils
profiteraient aux autres. Si le succès couronne nos
efforts, si la gloire entoure notre nom de son auréole, si
nous devenons célèbres, tâchons de rester modestes,
d'être de plus en plus humbles, en pensant que, par
nous-même, nous ne sommes rien, nous ne pouvons rien,
et que cette petite flamme qu'on appelle le génie, un
souffle peut l'éteindre quand il n'a pas dépendu de nous
de l'allumer. Cette fugitive lueur, c'est le feu sacré venu
du ciel, mais un mensonge de la Fable à tort prétendit
que Prométhée avait pu dérober aux dieux la mystérieuse étincelle. Si nous ne pouvons être tout à fait indifférent aux murmures caressants de la renommée, aux
douces joies d'un triomphe mérité, efforçons-nous d'épu-
rer nos intentions, de travailler, de lutter, de souffrir
pour le vrai bien, pour le vrai beau en vue de la récompense la plus sublime et des espérances d'une sainte im-
mortalité.

Chateaubriand (Réné) était né à Saint-Malo en 1768, il mourut à Paris en 1848, au lendemain de la révolution de février, aussi disparut-il de la scène sans faire plus de bruit que le moindre des littérateurs en temps ordinaire. Il est enterré, comme on sait, sur un rocher qui s'élève au milieu des flots, non loin de sa ville natale. Lui-même s'était inquiété longtemps à l'avance de se préparer une tombe à part et dans un mode qui ne fût point banal. S'il y eut là encore quelque calcul de la vanité, celle-ci s'est méprise ; car maintenant les pèlerins deviennent rares de plus en plus sur l'ilot. Ceux qui parfois encore y abordent, ne sont guère que de pauvres matelots, ignorant le nom de grand homme et qui ne s'arrêtent pas là d'habitude pour déposer des couronnes, mais pour faire sécher leurs filets.

CHAUVEAU-LAGARDE

Cet homme éminent, l'une des gloires les plus pures du barreau moderne, peut et doit être proposé en exemple aux jeunes stagiaires comme aux avocats en renom ; car il réunit toutes les vertus qui rendent cette profession si admirable quand on l'exerce comme elle devrait toujours s'exercer. Véritablement éloquent, de « cette éloquence qui est l'âme même, » comme a dit si bien le père Lacordaire, et dont, en effet, les inspirations venaient du cœur, Chauveau-Lagarde ne montrait pas pour ses clients moins de zèle que de désintéressement, et plus d'une fois il leur ouvrit sa bourse, bien loin d'accepter des honoraires. A ces vertus il joignait le courage qui ne reculait pas devant l'accomplissement d'un devoir pour lui sacré, fut-ce au péril de sa vie.

Né à Chartres, le 21 janvier 1756, Chauveau-Lagarde (Claude-François) était fils d'un modeste artisan récompensé, ce qui n'arrive pas toujours, des sacrifices bien lourds qu'il s'était imposés pour son éducation, par les succès de l'enfant au collége d'abord, puis par ceux du jeune homme au barreau. Car, avant 89, Chauveau-Lagarde comptait déjà parmi les avocats distingués au Parlement, et les évènements politiques vinrent ouvrir à son talent une nouvelle et plus glorieuse carrière, quand par le triomphe des violents montagnards, jacobins, maratistes, hébertistes, la Révolution, qui avait éveillé tant d'espérances cruellement déçues, fut devenue le régime abominable de la Terreur. Alors que la guillotine, par décret spécial, se dressait en permanence (moins le couperet, retiré tous les soirs) sur la place dite aujourd'hui de la Concorde, la profession d'avocat exposait à de grands périls et, pour les éviter ou les braver, il ne fallait pas moins de courage que d'habileté. Chauveau-Lagarde eut l'un et l'autre, et souvent il ne craignit pas de disputer obstinément à Fouquier-Tainville ses victimes. Plus d'une fois, trop rarement au gré de son désir, il eut le bonheur de les lui arracher comme il fit du général Miranda, acquitté grâce à l'éloquente plaidoirie de son défenseur.

Il fut moins heureux pour d'autres, pour Brissot, pour Charlotte Corday ; mais celle-ci, condamnée à l'avance, pouvait-elle être sauvée « quand, dit un historien, son héroïsme se glorifiait de ce qu'on lui imputait à crime. » Aux questions du président, lorsqu'elle comparut devant le tribunal, elle répondit : « Oui, c'est moi qui ai tué Marat.

— Qui vous a poussée à ce meurtre?

— Ses crimes.

— Quels sont ceux qui vous l'ont conseillé ?

— Moi seule ; je l'avais résolu depuis longtemps ; j'ai voulu rendre la paix à mon pays.

— Croyez-vous donc avoir tué tous les Marat?

— Hélas ! non, reprit-elle.

Comment défendre une prévenue qui s'accusait ainsi

elle-même? « Chauveau-Lagarde, dit M. Durozoir, sans
démentir ni son caractère, ni l'opinion qu'il s'était
formée comme citoyen ou comme homme de l'assassinat de Marat » (blâmable au point de vue de la stricte
morale), sut remplir noblement sa mission d'humanité.
Il prononça en faveur de l'accusée un court mais émouvant plaidoyer, en s'efforçant, chose à peu près impossible d'ailleurs, d'appeler l'indulgence des juges sur sa
cliente entraînée, disait-il, comme malgré elle, par le
fanatisme et l'axaltation politique. Mais ici il fut interrompu par Charlotte Corday qui, dans un langage
énergique, rétablit les faits et maintint le caractère
véritable selon elle de son acte accompli, après mûre
réflexion, dans la plénitude de la raison et avec une
volonté tranquille et résolue, par pur dévoûment à la
patrie. Du reste, elle se plut à rendre justice au zèle
de son défenseur, et la condamnation prononcée, elle
lui dit :

« Vous m'avez défendue, Monsieur, d'une manière
» délicate et généreuse ; c'était la seule qui pût me
» convenir ; je vous en remercie et je veux vous donner
» une preuve de mon estime. On vient de m'apprendre
» que tous mes biens sont confisqués : je dois quelque
» chose à la prison, je vous charge d'acquitter cette
» dette. »

Chauveau-Lagarde s'empressa d'accomplir ce pieux
devoir, et avant même que Charlotte quittât la prison
pour être conduite à l'échafaud, toujours calme, toujours forte et courageuse, mais revenue de quelques-
unes de ses illusions d'après ce fragment d'une lettre
à Barbaroux : « Quel triste peuple pour fonder une

» république ! On ne conçoit pas ici qu'une femme
» inutile, dont la plus longue vie n'est bonne à rien,
» puisse s'immoler de sang-froid à son pays. » La pauvre jeune *héroïne* n'eût pas dû ignorer que l'assassinat
jamais n'a rien fondé, et qu'*une vie n'est jamais inutile,
n'est jamais trop longue*, lorsqu'elle est remplie par la
pratique des humbles et pieuses vertus et des obscurs
dévoûments qui sont l'honneur de la femme, jeune
fille où mère de famille.

Quelques mois après l'exécution de Charlotte Corday,
Chauveau-Lagarde fut choisi d'office par le tribunal
pour défendre une autre et plus illustre accusée, l'infortunée Marie-Antoinette. « Quelques personnes, dit
Chauveau-Lagarde lui-même dans sa brochure si intéressante relative au procès [1], ont vanté le prétendu courage qu'il nous fallut (à M. Tronçon-Ducoudray et à
moi) pour accepter cette tâche à la fois honorable et
pénible : elles se sont trompées. Il n'y a point de vrai
courage sans réflexion. Nous ne songeâmes pas même
aux dangers que nous allions courir. Je partis à l'instant pour la prison, plein du sentiment d'un devoir si
sacré, mêlé de la plus profonde amertume. »

Puis il reprend avec un accent où le cœur se trahit,
où l'on sent cette vivacité de souvenirs du témoin oculaire ému, attendri : « La chambre où fut renfermée la
Reine était alors divisée en deux parties par un para-
vent. A gauche en entrant était un gendarme avec ses
armes ; à droite, on voyait dans la partie occupée par

---

[1] *Notice historique sur les procès de la reine Marie-Antoinette
et de Madame Elisabeth ;* in-8°, 1816.

la Reine, un lit, une table, deux chaises. Sa Majesté
était vêtue de blanc avec la plus extrême simplicité.

« ..... En abordant la Reine avec un saint respect,
mes genoux tremblaient sous moi ; j'avais les yeux
humides de pleurs ; je ne pus cacher le trouble dont
mon âme était agitée, et mon embarras fut tel, que je
ne l'eusse éprouvé jamais à ce point si j'avais eu l'honneur d'être présenté à la Reine et de la voir au milieu
de sa cour, assise sur un trône, environnée de tout
l'éclat de sa couronne.

» Elle me reçut avec une majesté si pleine de douceur, qu'elle ne tarda pas à me rassurer par la confiance dont je m'aperçus bientôt qu'elle m'honorait à
mesure que je lui parlais et qu'elle m'observait. » De
cette confiance d'ailleurs le défenseur sut se montrer
digne. « Je lus avec elle son acte d'accusation. A la
lecture de cette œuvre d'enfer, mois seul je fus anéanti.
La Reine sans s'émouvoir, me fit des observations, »
insistant sur l'inanité de l'accusation fondée sur cette
prétendue *conspiration contre la France*, d'accord avec
les ennemis de l'extérieur et de l'intérieur.

Les pièces annexées à l'acte d'accusation pourtant
étaient en si grand nombre, qu'il semblait impossible,
dans le peu de temps qui restait, d'en prendre connaissance. L'avocat obtint, non sans peine, de la Reine
qu'elle fît une demande à la Convention pour qu'il lui
fût accordé un délai rigoureusement nécessaire. La note
fut remise à Fouquier-Tainville qui promit de la communiquer à l'Assemblée ; mais il n'en fit rien, on n'en
fit qu'un usage inutile, puisque, le lendemain matin,
dès huit heures, ainsi qu'il avait été annoncé, les

débats commencèrent, *ils durèrent pendant vingt heures
consécutives*.

« Il faut avoir été présent, dit Chauveau-Lagarde, à
tous les détails de ce débat trop fameux pour avoir une
juste idée du beau caractère que la Reine y a développé ; » « plus occupée des autres que d'elle-même,
» comme l'a écrit M. de Montjoie ; elle mit tous ses
» soins à ne compromettre aucune des personnes qui
» lui avaient été attachées. »

« ..... La Reine fut, dans son procès, comme elle
l'avait toujours été durant le cours de sa vie, admirable
de bonté. En voici d'ailleurs comme preuve quelques
traits que j'ai recueillis dans ses réponses :

« On lui reproche d'avoir, avec le Roi, *trompé le
peuple* :

» Elle répond : « Que sans doute le peuple *a été
» trompé ;* qu'il l'a même été *cruellement ;* mais que ce
» n'est assurément ni par le Roi, ni par elle qui l'ont
» toujours *également aimé.*

» On reprochait à la Reine d'avoir entretenu, avant
la Révolution, des rapports politiques avec le roi de
Bohême et de Hongrie (Joseph II).

» Elle répond : « Qu'elle n'a jamais entretenu avec
» son frère que des rapports d'amitié et point de poli-
» tique ; mais que si elle en avait eu de ce genre, *ils
» auraient été tous à l'avantage de la France.*

» On l'accuse d'avoir constamment nourri avec le Roi
le projet de détruire la liberté, en remontant sur le
trône, à quelque prix que ce soit.

» Elle répond : « Que le Roi et elle n'avaient pas
» besoin de remonter sur le trône, puisqu'ils y étaient

» qu'ils n'avaient, au reste, jamais désiré rien autre
» chose que *le bonheur de la France;* et qu'il leur aurait
» suffi que la *France fût heureuse* pour qu'ils le fussent
» eux-mêmes. »

Toutes les autres et si nombreuses questions faites à
l'illustre accusée avaient le même caractère de puérilité
odieuse ou d'absurdité ridicule ; et toujours elle sut répondre avec autant de dignité que d'à-propos. Mais
qu'importait au tribunal ! que lui importait la plaidoierie des avocats dont Chauveau-Lagarde dit modeste-
ment : « Sans doute quelque talent que déploya M.
Tronçon-Ducoudray dans sa plaidoierie et quelque zèle
que je pouvais avoir mis dans la mienne, nos défenses
furent nécessairement au-dessous d'une telle cause, pour
laquelle toute l'éloquence d'un Bossuet ou d'un Fénelon
n'aurait pu suffire ou serait restée du moins impuissante. »

« ... Ce que je puis dire, d'ailleurs, c'est que ni la
présence des bourreaux devant lesquels un mot, un
geste, une réticence pouvaient être un crime, ni l'appareil épouvantable de la mort dont nous étions environ-
nés, ne nous ont fait oublier nos obligations; mais
qu'au contraire nous combattîmes avec chaleur, avec
énergie et de toutes nos forces, tous les chefs d'accusation, et que *nous plaidâmes pendant plus de trois heures....*
Il ne faut pas que les étrangers puissent croire que,
dans les temps horribles où la Reine et Mme Elisabeth
ont été assassinées, elles aient péri sans défense ; ou, ce
qui serait la même chose, pour ne pas dire plus affreux
encore, que les Français qui furent chargés de les défendre n'aient pas senti toute l'importance de la mission
qui leur était confiée. »

« ... J'avais ainsi plaidé pendant près de deux heures, j'étais accablé de fatigue ; la Reine eut la bonté de le remarquer et de me dire avec l'accent le plus touchant :

« Combien vous devez être fatigué, M. Chauveau-Lagarde : je suis bien sensible à toutes vos peines. »

» Ces mots qu'on entendit autour d'elle ne furent point perdus pour les bourreaux... La séance fut un instant suspendue avant que M. Tronçon-Ducoudray prît la parole. Je voulus en vain me rendre auprès de la Reine : un gendarme *m'arrêta sous ses propres yeux*. M. Tronçon-Ducoudray, ayant ensuite plaidé, *fut arrêté de même en sa présence ;* et de ce moment, il ne nous fut plus permis de lui parler. »

Voilà ces temps, ces affreux temps que, de nos jours encore, certains écrivains, par une aberration de la folie ou du crime, osent excuser, que dis-je ? justifier, glorifier, et si l'on en croyait leur langage, qu'on peut croire une misérable forfanterie, voudraient nous ramener !

Les défenseurs revirent la Reine de loin seulement lorsqu'ils entrèrent, toujours escortés par les gendarmes, pour le prononcé de l'arrêt. « Cet horrible arrêt, dit Chauveau-Lagarde, nous ne pûmes l'entendre sans en être consternés; la Reine seule l'écouta d'un air calme... Ce calme ne l'a point abandonnée jusqu'à ses derniers moments. Rentrée à la prison et avant de s'endormir dans la sécurité de sa conscience, du sommeil des justes, elle écrivit à Mme Elisabeth la lettre que la Providence vient de révéler au monde, et qui est un monument éternel de l'inébranlable fermeté d'âme ainsi que de l'inépuisable bonté de cœur qu'elle avait manifestée durant tout le cours du procès. »

Les deux courageux avocats, après avoir été fouillés et longuement interrogés sans qu'on trouvât rien à leur charge, furent laissés cependant dans la prison : « moins occupés *de ce que nous allions devenir, dit la Notice historique, que de l'épouvantable issue de cet horrible procès. Quand on nous mit en liberté... la Reine n'existait plus.* »

Sept mois après, Chauveau-Lagarde fut averti par un message de Mme Elisabeth, qu'il était choisi pour la défendre. C'était la veille même du jugement (9 mai 1794). Tout aussitôt, il courut à la prison, mais on ne lui permit pas de communiquer avec son auguste cliente. Fouquier-Tainville, par une exécrable perfidie, motiva le refus d'autorisation sur l'ajournement du procès qui ne devait pas avoir lieu de sitôt ; et le lendemain matin, en entrant dans la salle des séances du tribunal, Chauveau-Lagarde avait la douleur d'apercevoir «Mme Elisabeth environnée d'une foule d'autres accusés, sur le haut des gradins où on l'avait placée tout exprès la première pour la mettre plus en évidence. »

L'acte d'accusation fut plus absurde et plus odieux, s'il était possible, que celui dirigé contre la Reine : on en jugera par ces deux griefs principaux : « La compli-» cité dans la conspiration du Roi et de la Reine contre » la nation. — Les secours donnés par elle (Madame) » aux blessés du Champ-de-Mars qu'elle avait pansés » de ses propres mains. »

« Accusation monstrueuse, dit éloquemment Chauveau-Lagarde, et bien digne de ces temps d'irréligion et d'immoralité où ce qui paraissait le plus criminel à ces pervers était précisément ce qu'il y a de plus sacré parmi les hommes. »

La princesse, en présence de ces assassins à gages affublés de la toge du juge, fut admirable de fermeté et ne montra pas moins de présence d'esprit que de dignité dans ses réponses. Bien que son défenseur n'eût pu conférer avec elle, et que le débat n'eût duré qu'un instant, Chauveau-Lagarde prit la parole et se montra à la hauteur de sa mission, en établissant d'abord que l'acte d'accusation n'avait aucune base sérieuse et que les faits allégués ne prouvaient rien autre chose que la bonté de cœur de Madame et l'héroïsme de son amitié.

« Après avoir développé ces premières idées (lisons-nous dans la *Notice historique*), je finis en disant : qu'au lieu d'une défense je n'aurais plus à présenter pour Mme Elisabeth que son *apologie ;* mais que, dans l'impuissance où j'étais d'en trouver une qui fût digne d'elle, il ne me restait plus qu'une seule observation à faire, c'est que la princesse, qui avait été à la cour de France *le plus parfait modèle de toutes les vertus, ne pouvait être l'ennemie des Français.* »

A ces paroles prononcées avec l'énergique accent de la conviction, le président du Tribunal, Dumas, s'emporta jusqu'au délire de la fureur, en reprochant avec une brutalité sauvage et impie à l'avocat « de *corrompre la morale publique* en ayant l'audace de parler des vertus de l'accusée. » « Il fut aisé de s'apercevoir que Mme Elisabeth qui, jusqu'alors, était restée calme et comme insensible à ses propres dangers, fut émue de ceux auxquels je venais de m'exposer : et après avoir, comme la Reine, entendu sans s'émouvoir son arrêt de mort,

comme la Reine, elle a consommé paisiblement le gran
sacrifice de sa vie. »

Après l'audience, Dumas, toujours frénétique, proposa
au tribunal de faire arrêter l'avocat. On ne l'osa pas
encore cependant, parce qu'on voulait avoir l'air de
laisser la liberté aux défenseurs tant qu'ils existaient,
et ils ne furent supprimés que deux mois après « comme
les fauteurs salariés de la tyrannie, dit le rapport à
ce sujet, voués par état à la défense des ennemis du
peuple. »

Bientôt après, 1er juillet, Chauveau-Lagarde, arrêté à
la campagne, à vingt lieues de Paris, fut amené par des
gendarmes à la prison de la Conciergerie. L'ordre d'arrestation portait « qu'il serait traduit sous trois jours au
tribunal révolutionnaire pour y être jugé, attendu *qu'il
était temps que le défenseur de la Capet* (sic) *portât sa tête
sur le même échafaud.* »

Mais le prisonnier eut le bonheur d'être oublié dans
cette foule de victimes que le tribunal immolait sans
relâche : « Je ne réclamai point, dit-il, je gagnai du
» temps, et après quarante jours de captivité, je fus mis
» en liberté dix jours après la mort de Robespierre et de
» Payan qui m'avait fait arrêter. »

Libre, le courageux avocat reprit avec la même indépendance l'exercice de sa profession. En 1797, nous le
voyons défendre, devant une commission militaire,
l'abbé Brottier, accusé de conspiration royaliste. Sous
l'Empire, à force de démarches et de persévérance, il
obtient la grâce du lieutenant-colonel espagnol Dar-
guines, que son éloquence n'avait pu faire absoudre.
Sous la Restauration, à laquelle ses sympathies étaient

acquises, un proscrit, le général Bonnaire, ne fit pas en
vain appel à son dévouement ; et ce fut grâce à Chauveau-Lagarde, sans doute, que la déportation, au lieu
de la peine capitale, fut prononcée en présence des
charges sérieuses qui pesaient sur l'accusé, « coupable
au moins, dit M. Leroy, d'une grande faiblesse dans des
circonstances graves, et que la prudence comme le sang-
froid avaient abandonné. »

La noble indépendance de son caractère ne nuisit
point à Chauveau-Lagarde parmi les esprits élevés de
son parti. La duchesse d'Angoulème fit au défenseur de
sa mère et de sa tante l'accueil le plus bienveillant et
lui dit avec un accent ému : « *Depuis longtemps je connais vos sentiments.* »

Pourtant il semble que le gouvernement de la Restauration qui, parfois, avec les intentions les meilleures,
circonvenu par l'intrigue ou la passion, se montrait
trop avare de ses faveurs pour les vrais dévouements,
ne reconnut point, autant qu'il eût dû, les services de
Chauveau-Lagarde, et ce fut presque tardivement que
celui-ci fut appelé à siéger à la Cour de cassation. Il
reçut de plus la décoration de la Légion d'honneur et
des titres de noblesse. L'illustre avocat, d'ailleurs,
jouissait depuis longtemps de la plus belle des récompenses, l'estime universelle, méritée par une vie sans
tache. Dirai-je aussi aux yeux de tous les gens de bien,
cette gloire, cet incomparable honneur d'avoir pu défendre, au péril de sa vie, deux des plus augustes victimes de la Révolution. « Qu'y a-t-il, en effet, de plus
» admirable que cette princesse... qui, toujours reine,
» toujours mère, toujours épouse, toujours elle-même,

» a su finir, comme Louis XVI, par demander à Dieu la
» grâce de ses bourreaux..... Quant à Mme Elisabeth de
» France, ne s'est-elle pas aussi, par son angélique
» résignation, élevée comme au-dessus de l'humanité
» même [1] ? »

Chauveau-Lagarde mourut en chrétien, il n'est pas
besoin de le dire, à Paris, le 24 février 1841, ne laissant
qu'une fortune modeste et bien inférieure à celle que
son grand talent et sa réputation pouvaient lui faire
acquérir s'il n'eût point été aussi désintéressé.

Depuis longues années dans la tombe l'avait précédé
l'autre défenseur de Marie-Antoinette, Tronçon-Ducoudray, mort, victime de son dévouement, à Synnamarie,
où il avait été déporté.

---

[1] *Notice historique sur le procès de la Reine*, etc.

QUELQUES MOTS SUR LA CHEVALERIE[1]

« On place ordinairement l'institution de la chevalerie à l'époque de la première croisade, dit Chateaubriand, quoiqu'elle remonte à une date fort antérieure. Elle est née du mélange des nations arabes et des peuples septentrionaux, lorsque les deux grandes invasions du Nord et du Midi se heurtèrent sur les rivages de la Sicile, de l'Italie, de la Provence, et dans le centre de la Gaule, » ce qui ferait remonter l'institution à la seconde moitié du VIIIe siècle, mais son existence officielle, si l'on me permet cette expression, ne date guère que du XIe siècle et ce n'est qu'à cette époque qu'on la voit régulièrement organisée.

» Mais, dit l'historien déjà cité, on a eu tort de vouloir faire des chevaliers *un corps* de chevalerie. Les cérémonies de la réception du chevalier, l'éperon, l'épée, l'accolade, la veille des armes, les grades de page, de damoiseau, de poursuivant, d'écuyer, sont des usages et des institutions militaires qui remplaçaient d'autres usages et d'autres institutions tombées en désuétude; mais ils ne constituaient pas un corps de troupes homogène, discipliné, agissant sous un même chef, dans une même subordination. Les ordres religieux chevaleres-

[1] A propos de l'impasse dit des *Chevaliers.*

ques ont été la cause de cette confusion d'idées ; ils ont
fait supposer une chevalerie historique *collective*, lorsqu'il n'existait qu'une chevalerie individuelle. Au surplus, cette chevalerie fut délicate, vaillante, généreuse,
et garda l'empreinte des deux climats qui la virent éclore;
elle eut le vague et la rêverie du ciel noyé des Scandi-
naves, l'éclat et l'ardeur du ciel pur d'Arabie. »

Dans ces temps si différents des nôtres, où la guerre
était en quelque sorte l'état normal de la société, où la
police, à vrai dire, n'existait point, le but avoué du chevalier, sa mission glorieuse autant qu'utile, était la protection
du faible, de la femme, de la veuve, comme de l'orphelin.

> La terre a vu jadis errer des paladins ;
> Ils flamboyaient ainsi que des éclairs soudains,
> Puis s'évanouissaient, laissant sur les visages
> La crainte et la lueur de leurs brusques passages,
> Ils étaient dans des temps d'oppression, de deuil
>
> . . . . , ... , . .
> Les spectres de l'honneur du droit, de la justice;
> Ils foudroyaient le crime, ils souffletaient le vice ;
> On voyait le vol fuir, l'imposture hésiter,
> Blêmir la trahison, et se déconcerter
> Toute puissance injuste, inhumaine, usurpée,
> Devant ces magistrats sinistres de l'épée...

a dit admirablement le poète. Le dévouement aux
dames, l'inviolable fidélité à la parole jurée, la défense
du prêtre, du religieux, du pèlerin, du berger gardant
son troupeau, ou du laboureur piquant ses bœufs, tels
étaient les devoirs du chevalier, et auxquels il s'engageait par des serments solennels. Comme, au reste, pendant longtemps, à ces devoirs la plupart se montrèrent

généreusement fidèles, l'institution rendit à la civilisation d'immenses services, dont les peuples lui furent reconnaissants. Aussi, quoique disparue depuis des siècles, elle a laissé, ainsi qu'on l'a dit, « des traces ineffaçables de son souvenir dans nos mœurs, dans nos idées, dans notre langage, dans les rapports de famille, et dans le droit des gens. »

Mais on ne peut dissimuler pourtant que, par l'exaltation de certains sentiments, la chevalerie, celle surtout qu'on appelait la *chevalerie errante,* fut entraînée à des écarts qui précipitèrent sa décadence, écarts qu'aujourd'hui nous avons peine à croire, tant sont prodigieuses ces exagérations, dont plusieurs, tout probablement, furent des actes de folie véritable qui conduiraient maintenant leur auteur à Charenton. Il y eut alors chez certains chevaliers un étrange amalgame des pratiques de la religion avec la fidélité, on pourrait dire, la dévotion à la *Dame de leurs pensées,* dont le culte devenait une espèce d'idolâtrie à la fois superstitieuse et fanatique. Car le chevalier prenait les couleurs de sa dame, subissait avec une humble soumission ses dédains, ses caprices, si déplaisants qu'ils fussent ; bien plus, il l'invoquait à l'heure du combat, même à l'heure de la mort. C'est à cette divinité terrestre qu'il rapportait toute la gloire de ses exploits.

On voyait, pour citer quelques exemples, tel chevalier qui, pour expier un tort souvent imaginaire, s'arrachait un ongle, se coupait même un doigt, qu'il envoyait en témoignage de repentir à la belle offensée. Un autre se couvrait un œil d'un bandeau et se condamnait à ne pas y voir pendant un laps de temps considérable. Qu'auraient fait de plus les faquirs de l'Inde ? Un troisième parcourait le monde costumé d'une façon ridicule, en Vénus, en Junon, par exemple, mais d'ailleurs armé de la lance, et, sous son vêtement féminin, couvert de l'armure, il forçait tous les chevaliers qu'il rencontrait à rompre une lance en l'honneur de sa dame. D'autres, et nullement pour l'amour du ciel, s'imposaient des jeûnes excessifs, de longues et pénibles retraites dans les lieux les plus déserts, les bois et les rochers, en s'exposant à toutes les intempéries des saisons, comme fit l'*Orlando furioso*, d'après un poète trop célèbre.

L'Eglise dut plus d'une fois intervenir pour réprimer ces excès, et il ne fallut pas moins que sa haute et sainte autorité et sa fermeté pour y réussir, en tournant cette fiévreuse exaltation vers le bien, ce qui donna naissance aux ordres religieux et militaires, ou du moins servit à leur développement.

La vie du chevalier était soumise à des règles comme à des épreuves, lors de ses débuts ; un noviciat assez long précédait d'ordinaire la réception, qui se faisait de la façon la plus solennelle et avec des cérémonies à la fois graves et touchantes dont le jeune chevalier devait se souvenir à jamais. Parfois cependant, vu la nécessité pressante, dans le déclin de l'institution surtout, la chevalerie se conférait sur la brèche, dans la tranchée d'une ville assiégée ou sur le champ de bataille. C'est ainsi qu'à Marignan, François Ier voulut être armé chevalier de la main de Bayard.

« Bayard, mon ami, lui dit-il d'après un vieil auteur, » je veux être aujourd'hui fait chevalier par vos mains ;

» car avez vertueusement, en plusieurs royaumes et pro-
» vinces, combattu contre plusieurs nations... Donc,
» mon ami, dépêchez-vous. »

» Alors prit son épée Bayard, et dit :

« Sire, autant vaille que si estais Roland ou Olivier,
» Godefroy ou Baudouin, son frère.

» Et puis après, cria hautement l'épée en la main droite :

« Tu es bienheureuse d'avoir aujourd'hui, à un si
» beau et puissant roi, donné l'ordre de la chevalerie.
» Certes, ma bonne épée, vous serez moult bien comme
» relique gardée, et sur toutes autres honorée, et ne
» vous porterai jamais si ce n'est contre Turcs, Sarra-
» sins et Mores. »

« Et puis fait deux sauts, et après remet au fourreau
» son épée. »

Pour la chevalerie, existait la dégradation, à laquelle
on était condamné pour crime de félonie, et qui s'accomplissait avec des circonstances qui la rendaient terrible. On faisait monter le coupable sur un échafaud
dressé tout exprès en place publique. Là, on brisait
sous ses yeux les deux pièces de son armure ; son écu,
le blason gratté, était attaché à la queue d'une cavale
pour être traîné par les rues. Le héraut d'armes outra-
geait, par toutes les injures que l'imagination pouvait
lui fournir, le misérable, fou de honte et de douleur.
Les prêtres alors récitaient les vigiles funèbres, terminées par les malédictions du psaume 108. Puis quelqu'un
demandait par trois fois le nom du dégradé, et par trois
fois le héraut répondait : « *Nescio !* Je ne connais pas le
nom de cet homme ; il n'y a devant nous qu'un parjure
et un félon. »

Tout n'était pas fini pourtant : car, après qu'on avait répandu sur la tête du coupable un bassin d'eau chaude, il était tiré jusqu'au pied de l'échafaud avec une corde. Là, on l'étendait sur une civière en le couvrant d'un drap mortuaire, et dans cet état on le portait à l'église voisine, où le clergé, sur un mode lugubre et lent, psalmodiait à l'intention de cette espèce de cadavre, de ce mort vivant, les prières des défunts. Effrayant spectacle! mais admirable aussi, mais salutaire, qui devait faire sur les esprits, ou plutôt sur les cœurs, une impression ineffaçable et rendre, pour ceux-là surtout qui en avaient été les témoins, la violation du serment presque impossible.

DE CHEVERUS (LE CARDINAL)

De Cheverus (Jean Louis Anne-Madeleine) né à Mayenne, le 28 janvier 1768, d'une ancienne famille de magistrats, « s'est attiré dans les deux mondes, dit M. Delambre, par sa piété et ses vertus, l'estime et l'affection des hommes même les plus opposés à ses croyances ; et revenu au sein de sa patrie après trente années d'absence, il a retracé le même spectacle d'une vie pure, apostolique, gagnant tous les cœurs, multipliant les fidèles, par son aimable simplicité et l'inaltérable aménité de son caractère. »

« Nous l'avons vu au milieu de nous, écrivait à l'époque de sa mort un pieux ecclésiastique, tel qu'il avait été à Boston et à Montauban, inspirant l'amour par toutes les qualités qui gagnent les cœurs, commandant le respect par les vertus les plus éminentes. Dans sa conduite comme évêque, comme homme privé, il a toujours été égal à lui-même, c'est-à-dire plein d'une haute sagesse, ne s'occupant que de ses devoirs et se conciliant par son zèle, sa prudence, sa douceur, sa charité, sa simplicité, une vénération et une confiance universelles. »

Écoutons maintenant le témoignage des protestants. Un journal de Boston, en parlant de M. de Cheverus et

de l'abbé de Malignon, s'exprime ainsi : « Ces hommes
sont si savants qu'il n'y a pas moyen d'argumenter avec
eux ; leur vie est si pure et si évangélique qu'il n'y a
rien à leur reprocher.

Dans un autre numéro du même journal on lit
encore : « En voyant de tels hommes, qui peut douter
s'il est permis à la nature humaine d'approcher de la
perfection de l'Homme-Dieu et de l'imiter de très près. »

Une autre fois, c'est un protestant de la ville qui
vient trouver l'abbé de Cheverus pour lui dire les larmes aux yeux : « Je ne croyais pas qu'un homme de
votre religion pût être un homme de bien ; je viens
vous faire réparation d'honneur ; je vous déclare que je
vous estime et vénère comme le plus vertueux que j'aie
connu. »

Voilà, pris au hasard entre mille, quelques-uns des
témoignages publiés ou privés d'admiration et d'estime
rendus à ce saint évêque qui fit bénir dans les deux
mondes sa charité inépuisable, héroïque parfois, comme
sa douceur merveilleuse, et fut dans ce siècle tourmenté un autre St-François de Sales. N'est-ce pas un
bonheur d'avoir à raconter, quoique, hélas ! trop
brièvement, cette vie si pleine et dans laquelle abondent les traits touchants ou sublimes ? Heureux si nous
pouvons faire passer dans l'âme du lecteur quelques-
unes des émotions qui, plus d'une fois, ont remué déli-
cieusement notre cœur, et fait trembler des larmes à
nos paupières ! Mais c'est trop insister sur l'exorde,
venons aux preuves, à savoir aux faits eux-mêmes dont
l'éloquence sera bien autrement persuasive que tous les
discours.

Après avoir fait avec succès ses études classiques au
collége de Louis-le-Grand, le jeune Cheverus, aspirant
à l'honneur du sacerdoce, étudia la théologie au collége de St-Magloire tenu par les Oratoriens. Ferme
dans sa vocation bien que l'avenir fût gros de menaces
qui ne devaient que trop tôt devenir des réalités, il fut
ordonné prêtre le 18 décembre 1790, lors de la dernière
ordination publique qui ait eu lieu à Paris avant la
Révolution, alors que déjà l'Église, dépouillée de tous
ses biens, la constitution civile du clergé décrétée avec
obligation du serment, le prêtre fidèle à ses devoirs se
voyait placé entre sa conscience et le martyre. Pour le
jeune de Cheverus le choix n'était pas douteux : il
refusa le serment, et pendant deux ans, ne s'en dévoua
pas moins aux saintes fonctions de son ministère qu'il
lui fallait exercer d'ordinaire en secret au milieu de
continuelles alarmes. Vers la fin de l'année 1792
cependant, alors que tous les prêtres insermentés se
voyaient condamnés à la déportation, l'abbé de Cheverus put, à l'aide d'un passeport, passer en Angleterre.
Pour s'y créer des ressources, il entra comme professeur de français dans une pension tenue par un ministre protestant, et, en moins d'une année, il avait appris
la langue anglaise dont il ne connaissait pas le premier
mot lors de son arrivée dans l'île. Il s'exprimait assez
bien déjà pour pouvoir se charger du service d'une
chapelle catholique à Londres et même faire des instructions dans la langue du pays. Cependant, par un
touchant scrupule, doutant qu'il pût être compris par
tous, la première fois qu'il prêcha, après être descendu
de chaire, il s'approcha d'un des auditeurs qu'à son

extérieur il jugeait devoir être un artisan, et lui demanda :

— Pardon, mon ami, j'aurais une petite question à vous faire.

— Faites, monsieur, l'abbé, je tâcherai d'y répondre de mon mieux.

— Vous assistiez au sermon, je crois. Là, franche-ment, la main sur la conscience, m'avez-vous toujours entendu, c'est-à-dire compris ? Ce n'est pas un compli-ment que je vous demande.

— Monsieur le curé, en toute sincérité, voici ce que je puis vous répondre : votre sermon n'était pas comme ceux des autres, il n'y avait pas un seul mot du dictionnaire, tous les mots se comprenaient tout seuls.

Dans le courant de l'année 1795, le jeune prêtre reçut une lettre de l'abbé de Malignon, ancien docteur et professeur en Sorbonne, qui, lors de la Révolution, était passé en Amérique où ses talents et ses vertus, dignement appréciés, trouvaient largement à s'exercer. De Boston qu'ils habitait, il écrivait au jeune de Cheve-rus, qu'il avait connu naguère en France, pour lui demander de venir l'aider dans l'exercice de son labo-rieux mais fructueux ministère. L'abbé de Cheverus, assuré que là bas il y avait plus de bien à faire encore qu'en Angleterre où, grâce à la proscription, les prêtres catholiques se comptaient par centaines, partit pour l'Amérique. On pense avec quelles larmes paternelles, le vénérable abbé de Malignon serra dans ses bras et sur son cœur, ce frère ou plutôt ce fils qui lui apportait, dans son lointain exil, avec la joie de sa présence,

comme un parfum de la patrie qu'il n'espérait plus
revoir. Puis, pour l'apôtre qui déjà commençait à sentir
le poids des ans, quel bonheur de pouvoir compter sur
le zèle de ce vaillant, de ce savant, de ce vertueux
collaborateur, au bout de quelques mois estimé, aimé,
apprécié dans la ville à l'égal de lui-même et qu'il
savait capable, au besoin, de le suppléer, malgré sa jeunesse, dans les circonstances les plus difficiles ! Aussi
qu'on juge de son émotion quand un matin arriva un
message de l'évêque de Baltimore, qui, instruit par la
voix publique des mérites du prêtre français, lui offrait
la cure importante de Sainte-Marie à Philadelphie. Mais,
sans hésiter d'un instant, l'abbé de Cheverus, tout en
remerciant Mgr Carrol dans les termes les plus respectueux comme les plus chaleureux, répondit qu'il ne
pouvait, dans aucun cas, se séparer de l'abbé de Malignon qui l'avait appelé en Amérique et était pour lui
non pas seulement un vénérable ami, mais un bien-
aimé père.

Pourtant, à quelque temps de là, il le quittait, à la
vérité pour une absence seulement de quelque mois
employés à évangiliser les bons Indiens de Passama-
quody et de Penobscot, une mission qui fut des plus
pénibles au point de vue de la fatigue matérielle, mais
dont il fut amplement dédommagé par ces consolations
les plus douces au cœur de l'apôtre. « Jamais il n'avait
fait encore pareille route » dit l'éloquent auteur [1] de
cette *Vie de cardinal de Cheverus* qu'il n'est plus besoin
de recommander :

[1] Huen-Dubourg (M. l'abbé Hamon, je crois).

« Une sombre forêt, aucun chemin tracé, des brous-
sailles et des épines à travers lesquelles il était obligé
de s'ouvrir un passage et puis, après de longues fatigues, point d'autre nourriture que le morceau de pain
qu'ils avaient pris à leur départ ; le soir pas d'autre lit
que quelques branches d'arbres étendues par terre, et
encore fallait-il allumer un grand feu tout autour pour
éloigner les serpents et autres animaux dangereux qui
auraient pu, pendant le sommeil, leur donner la mort.
Ils marchaient ainsi depuis plusieurs jours lorsqu'un
matin (c'était un dimanche), grand nombre de voix,
chantant avec ensemble et harmonie, se font entendre
dans le lointain. M. de Cheverus écoute, s'avance et à
son grand étonnement il discerne un chant qui lui est
connu, la messe royale de Dumont, dont retentissent
nos grandes églises et cathédrales de France, dans nos
plus belles solennités. Quelle aimable surprise et que
de douces émotions son cœur éprouva ! Il trouvait
réunis à la fois dans cette scène l'attendrissant et le
sublime ; car quoi de plus attendrissant que de voir un
peuple sauvage, *sans prêtres depuis cinquante ans*, et qui
n'en est pas moins fidèle à solenniser le jour du Seigneur ; et quoi de plus sublime que ces chants sacrés
inspirés par la piété seule, retentissant au loin dans
cette immense et majestueuse forêt ? »

Trois mois s'étaient écoulés au milieu des fatigues et
des consolations abondantes de cette heureuse mission,
lorsqu'un message, arrivé non sans peine à l'abbé de
Cheverus, le fit revenir en toute hâte à Boston où la
fièvre jaune avait éclaté. Le prêtre intrépide, pareil au
soldat que le champ de bataille attire, accourut aussitôt

au poste du péril, et comme si lui-même il eut été
invulnérable, il se prodigua de jour et de nuit, à la fois
aumônier, infirmier, ensevelisseur au besoin. Comme
quelques amis le blâmaient de se ménager trop peu et
de s'exposer même témérairement, il fit cette réponse
qu'on eût dû écrire en lettres d'or sur quelque monument de la ville :

« Il n'est pas nécessaire que je vive, mais il est néces-
» saire que les malades soient soignés et les moribonds
» assistés. »

Est-il besoin d'ajouter que ces nouvelles preuves
d'un dévouement si souvent héroïque ne firent qu'ajouter à la vénération de tous « catholiques et protestants
pour le bon prêtre ; en voici une preuve des plus touchantes :

» Chose remarquable ! dit M. Delambre, dans les
repas de cérémonie où les bienséances l'obligeaient à
se trouver et où assistaient jusqu'à trente ministres de
sectes diverses, c'était toujours lui que le maître de la
maison et les ministres eux-mêmes invitaient, *comme le
plus digne*, à bénir la table et qui faisait avec le signe
de la croix la prière accoutumée de l'Église catholique. »

Le nombre des fidèles, grâce à de tels exemples,
allant toujours en augmentant, la chapelle devenait
insuffisante d'autant plus que nombre de protestants
ne se montraient pas moins empressés que les catholiques pour assister aux instructions et même aux offices. L'abbé de Cheverus, afin de répondre aux désirs
de ces âmes pieuses, prit courageusement l'initiative
d'une souscription ayant pour but la construction d'une
église ; et le président des Etats-Unis à cette époque,

John Adam fut le premier, quoique protestant, à s'inscrire sur la liste « couverte bientôt des noms les plus
honorables protestants aussi bien que catholiques. »

L'abbé de Cheverus fit aussitôt creuser les fondations ;
mais, dans son zèle conseillé par la prudence, quand
les sommes par lui reçues se trouvèrent épuisées, il
suspendit les travaux et ne permit de les reprendre
qu'après avoir touché l'argent nécessaire. Dans un pays
où la banqueroute est endémique, il croyait ne pouvoir
être trop prudent en n'escomptant point par le crédit
un avenir incertain et des ressources éventuelles ; car
des dettes, s'il n'eût pu tenir à ses engagements, c'était
pour son ministère encore plus que pour lui-même la
déconsidération et la ruine de toute influence.

Dans le courant de l'année 1803, il eut occasion de
prouver que chez lui la charité la plus sublime, la compassion la plus tendre s'unissaient à toute la vigueur
d'une âme sacerdotale. Deux pauvres Irlandais, condamnés à mort pour un crime dont ils étaient innocents,
lui écrivirent de la prison de Northampon pour réclamer
le secours de son ministère. La lettre reçue, l'abbé part
aussitôt et prodigue à ces infortunés toutes les consolations que lui suggère un cœur attendri par la pitié
en même temps qu'exalté par la foi. Le jour fixé pour
l'exécution arrive ; il est d'usage, paraît-il, aux Etats-
Unis, c'était du moins la coutume à cette époque, de
conduire, avant de le mener au milieu du supplice, le
condamné à l'église ou au temple pour y entendre une
suprême exhortation.

L'abbé de Cheverus, monté en chaire, aperçoit au-
dessous de lui toute une foule empressée et compacte,

composée de femmes surtout, qui venaient attirées par
une curiosité blàmable et pour assister aux derniers
moments des malheureux condamnés. Alors, enflammé
d'une sainte indignation, lui d'ordinaire tout onction et
toute douceur, il s'écrie avec le geste véhément et la
voix tonnante d'un Bridaine :

« Les orateurs sont ordinairement flattés d'avoir un
» auditoire nombreux et moi j'ai honte de celui que j'ai
» sous les yeux. Il y a donc des hommes pour qui la
» mort de leurs semblables est un spectacle de plaisir,
» et un objet de curiosité ? Mais vous surtout, femmes,
» que venez-vous faire ici ? Est-ce pour essuyer les
» sueurs froides de la mort qui découlent du visage de
» ces infortunés ? Est-ce pour éprouver les émotions
» douloureuses que cette scène doit inspirer à toute âme
» sensible ? Non sans doute : c'est donc pour voir leurs
» angoisses et les voir d'un œil sec, avide et empressé ?
» Ah ! j'ai honte pour vous et vos yeux sont pleins d'ho-
» micide. Vous vous vantez d'être sensibles et vous
» dites que c'est la première vertu de la femme ; mais
» si le supplice d'autrui est pour vous un plaisir et la
» mort d'un homme un amusement de curiosité qui
» vous attire, je ne dois plus croire à la vertu; vous
» oubliez votre sexe, vous en faites le déshonneur et
» l'opprobre. »

Ambroise ou Chrysostôme n'aurait pas mieux dit. A
de tels élans on reconnaît le grand cœur ; et c'est à eux
surtout que peut s'appliquer cette belle parole de Lacordaire : « L'éloquence c'est l'âme même. » Après cette terrible apostrophe, il n'est pas besoin de dire qu'autour de
l'échafaud rares furent les curieux et surtout les cu-

rieuses. Personne cependant ne garda rancune au courageux apôtre, et, tout au contraire, ce fut une joie universelle quand, quelques années après, on apprit que l'abbé de Cheverus, promu à l'épiscopat, était choisi pour remplir l'un des quatre nouveaux siéges érigés en Amérique, celui de Boston, diocèse comprenant toute la Nouvelle-Angleterre. Cette haute dignité avait été proposée d'abord à l'abbé de Malignon, qui certes en était digne par ses vertus et par sa science ; il en donna la meilleure preuve puisque, dans son humilité, il fit si bien que M. de Cheverus fut nommé à sa place comme plus apte à remplir ces hautes fonctions dans les circonstances actuelles.

Le nouvel évêque d'ailleurs ne trompa point l'attente de son ami ni celle de ses ouailles, et sa dignité ne refroidit en rien l'ardeur de son zèle, bien au contraire. Evêque, il resta missionnaire, se faisant tout à tous selon la parole du grand Paul, et continuant d'exercer toutes les fonctions du saint ministère, baptisant, confessant, catéchisant, visitant les pauvres, les malades, et les plus délaissés, les plus abandonnés. Un jour, la vieille domestique qui le servait remarque que Monseigneur, sorti de bonne heure pour se rendre à l'église, rentrait plus tard qu'à l'ordinaire, et sur ses vêtements froissés elle aperçoit des traces de poussière mêlée avec un grossier duvet. Le lendemain et le jour suivant, elle fait la même remarque. Alors, se doutant bien qu'il y avait là quelque touchant mystère de charité, et craignant que son maître ne fût entraîné par son zèle, elle le suit à distance un matin et le voit, dans un faubourg éloigné de la ville, entrer dans une cabane. Elle s'approche, et

alors, appuyée contre la cloison, retenant son souffle,
elle regarde à travers les planches mal jointes, et que
voit-elle? sur un misérable grabat, un pauvre vieux nè-
gre, malade, infirme que l'évêque, agenouillé près de
lui, console, encourage, en lui parlant comme un père
eût fait à son fils. Après avoir allumé du feu, il le dé-
couvre doucement, panse ses plaies, puis il lui fait manger les aliments préparés de ses propres mains, et
l'ayant ensuite recouché avec la plus tendre sollicitude,
il lui dit adieu en l'embrassant tout inondé des larmes
du pauvre noir qui ne trouvait pas de mots pour exprimer sa gratitude, mais ne fut pas aussi muet quand,
plus tard convalescent, il s'agit de la publier dans la
ville, malgré le silence à lui recommandé par le prélat.

Une autre fois, c'est un brave matelot qui, au retour
d'un long voyage, trouve, montant son escalier et portant une charge de bois sur l'épaule, le bon évêque auquel, avant de partir, il avait recommandé naïvement
sa femme et qui, à défaut d'une sœur de charité, faisait
auprès de la pauvre malade les fonctions d'infirmier.
On conçoit après des traits pareils, qui se renouvelaient
chaque jour, que l'évêque de Boston fût des plus chers
à son troupeau. Nombre de gens voulaient au baptême
donner à leurs fils le nom de Jean par affection pour
leur pasteur. Un jour, celui-ci demandant au parrain
selon l'usage quel nom il voulait donner à l'enfant,
l'autre répondit :

— Jean de Cheverus, évêque.

— Comment dites-vous?

— Jean de Cheverus, évêque! reprit le brave homme
sans sourciller. Le prélat sourit, puis il murmura :

— Pauvre enfant, Dieu te garde de jamais le devenir ! Ce n'est pas un léger fardeau.

Vers la fin de l'année 1818, Mgr de Cheverus eut une
grande douleur, il perdit son ami, son père, le bon
abbé Malignon. Le chagrin qu'il ressentit de cette perte
comme ses fatigues et ses occupations qui s'en accrurent, le défunt n'ayant pu d'abord être remplacé, eurent
une action fâcheuse sur sa santé. Son état même devint
assez pénible pour qu'il prît conseil des médecins ; tous
furent d'avis que le climat rigoureux de Boston lui était
contraire, à ce point qu'à leur dire un nouvel hiver
passé par lui sous ce ciel inclément pourrait être mortel.
Qu'on juge des perplexités de l'évêque alors que, dans
le même temps, il recevait du roi Louis XVIII l'invitation ou plutôt l'ordre de revenir en France pour y occuper l'un des siéges vacants. M. Hyde de Neuville,
dans un récent voyage à Boston, avait vu son compatriote à l'œuvre et n'avait pu se tenir, après son retour,
d'en parler au roi. M. de Cheverus, bien que son cœur
fût resté tout français, et qu'il lui semblât doux de revoir la terre natale, ne pouvait se décider pourtant à
se séparer de ses enfants d'adoption, et à une lettre
plus pressante du grand aumônier, parlant au nom du
roi, il répondit « qu'il suppliait Sa Majesté de lui par-
» donner de faire ce qu'il croyait devant Dieu être de
» son devoir. »

Le refus ne fut pas admis, et le grand aumônier insista dans les termes les plus énergiques précisément
alors que les médecins déclaraient le climat de Boston
trop rigoureux pour l'évêque. Mgr de Cheverus, dont
le cœur était combattu et comme déchiré entre deux

partis vers lesquels il inclinait également, se résigna
enfin au départ. Dieu sait ce qu'il lui en coûtait et avec
quelles larmes il se sépara de son troupeau désolé, après
avoir fait don au diocèse et à ses amis de tout ce qu'il
possédait, l'église, la maison épiscopale, le couvent des
Ursulines, restés sa propriété; il donna aussi ses ornements, jusqu'à ses livres. Il ne se réservait rien et partait
plus pauvre qu'il n'était venu. La ville presque entière
voulut lui faire cortége à sa sortie des murs, et quarante
voitures au moins l'accompagnèrent pendant plusieurs
lieues sur la route de New-York. Quand enfin, il fallut
se séparer, protestants et catholiques s'agenouillèrent
également pour recevoir une dernière fois sa bénédiction.

Vers la fin de l'année 1823, Mgr de Cheverus arrivait
en France, et la tristesse qu'il ressentait souvent encore
à la pensée de ceux qu'il laissait orphelins, s'adoucit peu
à peu par la joie de revoir, avec la terre natale, de vieux
amis, des parents qui lui faisaient fête, et auxquels il
croyait avoir dit un éternel adieu. Présenté au roi lors
de son arrivée à Paris, puis nommé à l'évêché de Montauban, après quelques retards provenant de difficultés
relatives à l'enregistrement des bulles, il put faire son
entrée dans sa ville épiscopale où sa réputation l'avait
devancé ; aussi catholiques et protestants s'empressèrent
à l'envi pour le recevoir et les ministres furent des premiers à venir le saluer. Un trait touchant marqua les
débuts de son épiscopat. Il apprit que, dans une ville
assez importante de son diocèse, le maire et le curé ne
vivaient point en bonne intelligence, mais par la faute
surtout du premier. L'évêque va le trouver :

« Monsieur, lui dit-il, j'ai un grand service à vous
demander ; vous me trouverez sans doute indiscret,
mais j'attends tout de votre obligeance.

— Monseigneur, répond le maire, vous me rendez
confus ; qu'aurais-je à vous refuser ? je serais trop heureux s'il était quelque moyen de vous prouver que je
partage les sentiments de respect, d'affection, de vénération pour notre premier pasteur qui remplissent ici
tous les cœurs.

— Eh bien ! reprend aussitôt l'évêque en l'embrassant, le service que j'ai à vous demander c'est d'aller
porter ce baiser de paix à votre curé.

— Monseigneur, je ne puis pas vous dire : *Non !* et j'y
vais de ce pas. » Ce qui eut lieu en effet et la réconciliation fut complète.

L'année suivante, la charité de l'évêque eut à s'exercer sur un plus vaste théâtre. Par suite d'un débordement du Tarn, deux faubourgs de la ville furent enva-
his, et les habitants chassés de leur domicile quand ils
avaient pu fuir. L'évêque, après avoir pendant toute
une journée, monté dans une barque, aidé au sauve-
tage, ouvre son palais aux victimes du fléau dont le
nombre s'éleva bientôt à plus de trois cents. Une pauvre
femme cependant restait au dehors regardant les fenêtres d'un air désolé. L'évêque l'aperçoit.

— Mais pourquoi, demande-t-il à quelqu'un, cette
pauvre femme n'entre-t-elle pas comme les autres ? Il y
a de la place encore, il y en aura toujours.

— Elle n'ose pas ! fut-il répondu, elle n'est point catholique, mais protestante.

— Qu'importe ! répond l'homme de Dieu qui descend

au plus vite les degrés, traverse la cour, sort dans la rue
et s'approchant de l'infortunée :

— Entrez, ma fille, entrez, dit-il, et ne craignez rien,
je sais ce qui vous arrête. Mais ne sommes-nous pas
tous frères dans le malheur surtout ?

Après de tels actes de bonté, on pense avec quels regrets, moins de deux années après, les fidèles de Montauban virent s'éloigner leur pasteur nommé à l'archevêché de Bordeaux en remplacement de Mgr d'Aviau
du Bois-Sanzay, décédé. Les pleurs que faisait verser la
mort de ce dernier ne furent point taris, mais ils cou-
lèrent avec moins d'amertume dès qu'on sut le nom de
son successeur, accueilli, quoique inconnu de la plupart,
comme un père qui revient au milieu de ses enfants, et
il fut bien en effet pour tous un père.

Après les évènements de 1830, éliminé de la chambre
des pairs dont il faisait partie, il apprit que des personnages influents s'employaient activement auprès du
gouvernement pour faire comprendre l'archevêque dans
une nouvelle promotion. Il fit alors publier dans les
journaux une note conçue en ces termes : « Je me ré-
jouis de me trouver hors de la carrière politique. J'ai
pris la ferme résolution de ne pas y rentrer et de n'accepter aucune place, aucune fonction. Je désire rester
au milieu de mon troupeau, et continuer à y exercer un
ministère de charité, de paix et d'union. Je prêcherai la
soumission au nouveau gouvernement; j'en donnerai
l'exemple, et nous ne cesserons, mon clergé et moi, de
prier avec nos ouailles pour la prospérité de notre chère
patrie. »

Cette sage ligne de conduite n'empêchait point la

fidélité à d'anciennes convictions. Lors de la captivité de la duchesse de Berry, Mgr de Cheverus demanda qu'il lui fût permis d'aller lui porter les consolations de son ministère. Et certain jour, il disait aux autorités de la ville pour lui toutes bienveillantes : « Je ne serais pas » digne de votre estime si je vous cachais mes affections » pour la famille déchue, et vous devriez me mépriser » comme un ingrat puisque Charles X m'a comblé de » ses bontés. »

Lors de l'invasion du choléra en 1832, l'archevêque fit de son palais épiscopal une vaste ambulance dont il était à la fois le grand aumônier et le premier infirmier et au-dessus de la porte d'entrée on lisait en gros caractères : *Maison de secours*.

Aussi dans la ville de Bordeaux, ou plutôt dans le diocèse, la satisfaction fut générale quand on apprit que, dans le consistoire du 1er février 1836, le pape avait nommé Mgr de Cheverus cardinal. Lui seul parut ne pas se réjouir, étranger qu'il était à toute pensée d'ambition. Des amis étant venus le féliciter, il leur dit avec un sourire : « Qu'importe d'être enveloppé après la mort » d'un suaire rouge ou noir. »

Cette parole était-elle l'effet d'un pressentiment ? Il avait reçu la barrette dans les premiers jours de mai, et trois mois après, le 19 juillet, il succombait aux suites d'une attaque d'apoplexie et de paralysie, mais non foudroyante, ce qui lui laissa toute sa liberté d'esprit pour se disposer par l'accomplissement des saints devoirs à ce solennel passage auquel il était toujours préparé d'ailleurs, pas n'est besoin de le dire.

Le deuil dans le diocèse fut universel parmi les laïques

comme parmi ses prêtres que le cardinal accueillait
toujours avec une bienveillance si paternelle.

Mgr de Cheverus était mort le jour même de la fête
de Saint Vincent de Paul dont il rappelait les vertus
comme celles de Saint François de Sales, surtout son
inaltérable douceur et sa parfaite charité. C'est par cette
charité, par la prédication toute puissante de l'exemple
qu'il gagnait les cœurs, plus encore que par son éloquence si persuasive pourtant, et qu'il ramena dans le
sein de l'Église tant de protestants, parmi lesquels plusieurs ministres.

Quelques anecdotes encore à ce sujet : « S'il était
» permis, disait-il, de ne pas aimer un homme parce
» qu'il se trompe ou ne voit pas les choses comme nous,
» la charité serait bannie de la terre, car il n'y a que
» dans le ciel qu'on ne se trompe pas. »

C'était chez lui une règle invariable de ne jamais avoir
ni contestation ni dispute avec qui que ce fût : « Pour
» disputer ou contester, disait-il, il faut être deux et je
» ne veux me faire le second de personne. »

On l'engageait à choisir pour certaines visites pastorales une saison moins rigoureuse : « Ce qui serait plus
» commode pour moi, répondit-il, serait plus gênant
» pour les pauvres ; c'est à moi à prendre le temps qui
» leur convient le mieux. »

Heureux de rendre service, il disait : « Quel bonheur
» de pouvoir procurer un moment de jouissance à ses
» frères ! Qu'on est heureux de pouvoir faire un cœur
» content ! »

Mais si tolérant, si doux pour le personnes, le cardinal était inflexible sur les principes. Un jour, on vint se

plaindre à lui d'un refus de sépulture fait à l'égard d'un homme riche mort, comme il avait vécu, dans le désordre. On blâmait à ce sujet l'intolérance du curé.

« L'intolérance, reprit avec force le cardinal, elle est
» tout entière de votre côté : vous ne pouvez souffrir
» qu'un prêtre remplisse son devoir et vous le voulez
» forcer à reconnaître pour catholique un homme dont
» la vie et la mort ont été anti-catholiques. »

Et cependant, comme nous l'avons dit, cette fermeté n'ôtait rien à sa tolérance éclairée, à sa charité. Aussi les protestants, les juifs même, témoignaient pour lui d'une profonde vénération. Le grand rabbin qui, lors de l'arrivée du prélat à Bordeaux, était venu le premier lui faire visite et le complimenter, entretenait avec lui les meilleurs rapports. Un jour, sous le coup d'une grande affliction, la perte d'une fille chérie, il vient trouver l'archevêque pour lui demander des consolations en disant : « Je viens chercher des consolations près du
» représentant de Jésus-Christ qui pleurait sur La-
» zare [1]. »

La mémoire de Mgr de Cheverus est restée en grande vénération dans son diocèse, en voici une preuve à la fois curieuse et touchante. L'anecdote a de plus le mérite d'être inédite. Une bonne dame, qui avait eu de grandes obligations au prélat, arrivée à Bordeaux, en venant de Paris, voulut aller prier sur sa tombe. Le monument se compose, nous a-t-on dit, d'une petite chapelle et d'une pierre tombale. L'étrangère, après être restée agenouillée quelque temps, se sentant

[1] *Vie du Cardinal de Cheverus*, par M. Huen-Dubourg (Hamon).

fatiguée, avisa près d'un autre monument une chaise
laissée là sans doute par quelque visiteuse. Elle se leva,
et en l'absence du propriétaire, la prit soit pour se reposer, soit pour s'appuyer à défaut de prie-Dieu et continuer ses *de profundis*. Mait tout à coup une femme du
peuple qui priait de l'autre côté, s'approchant, lui dit :

— Hé bien ! que faites-vous là ?

— Vous le voyez, j'emprunte un moment cette
chaise ; je me sentais fatiguée..

— C'est fâcheux ! Mais il faut aller vous asseoir ou
vous reposer ailleurs. Ici, ce serait manquer de respect
à la mémoire du Saint. Pour ma part, je ne le permettrai point.

Et sans plus de façon, enlevant la chaise, elle alla la
reporter où la dame l'avait prise.

COCHIN

Cette rue, nous la mentionnons seulement pour mémoire, puisque, de création récente, elle a disparu déjà par suite des démolitions. Son nom lui avait été donné en souvenir d'un contemporain, d'un homme de bien, Jean-Denys-Marie Cochin, né à Paris le 14 juillet 1789 (jour de la prise de la Bastille), et qui fut successivement maire, conseiller municipal, député du XIIe arrondissement, administrateur des hospices, du Mont-de-Piété, etc.

On lui dut la première salle d'asile et, pour le XIIe arrondissement, des améliorations précieuses : la canalisation de la Bièvre, le grand réservoir de l'Estrapade, l'élargissement des boulevards extérieurs, etc. « Mais les salles d'asile et les écoles gratuites, dit M. Louis Lazare, eurent toujours sa première pensée et ses soins les plus actifs et les plus constants. Il sentait que, pour régénérer une pauvre et ignorante population, il fallait la prendre au berceau; dans de nombreux écrits, il s'efforça d'enseigner aux autres les devoirs qu'il pratiquait si bien. »

— Je n'ai qu'un regret, dit-il en mourant jeune encore (18 août 1841), celui de n'avoir pu réaliser tout le bien qui était dans mon cœur !

Ce nom de *Cochin*, donné pareillement à l'hôpital

presque voisin, rappelle un bienfaiteur de l'humanité, un de ses héros, devrais-je dire, un prêtre vénérable, mort curé de Saint-Jacques-du-Haut-Pas, le 3 juin 1783. Il était né non loin de cette église, le 17 janvier 1726. Tout enfant, il reçut les éléments de l'instruction du supérieur général des Chartreux, et sa vocation religieuse s'étant manifestée, il fut admis au séminaire de Saint-Magloire, d'où il sortit docteur. Sa science ne le rendit point orgueilleux, et volontiers il laissait ses livres pour la visite des pauvres et des malades.

Ses vertus le firent nommer jeune encore (il n'avait pas trente ans) à la cure de Saint-Jacques-du-Haut-Pas, où son zèle devait se manifester d'une façon si admirable. Dans le courant de l'année 1765, une épidémie de petite vérole éclata dans Paris avec une violence terrible, qui faisait de la contagion un fléau non moins redoutable que la peste ou le choléra, avant que la précieuse découverte de Jenner (la vaccine) fût venue neutraliser ses ravages. La maladie sévissait tout particulièrement sur la paroisse dont était curé le bon abbé Cochin, qui, le jour et la nuit, se dévouait pour le service corporel et spirituel des malades. Ses amis, voyant sa fatigue, s'inquiétèrent; ils lui représentèrent vivement le danger auquel il s'exposait, en ajoutant qu'il serait prudent, qu'il serait sage à lui de laisser le soin de visiter les malades atteints de la variole à ceux de ses vicaires qui déjà avaient subi l'influence de la maladie.

— A Dieu ne plaise ! répondit le généreux pasteur. Que penseriez-vous d'un soldat qui demanderait son congé en temps de guerre, ou déserterait, par peur du péril, en face de l'ennemi ?

Il continua de visiter assiduement les malades, et par une sorte de miracle, sans cesse au milieu de cette atmosphère empoisonnée, n'en reçut aucune atteinte. Mais quelques années après, en 1771, dans des circonstances semblables, il n'en fut point de même, et le bon curé, cette fois, obtint presque cette couronne du martyr qu'ambitionnait son dévouement; il tomba malade à son tour de la petite vérole. Les prières sans doute de ses chers paroissiens, de ses enfants, firent violence au ciel, et longtemps entre la vie et la mort, l'abbé Cochin guérit, mais sa santé resta gravement altérée, au point qu'à deux reprises, il voulut se démettre de ses fonctions. La paroisse aussi se ressentit longtemps du passage du fléau, d'autant plus que le faubourg Saint-Jacques était surtout peuplé par des familles d'ouvriers travaillant dans les carrières voisines. Cependant il ne se trouvait point d'hôpital, pas même d'infirmerie dans tout le quartier ; il fallait porter les malades, les blessés mêmes à l'Hôtel-Dieu, et trop souvent le transport, avec les retards qu'il entrainait, devenait fatal aux infortunés.

Le bon curé s'en émut, et il résolut de doter sa paroisse d'un hospice. Il possédait un patrimoine d'un revenu d'environ 1,500 livres qu'il vendit, et avec cet argent il acheta un terrain sur lequel s'éleva, d'après les plans de l'architecte Viel, son ami, un établissement qui fut appelé, suivant le désir du fondateur, simplement : *Hospice de la paroisse Saint-Jacques-du-Haut-Pas*. Commencé en 1779, l'édifice fut bâti avec rapidité et il était terminé en moins de quatre années, vers 1782, peu de temps avant la mort du zélé pasteur, tranquille sur l'avenir de la fondation, assurée par une dotation de quinze mille livres de revenu due à des âmes charitables.

Une circonstance touchante, relative à la pose de la première pierre de cette maison, ne doit pas être oubliée.

On ne choisit point, comme il est assez d'usage pour cette solennité, un personnage considérable selon le monde ; mais, par une pieuse inspiration du curé, deux *pauvres* de la paroisse, furent élus à cet effet en assemblée générale de charité comme les plus recommandables par leurs vertus.

Non moins instruit que pieux et zélé, l'abbé Cochin trouvait le temps, au milieu des occupations si nombreuses que lui créait la charité, de composer, en outre de ses prônes et instructions, des ouvrages, ayant pour but l'édification, mais dont la publication effrayait sa modestie. « Ce fut avec beaucoup de peine, dit M. A. Biot dans sa Notice, que de son vivant il livra à l'impression quelques opuscules. Il avait recommandé par son testament de ne pas mettre au jour ses manuscrits ; ses héritiers jugèrent à propos de ne pas se conformer sur ce point à ses intentions. Le produit de ses œuvres posthumes fut consacré à l'hospice Cochin. »

COLBERT ET LOUVOIS

J.-B. Colbert, ministre et secrétaire d'état, contrôleur
général des finances sous Louis XIV, né en 1619, mourut en 1683. On sait en quels termes Mazarin mourant
recommandait au roi son futur successeur :

« Je dois beaucoup à Votre Majesté, mais je crois
m'acquitter en lui donnant Colbert. »

On sait de même avec quels éloges les contemporains,
prosateurs et poètes, parlent de ce célèbre ministre.
Son nom revient plus d'une fois dans les *Satires* de
Boileau, mais non pas comme celui de Cotin, Quinault,
Bonnecorse, etc, pour servir de jouet au poète railleur,
tout au contraire :

> Et trompant de Colbert la prudence importune,
> Va, par tes cruautés mériter la fortune,

dit Despréaux dans la huitième Satire. Racine, en
dédiant « à Monseigneur Colbert » sa tragédie de *Bérénice*, ne lui ménage pas les compliments : «..... Ce qui
fait son plus grand mérite (de la tragédie) auprès de
vous, c'est, Monseigneur, que vous avez été témoin du
bonheur qu'elle a eu de ne pas déplaire à Sa Majesté.

« L'on sait que les moindres choses vous deviennent

considérables, pour peu qu'elles puissent servir à sa
gloire et à son plaisir ; et c'est ce qui fait qu'au milieu
de tant d'importantes occupations, où le zèle de votre
prince et le bien public vous tiennent continuellement
attaché, vous ne dédaignez pas quelquefois de descendre jusqu'à nous, pour nous demander compte de
notre loisir.

« J'aurais ici une belle occasion de m'étendre sur vos
louanges si vous me permettiez de vous louer. Et que
ne dirais-je point de tant de rares qualités qui vous ont
attiré l'admiration de toute la France ; de cette pénétration à laquelle rien n'échappe ; de cet esprit vaste
qui embrasse, qui exécute tout à la fois de grandes
choses ; de cette âme que rien n'étonne, que rien ne
fatigue !

« Mais, Monseigneur, il faut être plus retenu à vous
parler de vous-même ; et je craindrais de m'exposer,
par un éloge importun, à vous faire repentir de l'attention favorable dont vous m'avez honoré. »

Malgré quelques dissonnances, le concert de louanges
en l'honneur du marquis de Louvois, ministre de la
guerre et de la marine sous Louis XIV, n'est pas moins
bruyant. L'auteur des *Caractères* lui-même, si rude à
tant d'autres, faisant un sujet de louanges pour Louvois
de ce qui méritait le blâme peut-être, ne va-t-il pas jusqu'à dire :

« De même une bonne tête ou un ferme génie qui se
trouve né avec cette prudence que les autres hommes
cherchent vainement à acquérir, qui a fortifié la trempe
de son esprit par une grande expérience ; que, le nombre, le poids, la diversité, la difficulté et l'importance

des affaires occupent seulement et n'accablent point ;
qui par l'étendue de ses vues et de sa pénétration se
rend maître de tous les évènements ; qui, bien loin de
consulter toutes les réflexions qui sont écrites sur le
gouvernement et la politique est peut-être de ces âmes
sublimes nées pour régir les autres et sur qui ces premières règles ont été faites ; qui est détourné par les
grandes choses qu'il fait des belles ou des agréables
qu'il pourrait lire, et qui, au contraire, ne perd rien à
retracer et à feuilleter pour ainsi dire sa vie et ses
actions ; un homme ainsi fait *peut dire* aisément et sans
se commettre *qu'il ne connaît aucun livre et qu'il ne lit
jamais* [1] »

Comment s'étonner, après ces citations, que l'éloge
de Louvois et plus encore celui de Colbert se trouve
comme stéréotypé dans toutes les histoires et qu'on ne
tarisse pas sur leur compte, même certains écrivains
qui se proclament *libéraux* et se piquent d'indépendance vis-à-vis des puissances, qualifiant « d'esprit courtisanesque et rétrograde » la réserve et
les témoignages de respect pour l'autorité dont ne se
croient jamais affranchis les historiens qui savent ne
rien sacrifier des principes tout en n'oubliant point,
dans leur impartialité, ce qu'ils doivent à la vérité.
Nous en trouvons un remarquable exemple dans un
auteur que nous avons eu plus d'une fois l'occasion de
citer et dont nous reproduisons d'autant plus volontiers
les appréciations sur *Colbert* et *Louvois* qu'elles différent beaucoup des jugements du plus grand nombre,

---

[1] *De l'Homme* : Chap. XXI *des Caractères.*

de la presque totalité (à l'égard de Colbert surtout) des
écrivains même monarchiques et conservateurs auxquels le parti pris de la tradition semble avoir fait illusion et dérobé la claire-vue des évènements. Voici
comment St-Victor s'exprime sur Colbert :

« Il entendait les finances, le commerce, les manu-
factures et toutes les branches de l'administration intérieure, aussi bien que Louvois entendait la guerre ; et
pour les administrateurs exclusifs de cette science
industrielle qu'il rendit florissante en France plus
qu'elle ne l'avait été jusqu'à lui, il n'y eut jamais de
plus grand ministre que Colbert. Il faudrait sans doute
le louer sans réserve, si, tout en administrant avec cette
supériorité qu'on ne peut lui contester, son esprit se fût
élevé au-dessus du matériel de son administration, et
si, non moins blâmable en ce point que son rival, il
n'eût pas, comme lui, cherché à tout abattre sous le
despotisme étroit dans lequel leurs basses flatteries
avaient renfermé leur maître et dont ils partageaient
avec lui, et à l'ombre de son nom, les funestes préroga-
tives.... Tout ce qui osait résister à ce despotisme sans
règles et sans bornes devait être brisé. Ce n'était point
assez que Louis XIV eût la plénitude du pouvoir temporel à un degré où aucun roi de France ne l'avait
possédé avant lui ; il arriva, ainsi que nous l'avons vu,
qu'un pape eut l'audace de ne pas se plier à toutes ses
volontés ; il convint d'apprendre au pouvoir spirituel à
quelle distance il devait se tenir du grand *roi*, et
comme nous l'apprend Bossuet lui-même, « *les quatre
articles sortirent à cet effet des bureaux du surintendant.* »

La conduite de Louis XIV, par exemple, conseillé ou

mieux influencé, entraîné du côté où il penchait par
Colbert, dans l'affaire du duc de Créquy à Rome,
comment la comprendre, et surtout, dit très-bien St-
Victor, comment l'excuser? « En fut-il jamais de plus
dure, de plus injuste, de plus cruelle même et d'un plus
dangereux exemple ? Quel triomphe pour le roi de
France de se montrer plus puissant que le pape comme
prince temporel, et sous ce rapport, de ne mettre
aucune différence entre lui et le dey d'Alger ou la
république de Hollande ; de refuser toutes les satisfac-
tions convenables à sa dignité que celui-ci s'empressait
de lui offrir à l'occasion d'un malheureux évènement
que les hauteurs de son ambassadeur avaient provoqué
et dont il lui avait plu de faire une insulte[1] ; de violer
en lui tous les droits de la souveraineté en le citant
devant une de ses cours de justice et en séquestrant
une de ses provinces; de le contraindre, par un tel abus
de la force, à s'humilier devant lui par une ambassade
extraordinaire dont l'effet immanquable était d'affaiblir, au profit de son orgueil, la vénération que ses
peuples devaient au Père commun des fidèles et dont
son devoir à lui-même était de leur donner le premier
l'exemple ? Il le remporta ce déplorable triomphe.... »

« Louvois avait fait de Louis XIV le vainqueur et
l'arbitre de l'Europe : Colbert jugea que ce n'était
point assez et ne prétendit pas moins qu'à le soustraire
entièrement à l'ascendant, de jour en jour moins sensible, que l'autorité spirituelle exerçait sur le souve-

[1] Ses laquais avaient chargé, l'épée à la main, une escouade de
Corses qui protégeait les exécutions de la justice.

rain. Il n'y réussit point entièrement parce qu'il aurait
fallu pour obtenir un tel succès que Louis XIV cessât
d'être catholique ; mais le mal qu'il fit pour l'avoir
tenté fut irréparable. »

Néanmoins il ne faut pas dire : « Qu'importe ! » à
propos du repentir tardif de Colbert tourmenté sur son
lit de mort, d'après ce qu'on rapporte, de remords et
d'anxiétés qui prouvent qu'en agissant comme on l'a
vu, dans l'intérêt de son ambition seule, il faisait violence à sa propre conscience :

« Oh ! s'écriait-il avec une amère douleur, combien
n'étais-je pas aveugle et insensé ? Hélas ! si j'avais fait
pour le Roi du ciel la moindre partie de ce que j'ai fait
pour un roi de la terre, si j'avais donné au souci de
l'éternité un peu davantage de ce temps prodigué si
malheureusement à de vaines sollicitudes, hélas ! je
serais en ce moment plus tranquille ! »

Un autre et grand sujet d'inquiétude pour le mourant
dut être le ressouvenir de certaines opérations finan-
cières, au profit de l'État, sur lesquelles autrefois
il avait pu se faire illusion, mais qu'il appréciait
comme la probité sévère avait fait dès lors. A Colbert, comme on l'a souvent répété « Louis XIV dut
ce rétablissement des finances qui le rendit en peu d'années maître si tranquille et si absolu de son royaume ;
mais il n'est pas inutile d'observer, pour réduire à sa juste
valeur ce qui, au premier coup d'œil, pourrait sembler
un effort du génie, que cette *restauration financière* ne
fût opérée que par un odieux abus de ce pouvoir qui
déjà ne voulait plus reconnaître de borne et qu'une
banqueroute fut le moyen expéditif que le contrôleur

général imagina pour arriver au but qu'il voulait
atteindre. Elle fut opérée tout à la fois et sur les engagements de la cour connus sous le nom de *billets d'épargne*
et sur *les rentes de l'Hôtel-de-Ville* [1], par des manœuvres
qui ne peuvent étonner de la part d'un homme dont la
conduite envers Fouquet n'offre qu'un tissu de bassesses,
de fourberies et de cruautés, mais qui étaient assurément
fort indignes de la probité du grand roi. Enfin ce qui
eût été difficile pour qui aurait voulu avant tout être
juste, se fit très facilement par l'injustice et par la violence. »

Le jugement motivé de l'auteur du *Tableau historique
et pittoresque de Paris* sur Louvois (t. 4, 1re partie) ne
nous semble pas moins digne d'attention.

« Louvois mourut pendant le cours de cette guerre
(1692) que son égoïsme cruel et sa basse jalousie avait
allumée ; et sa mort prévint de quelques instants la disgrâce éclatante que lui préparait son maître désabusé....
On ne peut nier que ce ministre ne possédât à un très
haut degré, ainsi que nous l'avons déjà dit, la sagacité
et l'activité nécessaires pour saisir l'ensemble et les détails
de la vaste administration qui lui avait été confiée, et
qu'il ne l'eût perfectionnée de manière à y produire ce
qu'on n'aurait pas cru possible avant lui ; mais sans parler des guerres injustes et impolitiques dans lesquelles
il entraîna Louis XIV, guerres qui creusèrent pour la
monarchie un abîme que rien n'a pu combler, et même

---

[1]   Et ce visage enfin plus pâle qu'un rentier
        A l'aspect de l'arrêt qui retranche un quartier !

a dit Boileau qu'on peut s'étonner de voir approuver pareille mesure.

en ne le considérant que comme ministre de la guerre, ce qui est son beau côté, il est important de remarquer que, sous ce rapport, il fut encore pernicieux à la France en voulant tout soumettre à ce mécanisme administratif qu'il avait si singulièrement perfectionné. *L'ordre du tableau,* dont il fut l'inventeur et qui plut à un monarque absolu dont la politique était de tout niveler autour de lui, éteignit toute émulation, toute ardeur pour le service militaire, *et détruisit l'école des grands capitaines.* Le système de tracer les plans de campagne dans le cabinet et de tenir ainsi les généraux à la lisière acheva ce que l'ordre du tableau avait commencé. » (*Saint-Victor*).

Louvois aussi bien que Colbert réussit à confisquer à son profit la meilleure et la plus solide part du pouvoir en persuadant au roi qu'il n'était que le simple exécuteur de ses volontés, quand lui ministre faisait faire au souverain tout ce qu'il voulait et voici comment d'après ce que Saint Simon nous raconte : « Son esprit naturellement petit (nous laissons à Saint Simon la responsabilité de ce langage excessif à notre sens), se plut en toutes sortes de détails. Il (le roi) entra sans cesse dans les deniers sur les troupes, habillement, évolutions, armement, exercice, discipline, en un mot, dans toutes sortes de bas détails ; il ne s'en occupait pas moins sur ses bâtiments, sa maison civile, ses extraordinaires de bouche : il croyait toujours apprendre quelque chose à ceux qui en ce genre en savaient le plus, qui recevaient en novices les leçons qu'ils savaient par cœur depuis longtemps. Ces pertes de temps, qui paraissaient au roi avoir tout le mérite d'une application continuelle, étaient le

triomphe de ses ministres qui, avec un peu d'art et
d'expérience à le tourner, faisaient venir comme de lui
ce qu'ils voulaient eux-mêmes, et qui conduisaient le
grand monarque selon leurs vues et trop souvent selon
leurs intérêts tandis qu'ils s'applaudissaient de le voir se
noyer dans les détails. »

Saint-Victor, après d'autres considérations qu'il est
inutile de reproduire, arrive à cette conclusion : « Colbert
et Louvois furent de *grands ministres* si ce nom peut être
donné à d'habiles administrateurs, à des hommes actifs,
vigilants, rompus à tous les détails du service dont ils
avaient acquis une longue expérience dans les emplois
subalternes, capables en même temps d'en saisir l'ensemble avec une grande perspicacité et d'y apporter de
nouveaux perfectionnements. Mais si, pour mériter une
si haute renommée, ce n'est point assez de se courber
vers ces soins matériels et qu'il faille comprendre que
les sociétés se composent d'hommes et non de choses,
que leur véritable prospérité est dans l'ordre que l'on
sait établir au milieu des intelligences ; enfin, si *gou-
verner* est autre chose qu'*administrer*, nous ne craignons
pas de le dire, jamais ministres ne se montrèrent
plus étrangers que ces deux personnages si étrangement
célèbres à la science du gouvernement ; et les jugeant
par des faits irrécusables, il nous sera facile de prouver
que tous les deux furent funestes à la France et lui
firent un mal qui n'a point été réparé. »

Encore que ce langage, qui contredit bien des opinions reçues, soit de nature à étonner, il mérite qu'on
le prenne en sérieuse considération, car l'écrivain ne se
prononce pas à la légère, mais après mûre réflexion et

examen consciencieux des faits. On sent que la vérité lui coûte à dire, qu'il blâme à regret, par la force de la conviction et certainement eût préféré, à l'exemple de tant d'autres, n'avoir qu'à applaudir. *Amicus Plato sed amica veritas.*

COMBES (MICHEL)

———

Né à Feurs (Loire), le 20 octobre 1787, Combes entra au service comme volontaire en 1803 ; après avoir servi avec distinction sous l'Empire, il se trouvait chef de bataillon lors du désastre de Waterloo. Resté l'un des derniers sur le champ de bataille, et désespéré de la défaite, il quitta la France, où il ne revint qu'après les évènements de 1830. Rentré dans l'armée comme lieutenant-colonel du 24ᵉ de ligne, il fut nommé colonel du 66ᵉ en décembre 1831, et ce fut en cette qualité qu'il s'empara de la forteresse d'Ancône. Désavoué, et pas à tort, par son gouvernement, Combes se vit retirer son commandement; mais l'année suivante, remis en activité, il fut fait colonel de la légion étangère, et quelques mois après, du 47ᵉ de ligne.

Pourtant un biographe affirme qu'à cette même époque, prenant en dégoût sa carrière, il songeait à demander sa retraite, lorsqu'il fut appelé à faire partie du corps expéditionnaire du général Bugeaud, en Afrique. Sa conduite au combat de la Sicka lui valut la croix de commandeur de la Légion d'honneur. Mais quelle récompense n'eût-il pas méritée par son héroïque dévouement devant Constantine, s'il avait survécu à la victoire? La tranchée ouverte le 12 octobre 1837, l'assaut fut résolu pour le lendemain matin 13. Combes commandait la deuxième colonne d'attaque, à la tête de laquelle il s'élança, sous une grêle de balles, vers la brèche, en criant :

« En avant, mes amis, et vive à jamais la France ! »

Arrivé l'un des premiers au sommet de la brèche, le colonel, quoique blessé assez grièvement au cou, n'en continua pas moins de marcher en avant. Une barricade, à l'abri de laquelle les Arabes faisaient un feu meurtrier, barrait le passage. Comprenant de quelle importance il était de renverser cet obstacle, Combes, montrant du doigt la barricade à ses soldats, s'écrie :

« La croix d'honneur est derrière ce retranchement ; qui veut la gagner?

— Moi ! » s'écrie le sous-lieutenant du 47e, Besson, qui, d'un bond, franchit la barricade en entraînant derrière lui ses braves voltigeurs. Presque au même instant, Combes, atteint mortellement, reçoit en pleine poitrine une balle qui lui traverse le poumon. Mais, dominant la douleur par l'énergie de la volonté et préoccupé avant tout de la pensée d'assurer la victoire, il dit aux soldats, qui l'entourent d'un air inquiet :

« Ce n'est rien, mes enfants, je marcherai bientôt à votre tête. »

Sûr enfin que toute résistance sérieuse a cessé, il quitte la brèche, et d'un pas ferme encore, se rend auprès du commandant du siége pour lui rendre compte du succès décisif des colonnes d'assaut.

« La ville ne peut tenir plus longtemps, dit-il avec
» calme, le feu continue, mais va bientôt cesser ; je suis
» heureux et fier d'être le premier à vous l'annoncer.

» Ceux qui ne sont pas blessés mortellement pourront
» se réjouir d'un aussi beau succès, pour moi, je suis
» satisfait d'avoir pu verser encore une fois mon sang
» pour ma patrie. Je vais me faire panser, » ajouta-t-il,
avec un sourire qui prouvait qu'il ne se faisait pas illusion sur la gravité de sa blessure. En effet, en dépit de
sa stoïque fermeté, à quelques pas de là, chancelant et
prêt à s'évanouir par la perte du sang, il dut être transporté à l'ambulance où il expira bientôt âgé de cinquante ans seulement.

Le gouvernement ordonna que le buste du vaillant
soldat ornerait l'une des salles de l'Hôtel-de-Ville de
Feurs, où son cœur serait également déposé. Une pension de 2,000 francs fut allouée à sa veuve, à titre de
récompense nationale.

Entre les noms qu'ont illustrés nos guerres d'Afrique,
celui du colonel Combes est assurément l'un des plus
glorieux, et l'épisode du siége de Constantine, dans sa
simplicicité sublime, est l'un des plus admirables que
rappellent nos annales militaires.

COMMINES

——

Philippe de Commines naquit au château de Commines sur la Lys, à deux lieues de Ménin. Quoique sa famille fût des plus honorables de la province, son éducation, comme il arrivait souvent alors pour les jeunes gentilshommes, fut assez négligée, et souvent il regretta de n'avoir pas appris le latin. En 1464, à l'âge de 19 ans, il entra au service de Charles, comte de Charolais, fils du duc de Bourgogne. « Au saillir de mon enfance, dit-il au livre 1er de ses *Mémoires*, et en l'âge de pouvoir monter à cheval, je hantai à Lisle vers le duc Charles de Bourgogne, lors appelé comte de Charolais, lequel me prit à son service. »

L'année suivante, (1465) il se trouvait à la bataille de Mouthléry, livrée contre les troupes du roi de France par le comte de Charolais et les seigneurs et princes unis pour faire la guerre à leur Suzerain. « Et fut cette guerre depuis appelée le *Bien Public*, pour ce qu'elle s'entreprenoit sous couleur de dire que c'estoit pour le bien public. »

Commines pendant le combat se tenait auprès du prince « et me trouvai ce jour toujours avec lui ayant moins de crainte que je n'eus jamais en lieu où je me trouvasse depuis, pour la jeunesse en quoi j'étais, et que je n'avais nulle connaissance du péril ; mais étais ébahi comme nul s'osait défendre contre tel prince à qui j'étais, estimant que ce fut le plus grand de tous les autres. Ainsi sont gens qui n'ont point d'expérience, dont vient qu'ils soutiennent assez d'argus (arguments) mal fondés et avec peu de raisons. Par quoi fait bon user de l'opinion de celui qui dit que : « l'on ne se repent jamais » pour parler peu, mais bien souvent de trop parler. »

La victoire, après une assez grande effusion de sang, semblait rester indécise, lorsque la retraite du roi, pendant la nuit, fut regardée par les alliés comme l'aveu d'une défaite. Le comte en particulier triomphait d'un succès qui devait être pour son malheur comme l'historien en fait la remarque : « Tout ce jour demeura encore monseigneur de Charolais, sur le champ, fort joyeux, estimant la gloire être sienne. Ce qui depuis lui a coûté bien cher : car oncques puis il n'usa de conseil d'homme mais du sien propre : et au lieu qu'il était très-inutile pour la guerre paravant ce jour, et n'aimait nulle chose qui y appartint, depuis furent muées et changées ses pensées, car il a continué jusques à sa mort ; et par là fut finie sa vie et sa maison détruite ; et si elle ne l'est du tout, si est-elle toute désolée. »

Commines, devenu chambellan de Charles le Téméraire, qui avait succédé à son père Philippe comme duc de Bourgogne, se trouvait à Péronne lors de l'entrevue du duc avec le roi de France ; Louis XI, s'était pris à son propre piége en se mettant à la discrétion de celui qu'il espérait tromper. On sait que Charles, ayant acquis la preuve de la trahison du roi qui excitait sous main les Liégeois à la révolte, ordonna de fermer les portes du

château et retint le monarque prisonnier. Et dans la
première émotion de sa colère, il se fût emporté peut-
être aux dernières extrémités, s'il n'eût été retenu par
ses conseillers dont était Commines qui réussirent, non
sans peine, à réconcilier les deux princes.

« Comme le duc arriva en sa présence, la voix lui
tremblait, tant il était ému, et prêt de se courroucer. Il
fit humble contenance de corps ; mais son geste et parole était âpre, demandant au roi s'il ne voulait pas tenir le traité de paix, qui avait été écrit et accordé, et si
ainsi le voulait jurer, et le roi lui répondit que oui...
Ces paroles éjouirent fort le duc ; et incontinent fut apporté le dit traité de paix, et fut tirée des coffres du roi
la vraie croix, que saint Charlemagne portait, qui s'appelle la croix de la victoire ; et jurèrent la paix ; et tantôt furent sonnées les cloches par la ville : et tout le monde
fut fort éjoui. Autrefois a plu au roi me faire cet honneur de dire que j'avais bien servi à cette pacification [1]. »

En effet, dans ses lettres patentes, plus tard Louis XI
déclara qu'il avait obligation à Commines, lors de sa
détention à Péronne. Louis, qui se connaissait en hommes et qui avait vu Commines à l'œuvre, ne négligea
rien pour se l'attacher, et il y réussit d'autant mieux
que le chambellan de Charles, témoin de ses violences,
prévoyait que, dans un temps plus ou moins éloigné, ce
caractère fougueux et emporté causerait sa ruine. Aussi
ne se fit-il pas trop prier pour l'abandonner et passer au
service de Louis XI (1472).

Charles, furieux, ordonna la confiscation de tous ses

[1] *Commines*. Liv. II.

biens, mais le roi s'empressa de dédommager Commines, par le don de riches seigneuries ; en outre des terres de Bran et Brandon, en Poitou, il lui donna la principauté de Talmont et les seigneuries de Curzon, Aulonne, Chasteau-Gontier et les Chaulmes dans le même pays. En 1474, Commines reçut encore en toute propriété la seigneurie de Chaillot près Paris et celle de la Chèvre en Poitou ; l'année suivante, il épousa Hélène de Chambres qui lui apportait en dot la seigneurie d'Argenton et plusieurs autres.

Créé sénéchal du Poitou en 1477, Commines se trouvait l'un des personnages les plus importants du royaume et l'un des familiers du roi qu'il eut plusieurs fois l'honneur de recevoir dans son château. On s'explique ainsi que, comblé par le prince de tant de bienfaits, il ne le juge pas avec la même sévérité que la plupart des autres historiens et glisse sur les côtés fâcheux de son caractère sans les dissimuler entièrement. Je trouve donc qu'il y a exagération dans ce jugement de certains biographes : « Il est vrai que Commines, le serviteur le plus fidèle et le plus habile de Louis XI, fut aussi le plus dévoué pour tous les actes injustes, cruels et perfides que l'histoire reproche à ce monarque.

« … Il a été beaucoup loué ; mais ce qu'on ne peut approuver, c'est le sang-froid avec lequel il parle des actes les plus iniques et les plus révoltants…, il est vrai que des actes auxquels il ne fut pas toujours étranger n'ont pu exciter son indignation. Aussi n'y a-t-il pas plus de leçons de morale à tirer de ses *Mémoires* qu'il n'y en a à prendre dans sa vie publique [1]. »

[1] *Biographie nouvelle.*

Ces affirmations sont assurément beaucoup trop absolues, et il est tel passage des *Mémoires* qui semble les contredire entièrement, celui-ci par exemple relatif à la mort du connétable de saint Paul livré au roi par le duc de Bourgogne : « Il n'était nul besoin au dit duc, qui était si grand prince, de lui donner une sûreté pour le prendre ; et fut grande cruauté de le bailler où il était certain de la mort, et pour avarice. Après cette grande honte qu'il se fit, il ne mit guère à recevoir du dommage. Et ainsi, à voir les choses que Dieu a faites de notre temps, et fait chacun jour, semble qu'il ne veuille rien laisser impuni; et peut-on voir évidemment que ces étranges ouvrages viennent de lui ; car ils sont hors des œuvres de nature, et sont des punitions soudaines; et par espécial contre ceux qui usent de violence et de cruauté, qui communément ne peuvent être petits personnages, mais très-grands de seigneurie ou d'autorité de prince. » (Liv. IV.)

A propos de la mort du duc de Bourgogne tué sous les murs de Nancy, il dit encore : « et périt lui et sa maison, comme j'ai dit, au lieu où il avait consenti par avarice de bailler (livrer) le connétable, et peu de temps après. Dieu lui veuille pardonner ses péchés ! je l'ai vu grand et honorable prince, et autant estimé et requis de ses voisins, un temps a été, que nul prince qui fut en chrétienté ou par aventure plus. Je n'ai vu nulle occasion pour quoi plutôt il dût avoir encouru l'ire de Dieu, que de ce que toutes les grâces et honneurs qu'il avait reçus en ce monde, il les estimait tous être procédés de son sens et vertu sans les attribuer à Dieu comme il devait. » (Liv. V.)

Commines n'approuve pas, bien s'en faut, la conduite que tint le roi après la mort du duc, et ses procédés injustes vis-à-vis de l'héritière légitime Marguerite : « Mais nonobstant qu'il fût ainsi hors de toute
crainte, Dieu ne lui permit pas de prendre cette matière
qui était si grande, par le bout qu'il la devait prendre.... pour joindre à sa couronne toutes ces grandes
seigneuries, où il ne pouvait prétendre nul bon droit ;
ce qu'il devait faire par quelque traité de mariage ou
les attraire à soi par vraie et bonne amitié, comme
aisément il le pouvait faire.... Mais par aventure
Notre Seigneur ne lui voulut pas de tous points accomplir son désir, pour aucunes raisons que j'ai dites, ou
qu'il ne voulait point qu'il usurpât sur ces pays du Hainaut pour ce qu'il n'y avait aucun titre. »

Voici maintenant comment Commines nous parle de
Louis XI dans les derniers temps de sa vie : « Le roi
s'en retourna à Tours (1481), et s'enfermait fort, et
tellement que peu de gens le voyaient ; et entra en
merveilleuse suspicion de tout le monde ; et avait peur
qu'on ne lui ôtât ou diminuât son autorité. Il recula de
lui toutes gens qu'il eut accoutumés, et les plus pro-
chains qu'il eut jamais.... Mais ceci ne dura guères ;
car il ne vécut point longuement ; et fit de bien étranges choses. »

« Notre Roi était en ce Plessis, avec peu de gens,
sauf archers, et en ces suspicions dont j'ai parlé ; mais
il y avait pourvu ; car il ne laissait nuls hommes, ni en
la ville, ni aux champs dont il eut suspicion ; mais par
archers les en faisait aller et conduire. Il semblait
mieux, à le voir, homme mort que vif, tant était mai-

gre ; ni jamais homme ne l'eût cru. Il se vêtait richement, ce que jamais n'avait accoutumé par avant.... Il
faisait d'âpres punitions, pour être craint, et de peur
de perdre obéissance ; car ainsi me le dit lui-même. Il
renvoyait officiers et cassait gens d'armes, rognait
pensions, et en ôtait de tous points. Et me dit, peu de
jours avant sa mort, qu'il passait temps à faire et à
défaire gens.. et le faisait de peur qu'on ne le tînt pour
mort. »

« ... Mais tout ainsi qu'à deux grands personnages
qu'il avait fait mourir de son temps (dont de l'un fit
conscience à son trépas, et de l'autre non, ce fut du
duc de Nemours, et du comte de Saint-Paul) fut signi-
fiée la mort par commissaires députés à ce faire,
lesquels commissaires en briefs mots leur déclarèrent
leur sentence et baillèrent confesseur pour disposer de
leurs consciences, en peu d'heures qu'ils leur baillèrent
à ce faire ; tout ainsi signifièrent à notre roi, les dessus
dits, sa mort en brièves paroles et rudes, disant :

« Sire, il faut que nous nous acquittions, n'ayez plus
» d'espérance en ce saint homme (l'ermite Paul), ni en
» autre chose ; car sûrement il est fait de vous ; et pour
» ce pensez à votre conscience, car il n'y a nul re-
» mède... »

« Quelle douleur lui fut d'ouïr cette nouvelle et cette
sentence ? Car oncques homme ne craignit plus la
mort.... Faut revenir à dire qu'ainsi comme de son
temps furent trouvées ces mauvaises et diverses prisons,
tout ainsi avant mourir, il se trouva en semblables et
plus grandes prisons, et aussi plus grande peur il eut
que ceux qu'il y avait tenus. Laquelle chose je tiens à

très grande grâce pour lui et pour partie de son purga-
toire. Et l'ai dit ici pour montrer qu'il n'est nul homme
de quelque dignité qu'il soit qui ne souffre ou en secret
ou en public, et par espécial ceux qui font souffrir les
autres. »

Ce langage n'est pas assurément d'un homme habitué
« à ne voir et considérer les actes les plus iniques que
comme des moyens de succès et ne les juger que par
les résultats [1] ».

La conclusion de ce sixième livre n'est pas moins
admirable et le prédicateur dans la chaire ne s'expri-
merait pas autrement. « Or, voyez-vous la mort de
tant de grands hommes en si peu de temps, qui tant
ont travaillé pour s'accroître et pour avoir gloire, et
tant en ont souffert de passions et de peines, et abrégé
leur vie; et par aventure leurs âmes en pourraient souffrir.... N'eut-il pas mieux valu à eux, et à tous autres
princes, et hommes de moyen état, qui ont vécu sous
ces grands, et vivront sous ceux qui règnent, élire le
moyen chemin en ces choses. C'est à savoir, moins se
soucier, et moins se travailler, et entreprendre moins
de choses, et plus craindre à offenser Dieu, et à persé-
cuter le peuple, et leurs voisins, et par tant de voies
cruelles que j'ai assez déclarées par ci-devant, et prendre des aises et plaisirs honnêtes? Leurs vies en seraient
plus longues. Les maladies en viendraient plus tard, et
leur mort en serait plus regrettée, et de plus de gens,
et moins désirée, et aurait moins à douter (craindre) la
mort. Pourrait-on voir de plus beaux exemples pour

[1] *Nouvelle Biographie.* — *Encyclopédie des gens du monde.*

connaître que c'est peu de chose que de l'homme ; et
que cette vie est misérable et briève et que ce n'est rien
des grands ; et qu'incontinent qu'ils sont morts, tout
homme en a le corps en horreur et vitupère ? et qu'il
faut que l'âme sur l'heure se sépare d'eux et qu'elle
aille recevoir son jugement ? Et à la vérité, en l'instant
que l'âme est séparée du corps, jà la sentence en est
donnée de Dieu, selon les œuvres et mérites du corps,
laquelle sentence s'appelle le jugement particulier. »
(Liv. VI).

Ce langage n'est pas celui du politique, mais du
chrétien amené à la saine appréciation des choses par
les malheurs d'autrui et aussi par sa propre et douloureuse expérience. Celle-ci ne manqua pas à Commines ;
car, après la mort de Louis XI, devenu suspect à la
régente par suite de ses relations avec le duc d'Orléans
(depuis Louis XII), il fut arrêté et pendant plus de
deux années retenu dans une étroite prison, (bien
étroite) pendant huit mois surtout, puisque c'était une
de ces fameuses cages de fer imaginées par Louis XI :
« Il avait fait de vigoureuses prisons, comme cages de
fer et autres de bois, couvertes de plaques de fer par le
dehors et par le dedans avec terribles ferrures de quelques huit pieds de large et de la hauteur d'un homme
et un pied de plus. Le premier qui les dévisa (essaya)
fut l'évêque de Verdun qui, en la première qui fut
faite, fut mis incontinent et y a couché quatorze ans.
Plusieurs l'ont maudit, et moi aussi qui en ont tâté
sous le roi de présent (Charles VIII) l'espace de huit
mois.

Rendu à la liberté, Commines retrouva en partie

son crédit et fut chargé de plusieurs missions importantes par Charles VIII auquel il rendit de grands services pendant l'expédition d'Italie. Mais sous le successeur de ce prince, sous Louis XII, pour qui Commines
s'était naguère si fort compromis, il ne fut aucunement
employé, et vécut (qui sait pourquoi ?) dans une sorte
de disgrâce, ce qui lui permit d'ailleurs d'achever tout
à loisir la rédaction de ses *Mémoires*. Il mourut, en
1509, dans son château d'Argenton.

La première édition des *Mémoires*, in-fol. fut publiée
à Paris en 1523.

LA CONDAMINE ET JENNER

« On peut dire de La Condamine, écrivait naguère le
judicieux M. Biot, que le trait saillant de son caractère,
la cause principale de ses succès dans les sciences, dans
les lettres et dans le monde, fut la curiosité, mais une
curiosité active, unie à des qualités solides, telles que
l'ardeur, le courage et la constance dans les entreprises [1] ! »

Delille, de son côté, nous dit dans son *Eloge de La
Condamine*, « un des plus beaux morceaux de prose que
ce grand poète ait écrits », comme s'exprime Biot qui
n'exagère pas : « Sa passion dominante fut cette curiosité insatiable. Ce doit être celle de ce petit nombre
d'hommes destinés à éclairer la foule, et qui, tandis que
les autres s'efforcent d'arracher à la nature ses produc-
tions, travaillent à lui dérober ses secrets. Sans ce puissant aiguillon, elle resterait pour nous invisible et
muette ; car elle ne parle qu'à ceux qui l'appellent ; elle
ne se montre qu'à ceux qui cherchent à la pénétrer ; elle
ensevelit ses mystères dans des abîmes, les place sur
des hauteurs, les plonge dans les ténèbres, les montre
sous de faux jours. Et comment parviendraient-ils

[1] *Notice sur La Condamine,* par Biot.

jusqu'à nous, sans la courageuse opiniâtreté d'un petit
nombre d'hommes qui, plus impérieusement maîtrisés
par les besoins de l'esprit que par ceux du corps, aime-
raient mieux renoncer à ses bienfaits que de ne pas les
connaître, ne les saisissent pour ainsi dire que par l'intelligence, et ne jouissent que par la pensée ? Cette qualité, dis-je, fut dominante chez M. de La Condamine ;
elle lui rendait tous les objets piquants, tous les livres
curieux, tous les hommes intéressants. »

De cette curiosité qui, chez notre savant, était une
violente passion, on cite des exemples singuliers, mais
que le caractère de l'homme nous rend vraisemblables.

Agé de dix-huit ans à peine [1], au sortir du collége, il
alla servir comme volontaire au siége de Roses (1719)
où tout d'abord sa curiosité lui faillit être fatale. Désireux d'observer l'effet d'une batterie, il monta sur une
hauteur, et, armé d'une lunette d'approche, il se mit à
regarder, mais tellement absorbé par sa préoccupation
qu'autour de lui les boulets tombaient comme grêle sans
qu'il eût l'air de s'en apercevoir. C'était sur lui cependant qu'on tirait de la ville, un certain manteau de couleur écarlate qu'il portait, servant de point de mire aux
artilleurs. Heureusement que du camp un officier supérieur vit le péril et envoya au jeune homme l'ordre de
descendre.

Dans un voyage qu'il fit bien des années après (1737)
en Italie, La Condamine eut occasion de visiter le trésor
de Gênes. On lui montra un grand vase d'une seule
émeraude connu sous le nom de *sacro cattino*, regardé

---

[1] Il était né à Paris le 28 janvier 1701.

comme une relique et qui, de plus, pouvait être une ressource dans les besoins pressants... La Condamine doutait que le vase, vu sa grandeur, fût réellement une
émeraude, et, pour s'en assurer et éprouver sa dureté,
il allait tenter de le rayer, lorsqu'on le prévint et le vase
lui fut retiré des mains.

Autre anecdote que rapporte Biot, mais qu'il est difficile de ne pas croire apocryphe : « Dans un petit village,
sur les bords de la mer, on lui montrait un cierge que
l'on entretenait toujours allumé, et l'on ajoutait que,
s'il venait à s'éteindre, le village serait tout aussitôt
englouti par les flots.

« Êtes-vous bien sûr de ce que vous dites ? demanda
La Condamine au cicerone ; et comme celui-ci répondit
qu'il n'en doutait point :

« Eh bien ! reprend l'académicien, nous allons voir,
et aussitôt il souffle sur le cierge qu'il éteint. On n'eut
que le temps de le dérober à la fureur du peuple en le
faisant échapper par une issue secrète et lui recomman-
dant de quitter le village au plus vite. »

Voici qui paraît plus vraisemblable : un jour qu'il
se trouvait près de Mme de Choiseul pendant qu'elle
écrivait une lettre, il se pencha, soit distraction,
soit indiscrétion, comme pour regarder. Mme de Choiseul s'en aperçut, et continuant néanmoins d'écrire,
elle ajouta :

« Je vous en dirais bien davantage si M. de La Con-
» damine n'était pas derrière moi, lisant ce que je vous
» écris. »

La leçon était méritée encore que La Condamine pro-
testât bien haut de son innocence en disant : « Ah !

» madame, rien n'est plus injuste, et je vous assure que
» je ne lis pas. »

On raconte que, lors de l'exécution du régicide Da-
miens, condamné à être écartelé, c'est-à-dire tiré à
quatre chevaux, La Condamine, afin que rien ne lui
échappât des détails du supplice, s'était mêlé aux valets
du bourreau. Comme les archers voulaient le faire retirer, l'exécuteur le prit sous sa protection en disant, et
paraît-il, sans aucune intention ironique :

— Laissez monsieur, c'est un amateur.

Supposé vraies ces anecdotes, on peut, dans une certaine mesure, excuser La Condamine en disant avec
Delille : « On a prétendu que cette curiosité, précieuse
dans le savant, ressemblait quelquefois à l'indiscrétion
dans l'homme de société ; mais ces petits torts, qu'on
remarque dans un homme ordinaire, s'éclipsent dans un
homme célèbre, par la considération des avantages que
retire la société de ses défauts mêmes ; et c'est peut-être
le louer encore que d'avouer qu'il porta cette passion à
l'excès. »

Après la campagne dont nous avons parlé, La Condamine voyant la paix signée se dégoûta de la carrière
militaire qui ne répondait plus à son besoin d'activité,
et donnant sa démission, il entra comme adjoint chimiste
à l'Académie des sciences. Fût-ce en cette qualité qu'il
obtint de s'embarquer sur l'escadre de Duguay-Trouin,
avec laquelle il parcourut les côtes de l'Asie et de
l'Afrique ? Il visita la Troade en particulier et fit un
séjour de plusieurs mois à Constantinople.

II

De retour à Paris, il apprit qu'à l'Académie on s'occupait d'un grand projet de voyage à l'équateur ayant
pour but de déterminer la grandeur et la figure de la
terre. Il demanda tout aussitôt à faire partie de l'expédition, et connu du comte de Maurepas, il ne contribua
pas peu à rendre le ministre tout favorable à l'entreprise et à accélérer les préparatifs. La Condamine partit avec deux autres membres de l'Académie, Bouguer
et Godin, plus savants peut-être que leur confrère, sans
lequel cependant l'expédition eût échoué ; car ce furent
son courage, sa gaieté, sa présence d'esprit, qui soutin-
rent les deux autres au milieu des difficultés d'une tâche
des plus ardues et des rudes épreuves d'un voyage qui
ne dura pas moins de dix années. Voici ce que Delille
nous apprend :

« Si nous plaignons l'astronome dans nos villes, imaginez ce que dut éprouver M. de la Condamine dans ces
contrées lointaines. Pour le bien peindre, il faudrait les
couleurs, je ne dis pas de l'éloquence, mais de la poésie
même ; et je ne sais si je pourrai me défendre d'em
ployer quelquefois son langage ; du moins ici le merveilleux n'a pas besoin de fiction. Aux travaux fabuleux
de cet Ulysse banni par la colère des Dieux, cherchant
sa patrie sur terre et sur mer, et échappant aux enchan-
tements de la cour de Circé, on peut opposer sans doute
les travaux réels de M. de La Condamine, s'arrachant
aux délices de la capitale, fuyant sa patrie pour cher-

cher la vérité, traversant de vastes déserts, souvent
abandonné de ses guides, escaladant des montagnes
inaccessibles jusqu'à lui, menacé d'un côté par les masses de neige suspendues à leur sommet, de l'autre par la
profondeur des précipices, marchant sur des volcans
plus terribles cent fois que ceux de notre continent, res-
pirant de près leurs exhalaisons, quelquefois même entendant gronder ces foudres souterrains et voyant des
torrents de soufre sillonner ces neiges antiques que n'a-
vaient point effleurées les feux de l'équateur... Tandis
qu'il sondait le volcan de Pitchincha, il voyait s'enflam-
mer, à sept lieues de distance, celui de Coteau Paxi, sur
lequel il observait quelques jours auparavant ; et peut-
être sans cet éloignement, dont sa curiosité s'indignait,
sans doute entraîné par elle, et trop digne émule de
Pline, il lui aurait ressemblé dans sa mort, comme il
l'avait imité dans sa vie.

» A d'incroyables dangers se joignaient d'incroyables
fatigues : mesurer la toise en main une base immense ;
chercher à travers des rochers, des ravins, des abîmes,
les points de ses triangles ; replanter vingt fois, sur des
monts escarpés, des signaux, tantôt enlevés par les Indiens, tantôt emportés par les ouragans ; passer plusieurs nuits sous des tentes chargées de frimas, quelquefois arrachées par les vents ; essuyer la cruelle
alternative et des plus accablantes chaleurs dans la
plaine, et du froid le plus âpre dans les montagnes ;
voilà quelle fut sa vie pendant sept ans entiers. »

Plus loin Delille nous dit encore : « Je ne vous le re-
présenterai point, après un trajet de cinq cents lieues
sur la rivière des Amazones, ce fleuve immense, large

de cinquante lieues à son embouchure, s'enfonçant dans la rivière du Para large de trois lieues, échouant contre un banc de vase, obligé d'attendre sept jours les grandes marées, remis à flot par une vague plus terrible que celle qui l'avait fait échouer, et sauvé par où il devait périr; je ne vous peindrai pas les tempêtes qu'il essuya, les nations inconnues qu'il traversa, tous les dangers enfin menaçant ses jours, tandis que lui, tranquille observateur, seul au milieu de ces déserts, avec trois Indiens, maîtres de sa vie, tenait toujours le baromètre, la sonde et la boussole. »

La Condamine a publié de son voyage une relation intéressante, quoique à la façon d'un résumé. Nous détachons de ce volume quelques pages qui prouvent, avec le talent d'observation de l'auteur, que son style ne manque ni d'agrément ni de facilité :

« *Pont suspendu.* — Je rencontrai sur ma route plusieurs rivières qu'il fallut passer sur des ponts de cordes d'écorce d'arbre, ou de ces espèces d'osiers qu'on appelle *lianes* dans nos îles de l'Amérique. Ces lianes, entrelacées en réseau, forment d'un bord à l'autre une galerie en l'air, suspendue à deux câbles de la même matière, dont les extrémités sont attachées sur chaque bord à des branches d'arbre. Le tout ensemble présente le même aspect qu'un filet de pêcheur, ou mieux encore, un hamac indien qui serait tendu d'un côté à l'autre de la rivière. Comme les mailles de ce réseau sont fort larges et que le pied pourrait passer au travers, on tend quelques roseaux dans le fond de ce berceau renversé pour servir de plancher. On voit bien que le poids seul de tout ce tissu, et plus encore le poids de celui qui y passe,

doit faire prendre une grande courbure à toute la machine, et si l'on fait attention que le passant, quand il
est au milieu de sa carrière surtout lorsqu'il fait du vent,
se trouve exposé à de grands balancements, on jugera
aisément qu'un pont de cette espèce, quelquefois de plus
de trente toises de long, a quelque chose d'effrayant au
premier coup d'œil... Cependant ce n'est pas encore là
l'espèce de pont la plus singulière ni la plus dangereuse
qui soit en usage dans le pays. »

Voici le portrait que l'auteur nous fait des indigènes
indiens : « J'ai cru reconnaître en tous un même fonds
de caractère, l'insensibilité en fait la base ; je laisse à
décider si on la doit honorer du nom d'apathie, ou l'a-
vilir par celui de stupidité. Elle naît sans doute du petit
nombre de leurs idées, qui ne s'étend pas au-delà de
leurs besoins. Gloutons jusqu'à la voracité, quand ils ont
de quoi se satisfaire ; sobres, quand la nécessité les y
oblige, jusqu'à se passer de tout sans paraître rien désirer ; pusillanimes et poltrons à l'excès, si l'ivresse ne les
transporte pas ; ennemis du travail, indifférents à tout
motif de gloire, d'honneur ou de reconnaissance ; uniquement occupés de l'objet présent et toujours détermi-
nés par lui ; sans inquiétude pour l'avenir ; incapables
de prévoyance et de réflexion, se livrant quand rien ne
les gêne à une joie puérile qu'ils manifestent par des
sauts et des éclats de rire immodérés, sans objet et sans
dessein ; ils passent leur vie sans penser et ils vieillis-
sent sans sortir de l'enfance dont ils conservent tous les
désirs. »

Ce portrait du sauvage, dessiné d'après nature, d'après
l'original, ne resemble guère à celui que Jean-Jacques

traçait de fantaisie à la même époque, pour justifier ses
folles théories. Le passage de La Condamine était fait
pour l'embarrasser et le contrarier, surtout à cause de
la conclusion qui contredit si formellement le système
du philosophe de Genève : « L'homme naît bon, c'est la
société qui le déprave. » Or La Condamine répond :
« On ne peut voir sans humiliation combien l'homme
abandonné à la simple nature, privé d'éducation et de société, *diffère peu de la brute.* »

De courageux missionnaires cependant s'étaient dévoués à la rude tâche d'évangéliser ces populations dé-
gradées et de faire des hommes de ces brutes. Notre
voyageur dut aux bons pères de grands secours et se
plaît à le reconnaître. « J'étais attendu à Borja par le
R. P. Magnin, missionnaire jésuite, en qui je trouvai
toutes les attentions et prévenances que j'aurais pu espérer d'un compatriote et d'un ami. »

« Le missionnaire (portugais) de Saint-Paul, dit-il
ailleurs, prévenu de notre arrivée, nous tenait prêt un
grand canot équipé de quatorze rameurs avec un patron. Il nous donna de plus un guide portugais et nous
reçûmes de lui et des autres religieux de son ordre, chez
qui nous avons déjeuné, un traitement qui nous fit oublier que nous étions au centre de l'Amérique de 500
lieues de terre habitées par des européens [1]. »

Pendant que La Condamine, ne pensant qu'à la
science, explorait les Cordilières du Pérou, les habitants
du pays le croyaient occupé sur ces montagnes à décou-

---

[1] *Abrégé d'un voyage dans l'Amérique méridionale.* — in-8°. —
1745.

vrir de l'or. Or, « au moment où il se préparait à revoir sa patrie et à lui porter les vérités qu'il avait conquises, on lui enlève une cassette qui renfermait ses journaux et l'argent destiné pour son voyage. Il fait publier sur-le-champ qu'il consent à perdre la somme entière, pourvu qu'on lui rende ses papiers. La condition fut acceptée, et, malgré la perte d'une somme considérable, il crut en effet avoir retrouvé son trésor[2]. »

Son courage égalait son désintéressement. Dans son voyage du Levant, plutôt que de livrer au cadi de Baffa un dépôt d'argent qui lui avait été confié, on le vit se défendre contre soixante hommes, braver les coups de fusil, le canon même, enfin traîné devant le cadi, lui en imposer par sa fermeté, lui arracher des excuses par ses menaces ; en un mot faire respecter les droits de la propriété dans le pays des usurpations et ceux de la liberté dans le séjour de l'esclavage.

Après dix années d'absence, La Condamine revit l'Europe où il ne tarda pas à publier le résultat de ses observations. Mais ce Mémoire fut attaqué violemment par Bouguer avec lequel, pendant le voyage, s'était brouillé La Condamine. Celui-ci, dans sa réponse plus malicieuse que passionnée, mit les rieurs de son côté, ce qui lui donna gain de cause.

---

[2] *Eloge de La Condamine*, par Delille.

III

On eût cru qu'après tant de fatigues, La Condamine devait éprouver le besoin du repos, mais la dispute avec Bouguer à peine terminée, nous le voyons partir pour l'Italie ; il est vrai, qu'en outre de la curiosité du touriste, un motif particulier le portait à entreprendre ce voyage. Il voulait voir Rome et surtout le Souverain-Pontife dont l'accueil fut pour lui des plus bienveillants. Benoit XIV fit à La Condamine cadeau de son portrait en l'interrogeant longuement sur ses voyages, et il lui accorda avec bonne grâce la dispense que le savant sollicitait afin de pouvoir épouser une de ses parentes. Cette démarche, pour le dire en passant, prouve que La Condamine n'était point tout à fait un sceptique à la façon de certains de ses confrères de l'Académie. Du reste, il en fut récompensé, Delille nous l'atteste :

« Sa plus douce consolation, c'était l'attachement de sa digne épouse. Si jamais l'hymen est respectable, c'est surtout lorsqu'une femme jeune adoucit à son époux les derniers jours d'une vie immolée au bien public. La sienne aimait en lui un mari vertueux ; elle respectait un citoyen utile. Cette impétuosité inquiète qui, dans M. de La Condamine, ressemblait quelquefois à l'humeur, loin de rebuter sa tendresse, la rendait plus ingénieuse. Elle le consolait des maux du corps, des peines de l'esprit, de ses craintes, de ses inquiétudes, de ses ennemis et de lui-même ; et ce bonheur, qui lui avait échappé peut-être dans ses courses immenses, il le trouvait à côté de lui dans un cœur tendre, qui s'imposait, par l'amour constant du devoir, ces soins recherchés qu'inspire à peine le sentiment passager de l'amour. »

La Condamine, spirituel, aimable, célèbre par ses longs voyages, jouissant dans le monde d'une grande réputation comme savant, écrivant avec correction, souvent même avec élégance, semblait tout naturellement désigné au choix de l'Académie, qui, en effet, l'admit dans son sein en 1760. Son discours de réception se distingue par la clarté et la simplicité avec laquelle contrastait le ton solennel de Buffon, d'ailleurs très-éloquent dans la brièveté. « Sa réponse n'a que deux pages, nous dit Biot, mais ces deux pages, écrites avec génie, porteront plus loin le nom de La Condamine que tous ses ouvrages n'auraient pu faire. »

A l'occasion de cette séance, on fit circuler une épigramme assez malicieuse que quelques-uns attribuent à La Condamine lui-même :

> La Condamine est aujourd'hui
> Reçu dans la troupe immortelle ;
> Il est bien sourd : tant mieux pour lui ;
> Mais non muet : tant pis pour elle.

Cette surdité, gagnée par le voyageur dans ses courses au sommet des Cordilières, lui fut une cruelle épreuve, aggravée dans les dernières années par une paralysie qui ne lui permettait presque plus aucun mouvement. Dans cet état, ne pouvant plus se rendre à l'Académie, il se faisait lire le compte-rendu des séances et les Mémoires les plus intéressants.

Il apprit par l'un d'eux qu'un jeune chirurgien venait

de proposer une opération très-hardie et nouvelle pour une des maladies dont il souffrait. Aussitôt il le fait appeler et l'invite à tenter sur lui-même une nouvelle expérience.

— Mais, dit le praticien, je puis avoir le malheur de ne pas réussir.

— Que cela ne vous inquiète pas, monsieur ; je suis vieux et malade ; on dira que la nature vous a mal secondé. Tout au contraire, si vous me guérissez, je rendrai moi-même à l'Académie un compte exact de votre procédé, et cela vous fera, je crois, grand honneur.

Le jeune homme consent, l'opération a lieu, mais ce qui n'arrive guère d'habitude, le malade, trouvant qu'il était trop expéditif, lui disait :

« Allez donc plus doucement, monsieur, je vous prie, qu'importe que je souffre un peu davantage ! L'important est que je voie et puisse bien me rendre compte de votre procédé, afin de faire mon rapport à l'Académie. »

La Condamine n'eut pas cette satisfaction. Il succomba aux suites de cette opération, supportée avec un courage qui ne l'abandonna pas jusqu'à la fin, en dépit de ses souffrances. On aime à voir Delille ajouter : « Le même enthousiasme et la même curiosité qui lui avaient fait si souvent exposer sa vie, ont avancé sa mort ; il l'a vue s'approcher, je ne dis pas avec intrépidité, mais j'oserais presque dire avec distraction. Ce n'était point l'incrédulité stupide, qui cherche à s'étourdir sur ce dernier moment, c'était l'inattention d'un homme ardent, dont l'âme se prend et s'attache, jusqu'au dernier soupir, à tout ce qui l'environne, qui se hâte de vivre, et dont l'activité n'a fini qu'avec lui. » Mais cette préoccupation

excessive, on peut l'espérer, ne le détourna point absolument des pensées de l'éternité, et « sa curiosité, pour
parler comme Bossuet, ne languit pas sur ce seul point. »

Parmi les nombreux ouvrages de La Condamine, il
s'en trouve plusieurs relatifs à l'*inoculation* de la petite
vérole, pratique qu'il s'efforça de propager, mais depuis
si heureusement remplacée par la vaccine. Quand on
lit, dans les historiens du temps, les ravages causés par
la terrible maladie qui, souvent devenant épidémique,
enlevait en quelques jours des villages entiers, on se
sent plein d'une reconnaissance profonde pour Jenner
qu'on n'hésite pas à placer au premier rang des bienfaiteurs de l'humanité.

« Il est juste de dire, avec M. Renauldin, que c'est en
France, dans l'année 1781, que l'idée première de la
possibilité du transport d'une éruption de la vache sur
l'homme a eu lieu, que cette idée, émise par un Français
(M. Rabaut-Pommier) devant un médecin anglais, a été
communiquée par ce dernier à Jenner, son compatriote,
qui, ensuite appliquant toute son attention à ce fait,
aurait consulté les traditions populaires du pays où il
exerçait la médecine et aurait appris que depuis longtemps on y connaissait cette propriété qu'avait la maladie de la vache, non-seulement de se communiquer à
l'homme, mais encore de le préserver de la petite
vérole. »

« Ainsi, continue M. le docteur Husson [1], la vaccine
était connue avant que Jenner s'en fût sérieusement
occupé, et sans rien ôter au mérite du docteur anglais

[1] *Dictionnaire des Sciences médicales.* — T. 56.

qui a étudié, approfondi, expérimenté et fait connaître
tout ce qui est relatif à la vaccine, notre patrie peut
réclamer sa part dans cette heureuse invention... dont
l'idée mère et première a été donnée par un Français,
et dont l'étude et la juste appréciation ont été, même de
l'aveu de nos voisins d'outre-Manche, plus vigoureuse-
ment suivies parmi nous que parmi eux. »

Chaptal, lorsqu'il était ministre de l'intérieur, y contribua tout particulièrement, et l'on ne saurait donner
trop d'éloges à son zèle.

Il n'est pas inutile d'ajouter que Jenner, à l'honneur
de l'Angleterre, fut magnifiquement récompensé. Le
parlement, par deux fois, lui vota des remercîments publics et unanimes en lui accordant le 2 juin 1802, à titre
de récompense nationale, une somme de dix mille
livres sterling, et en 1807 une autre somme de vingt
mille livres, auxquelles il faut ajouter cinq cents livres
données par le roi (total, 762,500 fr.). Le chancelier
d'Angleterre dit à cette occasion :

« La Chambre peut voter pour le docteur Jenner telle
» récompense qu'elle jugera convenable; elle recevra
» l'approbation unanime, parce que cette récompense a
» pour objet la plus grande ou l'une des plus importantes
» découvertes que la société ait faites depuis la création
» du monde. »

De telles paroles font honneur à l'homme d'Etat qui
les prononçait, comme à la haute assemblée qui savait
les comprendre et s'y associer par l'unanimité de ses
applaudissements.

D'ailleurs le dévouement et le zèle désintéressés de
Jenner méritaient ces récompenses; car après avoir

refusé une place lucrative dans l'Inde par attachement
pour son frère et pour sa patrie, il alla s'établir à Berkeley (comté de Glocester), lieu de sa naissance (17 mai
1749), pour y exercer la chirurgie. Là, mis sur la trace
de la découverte qui devait immortaliser son nom, il
consacra plusieurs années à des recherches, à des observations, des expériences nécessaires pour s'assurer avec
une entière certitude des propriétés bienfaisantes de la
vaccine. Sa conviction formée et devenue inébranlable,
il dut se résigner à quitter sa paisible vallée de Glocester
ter pour aller habiter Londres « où, dit M. Renauldin [1],
il consacra tout son temps à donner aux médecins les
instructions dont ils pouvaient avoir besoin pour le
succès de la vaccination, et à entretenir avec l'étranger
une immense correspondance, laquelle devint même tellement étendue, qu'il fut forcé d'en demander l'interruption à cause des frais énormes qu'elle lui occasionnait. »

L'indemnité dont nous avons parlé le dédommagea
amplement de ces généreuses dépenses. Riche, grâce à
la munificence nationale, il n'en continua pas moins
jusqu'à la fin de sa vie, avec le même zèle, ses études et
ses recherches, tout occupé de la pensée d'étendre les
applications de la vaccine à certaines autres affections
éruptives, à la coqueluche, etc. Devenu veuf en 1815, il
se retira avec son fils et sa fille à Berkeley, où il mourut
subitement d'apoplexie, dans sa bibliothèque, le 26 janvier 1823. Ses enfants, quoique vivant près de lui, arrivèrent seulement pour lui fermer les yeux.

Trois années après (1826), on érigeait à Jenner une
statue en marbre blanc, dans l'église de Glocester.

[1] *Biographie universelle.*

CORNEILLE (PIERRE)

I

« Le créateur de l'art dramatique en France, dit
Victorin Fabre [1] l'un des hommes qui ont le plus contribué au développement du génie national, et le premier dans l'ordre des temps entre les grands écrivains
du siècle de Louis XIV. » En effet, il avait depuis
longtemps publié tous ses chefs-d'œuvre lorsque, en
1664, Racine fit jouer sa première pièce (*les Frères
ennemis*). Un intervalle de trente-quatre ans sépare le
Cid d'Andromaque.

Corneille (Pierre) naquit à Rouen, le 6 juin 1606 ;
son père nommé aussi Pierre Corneille, était avocat
général à la table de Normandie [2] et il destinait son
fils au barreau lorsqu'une aventure racontée par Fontenelle, mais qu'il me paraît inutile de rappeler, révéla
au jeune homme sa vocation littéraire, et lui inspira sa
première comédie, *Mélite*, jouée non sans succès en 1629.
Elle fut suivie de *Clitandre, la Veuve, la Galerie du Palais,
la Suivante, la Place Royale,* fort bien accueillies par le
public qui, par comparaison avec ce qu'on voyait alors

[1] *Biographie Universelle.*
[2] Sa mère s'appelait Marthe de Pesan.

sur la scène, trouvait presque des chefs-d'œuvre ces
faibles essais d'un talent qui suivait le goût de son
siècle avant de le réformer, ces ébauches informes dans
lesquelles déjà cependant se rencontrent des combinaisons ingénieuses, des vers heureux, des traits spirituels. Dans *Médée* (1635), malgré l'horreur et l'invrai-
semblance du sujet, moins choquant d'ailleurs à l'époque où Corneille écrivait qu'aujourd'hui, le grand
tragique se révèle par quelques passages et surtout par
le fameux vers :

> Dans un si grand revers que vous reste-t-il ? — Moi !

Quoique ces divers ouvrages ne se lisent plus guère,
le succès qu'ils eurent alors attira l'attention de Richelieu, visant au rôle de Mécène, et qui volontiers pen-
sionnait des poètes, Bois-Robert, Colletet, Rotrou,
l'Etoile qu'il chargeait de mettre en vers les pièces dont
il fournissait le canevas [1]. Corneille leur fut adjoint, et
pour se concilier ce puissant protecteur, il se résigna,
lui aussi, à cette ennuyeuse besogne. Mais, en honnête
homme qu'il était, il y mit de la conscience, et trouvant,
en certains endroits, le scénario donné par l'éminence,
mal combiné, il n'hésita pas à faire les changements
nécessaires dont le cardinal eût dû lui savoir gré. Tout
au contraire, son amour-propre d'auteur fort chatouilleux s'offensa et il fit à Corneille en termes assez vifs
des reproches que le poète ne crut pas devoir prendre

---

[1] Au dire des biographes, mais ce que je crois une pure imagination de leur part.

en bonne part, ce qui lui valut une admonestation plus sévère du haut personnage. « Vous manquez d'esprit de suite, » lui dit-il entre autres choses, expression qui, à cette époque, signifiait que Corneille n'était pas suffisamment docile ou servile.

Le poète, qui avait dans le caractère quelque chose de la fierté romaine, garda le silence ; mais le lendemain, prétextant que des affaires de famille le rappelaient à Rouen, il demanda son congé et déclara renoncer à sa pension. Le cardinal prit de l'humeur de cette incartade que les envieux et les flatteurs se plurent à exagérer, et de là son mécontentement que le succès inattendu du *Cid* ne fit qu'exaspérer. Maintenant faut-il, à l'exemple des biographes, qui nous racontent ces détails, la plupart contestables, faut-il prendre parti complètement pour Corneille et donner tous les torts au ministre ? Non, sans doute, Corneille déjà disait de lui-même avec la conscience de son génie :

> Je sais ce que je vaux et crois ce qu'on m'en dit.
> Pour me faire admirer, je ne fais point de ligue,
> J'ai peu de voix pour moi, mais je les ai sans brigue.
> Je satisfais ensemble et peuple et courtisans,
> Et mes vers en tous lieux sont mes seuls partisans ;
> Par leur seule beauté ma plume est estimée :
> Je ne dois qu'à moi seul toute ma renommée ;
> Et pense toutefois n'avoir point de rival,
> A qui je fasse tort en le traitant d'égal [1].

Il n'eut pas peut-être dans la discussion les ménagements que la situation commandait et dont plus tard il

---

[1] *Poésies diverses. — Excuse à Ariste.*

comprit mieux la nécessité. Quoiqu'il en soit, retourné à Rouen, il y fit par fortune la connaissance d'un M. de Châlon, ancien secrétaire de Marie de Médécis, qui lui dit un jour :

« Monsieur, vos comédies sont pleines d'esprit ; mais permettez-moi de vous le dire, le genre que vous avez embrassé est indigne de vos talents : vous n'y pouvez acquérir qu'une renommée passagère. Vous trouverez, chez les Espagnols, des sujets qui, traités dans notre goût par un esprit tel que le vôtre, produiront de grands effets. Apprenez leur langue ; elle est aisée : j'offre de vous montrer ce que j'en sais. Nous traduirons d'abord quelque endroits de Guilhen de Castro. »

Corneille accepta et il n'eut qu'à s'en applaudir, car ce fut ainsi qu'il trouva le sujet du *Cid* accueilli par une explosion d'enthousiasme et des transports dont Pélisson se fait l'écho : « Il est malaisé, dit-il, de s'imaginer avec quelle approbation cette pièce fut reçue de la cour et du public. On ne pouvait se lasser de la voir ; on n'entendait autre chose dans les compagnies ; chacun en savait quelques parties par cœur ; on la faisait apprendre aux enfants, et en plusieurs endroits de la France, il était passé en proverbe de dire : « *Cela est beau comme le Cid.* »

Maintenant faut-il prendre à la lettre les récriminations des biographes résumées dans ces deux vers de Boileau :

> En vain contre le *Cid* un ministre se ligue,
> Tout Paris pour Chimène a les yeux de Rodrigue.

Est-il bien vrai, comme l'affirme M. Victorin Fabre,

que ce succès trop éclatant excita contre l'auteur une
des persécutions les plus violentes dont l'histoire des
lettres et des passions qui les déshonorent ait conservé
le souvenir ? Rivaux de gloire, amis de cour, tout jette
le masque ; un ministre tout puissant s'était ligué contre le *Cid*.

Sans contester que le succès du *Cid* ait dû provoquer
des jalousies, doit-on voir là le motif unique des critiques dirigées contre la pièce et en particulier de l'attitude de Richelieu qui n'aurait obéi qu'à une misérable
rancune ? Suivant mon habitude de n'accepter que,
sous bénéfice d'inventaire les affirmations des biographes quand elles ne s'appuient pas sur des faits indis-
cutables, dans cette circonstance, je me permettrai de
penser autrement qu'eux relativement au cardinal. Il
faut bien le reconnaître aujourd'hui qu'on peut tout
dire, le *Cid*, absous par le succès, n'est pas une pièce
irréprochable au point de vue de l'art non plus que de
la morale quoique disent M. Victorin Fabre et d'autres :
« C'était l'un des plus heureux sujets que pût offrir le
théâtre ; une intrigue noble et touchante, le combat des
passions entre elles, et du *devoir* contre les passions ;
c'était l'art encore inconnu de disposer, de mouvoir les
grands ressorts dramatiques, l'art d'élever les âmes et
de toucher les cœurs ; en un mot c'était la vraie tragédie. »

Ce jugement, stéréotypé pour tous les manuels littéraires, ne peut s'admettre sans réserve. Assurément la
pièce du *Cid* est une conception des plus dramatiques ;
on y trouve et en nombre des scènes émouvantes, et
ces admirables dialogues dont le grand Corneille semble

avoir gardé le secret ; qui vous enlèvent par la sublime
fierté du langage, la force et la vivacité des reparties
jetées dans un alexandrin superbe dont le moule est
d'airain. Ces merveilles de l'art nul homme de sens et
de goût ne les conteste ; mais faut-il nier pour cela les
longueurs et les fastidieuses redites de ce rôle inutile
et ennuyeux de l'Infante ? La morale de la pièce mérite
un blâme plus sévère encore. Qu'est-ce au fond que ce
devoir auquel obéissent les principaux personnages en
se sacrifiant eux et les leurs avec une résolution inexo-
rable ? Qu'est-ce que « *cet honneur* » qui revient à
chaque instant sur leurs lèvres? *L'orgueil*, rien que
l'orgueil, un orgueil féroce, qui, foulant aux pieds
toute religion, toute morale, estime le pardon des injures une suprême lâcheté, et après un soufflet reçu, ne
voit que la vengeance, et prompte, et se juge avili,
déshonoré, indigne de vivre si l'affront n'est pas lavé
dans le sang. Ces maximes si profondément anti-chré-
tiennes s'étalent dans les plus beaux vers, triomphent
partout dans la pièce qui est, avec la glorification d'une
passion amoureuse, celle plus condamnable du duel, et
du duel à outrance :

> Ce bras, jadis l'effroi d'une armée ennemie,
> Descendait au tombeau tout chargé d'infamie,
> Si je n'eusse produit un fils digne de moi,
> Digne de son pays et digne de son roi.
> Il m'a prêté sa main, *il a tué le comte*,
> *Il m'a rendu l'honneur*, il a lavé ma honte.

S'écrie le père de Rodrigue. Or, ne peut-on pas admettre que Richelieu, cardinal et assez bon théologien,

surtout grand homme d'état, ait pris ombrage de tout
cela, lui qui comme ministre, combattait avec tant
d'énergie ce malheureux préjugé, ce crime du duel qui
de son temps avait fait un trop grand nombre de victimes? Quoi d'étonnant à ce qu'il eût été choqué comme
d'une atteinte à l'autorité aussi bien qu'à la religion de
toutes ces fausses et sauvages maximes, débitées au
théâtre avec audace et accueillies par des applaudissements frénétiques, et que tel fut le principal motif de
son irritation à l'endroit du *Cid*, bien plutôt qu'une
mesquine jalousie littéraire.

Cette opinion nous paraît d'autant plus vraisemblable
que, tout en déférant à l'Académie le jugement de la
fameuse pièce, il rendait justice au mérite du poète, et
lui continuait ses libéralités que Corneille « acceptait
avec résignation », dit Victorin Fabre, non moins
ingénieux et raffiné dans son interprétation que M. L. J.
de la *Nouvelle Biographie* qui voit une ironie à peine
dissimulée dans la dédicace si louangeuse des *Horaces*
où Corneille dit à Richelieu : « C'est de votre Eminence
que je tiens tout ce que je suis.... Nous vous avons deux
obligations très signalées, l'une d'avoir ennobli le but
de l'art, l'autre de nous en avoir facilité la connaissance.... J'ai souvent appris en *deux heures* (dans ses
entretiens avec le cardinal) ce que mes livres n'eussent
pu m'apprendre en *dix ans* ; c'est là que j'ai puisé ce
qui m'a valu l'applaudissement du public, ce que j'ai de
réputation, dont je vous suis entièrement redevable. »

Il y avait trop d'honnèteté dans le caractère de Corneille pour qu'on puisse supposer qu'il ne parlait pas
sérieusement, réconcilié de bonne foi avec le cardinal.

Il le louait comme on louait alors dans les dédicaces,
avec peu de discrétion et de mesure, témoin l'épître [1] au
président du parlement de Toulouse, Montauron, comparé à Auguste, un compliment que le magistrat prit en
bonne part et ne crut pas payer trop cher par un
cadeau de 1,000 pistoles au poète, lequel ne s'en trouva
nullement humilié, tout au contraire, car dans les idées
du temps, cela faisait honneur à l'un comme à l'autre.

Polyeucte succéda à *Cinna* et ne fut pas moins bien
accueilli encore que, dans une lecture faite à l'hôtel de
Rambouillet, le cercle des précieuses eût peu goûté ce
sujet chrétien, tant, par suite d'une fausse éducation,
les idées païennes dominaient les esprits les plus culti-
vés et ceux-là surtout ; car la pièce fut jouée aux
applaudissements réitérés d'un parterre enthousiaste.
Après la communication officieuse qui lui avait été faite
par Voiture témoignant de la désapprobation des dames
et messieurs de l'hôtel Rambouillet, Corneille, décou-
ragé, aurait retiré sa pièce s'il n'en eût été empêché
par un obscur comédien, La Roque, qui en jugea mieux
que tous les beaux esprits du temps, et là où ils ne
voyaient qu'une déclamation pieuse et ennuyeuse, sut
deviner un chef-d'œuvre. On peut dire, à la décharge
de l'hôtel de Rambouillet, que, dans *Polyeucte*, où se
voient tant d'admirables scènes, tant de dialogues sublimes, il y avait aussi des choses faites pour déplaire,
par exemple le caractère bas de Félix, le zèle pas toujours
éclairé de Néarque et de Polyeucte, et comme dit Fontenelle, « on pouvait craindre qu'un homme qui résigne

[1] En tête de *Cinna*.

sa femme à son rival ne passât pour un imbécile plutôt que pour un bon chrétien. » Ce ne fut donc pas peut-être « le christianisme qui avait extrèmement déplu » mais l'exagération qui pouvait le montrer sous un jour peu favorable en le rendant odieux ou ridicule.

Le *Menteur*, la *Suite du Menteur*, et *Rodogune* furent jouées avec le même succès que les pièces précédentes de l'auteur. Mais *Théodore* et *Don Sanche d'Aragon* réussirent peu, *Perthrarite* tomba tout-à-fait, et ces trois pièces méritaient leur sort. Le public, formé par Corneille lui-même, en avait bien jugé ; mais le poète, on a regret à le dire, ne sut pas se résigner, aveuglé par la fausse tendresse paternelle. « Méconnaissant l'intervalle immense qui séparait ses chefs-d'œuvre d'un ouvrage si peu digne de lui, dit Villenave [1], il crut voir chanceler dès lors tout l'édifice de sa gloire. Le sentiment amer de l'injustice entra dans son âme ardente et la remplit de douleur ; il accusa le public d'inconstance et renonça au théâtre en se plaignant d'avoir « trop longtemps écrit pour être encore de » mode. »

C'est alors que Corneille entreprit la traduction de l'*Imitation de Jésus-Christ* « travail auquel il fut porté par des pères jésuites de ses amis et par des sentiments de piété qu'il eut toute sa vie », et qui l'occupa plusieurs années. Il n'eut pas à le regretter puisque, outre la satisfaction intime qu'il éprouvait dans une occupation selon son cœur, le livre eut un succès prodigieux « et le dédommagea en toutes manières d'avoir quitté le

[1] *Notice* en tête des *Œuvres de Corneille.* — Edit. in-8°.

théâtre. Cependant, si j'ose en parler avec une liberté que je ne devrais peut-être pas me permettre, dit le neveu de Corneille [1], je ne trouve point dans la traduction le plus grand charme de l'*Imitation*, je veux dire sa simplicité et sa naïveté. Elle se perd dans la pompe des vers et je crois même qu'absolument la forme du vers lui est contraire. »

Ce jugement, quoique ratifié par la postérité qui a délaissé complètement le livre de Corneille dont il s'était fait naguère tant d'éditions, ce jugement me paraît très-discutable et la traduction de Corneille se rapproche, beaucoup plus que Fontenelle ne semble le croire, des mérites de l'original, outre qu'elle a celui d'une grande fidélité surtout pour une interprétation en vers. Elle n'est point, selon nous, indigne du grand poète comme le pensent trop de gens qui ne la connaissent que par ouï-dire, et ne manque ni de simplicité ni d'onction. Prenons au hasard quelques passages dans les premiers chapitres :

> Vanité d'entasser richesses sur richesses ;
> Vanité de languir dans la soif des honneurs ;
> Vanité de choisir pour souverains bonheurs
> De la chair et des sens les damnables caresses ;
> Vanité d'aspirer à voir durer nos jours
> Sans nous mettre en souci d'en mieux régler le cours,
> D'aimer la longue vie et négliger la bonne,
> D'embrasser le présent sans soin de l'avenir,
> Et de plus estimer un moment qu'il nous donne
> Que l'attente des biens qui ne sauraient finir.

Autre citation :

[1] Fontenelle. *Notice sur Corneille.*

Souvent l'esprit est faible et les sens indociles,
L'amour-propre leur fait ou la guerre ou la loi ;
Mais bien qu'en général nous soyons tous fragiles,
Tu n'en dois croire aucun si fragile que toi.

La traduction de Corneille ne méritait pas assurément le discrédit dans lequel elle est tombée après sa mort et que le judicieux Victorin Fabre la qualifiât si étrangement « un travail malheureux. » Point du tout malheureux au gré de Corneille qui tira du livre si grand profit pour sa bourse comme pour sa réputation. On pourrait s'étonner après cela qu'il soit revenu au théâtre dont, pendant six années, il avait paru complètement dégoûté, et mieux eût valu qu'il persévérât dans ce sentiment. Ses nouvelles et nombreuses pièces (*Sertorius* excepté) ne font qu'attester l'affaiblissement de son génie qui ne se révèle plus que par de rares éclairs dans *OEdipe*, la *Toison d'Or*, *Sophonisbe*, *Othon*, *Surena*, *Attila*, etc. Si médiocre d'ailleurs que soit cette dernière pièce Boileau n'est pas à louer d'avoir fait sur elle une méchante épigramme.

On s'explique d'autant moins l'illusion de Corneille à l'endroit de ses dernières tragédies que le sens critique ne lui manquait pas comme on l'a prétendu : « pour démentir une assertion si étrange aux yeux de quiconque a réfléchi, dit Fabre, sur la marche de l'esprit humain, il faudrait renvoyer ceux qui persisteraient à y croire aux préfaces de Corneille et aux examens qu'il a faits de ses pièces. » Mais comme l'a dit un poète :

.... Un père est toujours père,

et la tendresse paternelle aveugla Corneille, comme elle
fait de beaucoup de parents, sur les défauts de ses enfants tard venus, pour lesquels sa faiblesse fut d'autant
plus grande qu'ils semblaient aux autres mal confor-
més, boîteux ou rachitiques. Peut-être aussi Corneille
céda-t-il à l'habitude aussi bien qu'à ces fâcheuses
nécessités qui attristèrent sa vieillesse mais qu'il eût pu
s'éviter avec un peu plus de prévoyance. « Rien n'était
égal, dit Fontenelle, à son incapacité pour les affaires
que son aversion ; les plus légères lui causaient de
l'effroi et de la terreur. Quoique son talent lui eût beaucoup rapporté, il n'en était guère plus riche. Ce n'est
pas qu'il eût été fâché de l'être ; mais il eût fallu le devenir par une habileté qu'il n'avait pas et par des soins
qu'il ne pouvait prendre. »

C'est à ce « manque de soins », regrettable et non
point au goût du luxe et des folles dépenses qu'il faut
attribuer la gêne dont le poète souffrit à diverses
époques ; car d'ailleurs « Corneille conserva des goûts
simples parce que ses mœurs étaient pures », dit très
bien Victorin Fabre. Il put avoir des défauts, mais on
ne lui connut pas de vices. Il sut goûter les douceurs de
la vie domestique et trouver son bonheur dans ses
devoirs. Son frère et lui couraient la même carrière ; ils
avaient épousé deux sœurs, et sans arrangement de fortune, sans partage de succession, les deux ménages confondus ne firent qu'une même famille tant que vécut
l'aîné des deux frères. »

Cela est assurément à la louange des deux frères
comme aussi de leurs femmes ; mais sans doute la meilleure part de l'éloge doit revenir à l'illustre poète. Dau-

geau, en annonçant sa mort d'une façon si brève, lui
faisait une épitaphe méritée : « Aujourd'hui est mort
le *bonhomme* Corneille. » *Bonhomme*, oui, c'est-à-dire
plein de bonhomie ce grand homme que Fontenelle, qui
avait recueilli les traditions de famille, nous dépeint
« avec l'humeur brusque et quelquefois rude en apparence, au fond très aisé à vivre, bon mari, bon parent,
tendre et plein d'amitié. Il avait l'âme fière et indépendante, nulle souplesse, nul manège.... Il parlait peu
même sur la matière qu'il entendait si parfaitement et
n'ornait pas ce qu'il disait. » Il en fait naïvement l'aveu
dans son *Epître à Pélisson :*

> Et l'on peut rarement m'écouter sans ennui,
> Que quand je me produis par la bouche d'autrui.

Membre de l'Académie française dès l'année 1647, et
vénéré de ses confrères, il était doyen de la compagnie
lorsqu'il mourut le 1er octobre 1684, à l'âge de 78 ans.
Comme nous l'avons dit ailleurs, il fut enterré dans
l'église Saint Roch dont il était l'un des paroissiens, et
non des moins fidèles d'après les témoignages contemporains auxquels s'ajoute celui de Fontenelle qui s'en
appuie en les confirmant par ce qu'il avait appris de
source certaine. « A beaucoup de probité naturelle il a
joint, dans tous les temps de sa vie, beaucoup de religion et plus de piété que le commerce du monde n'en
permet ordinairement. Il a eu souvent besoin d'être
rassuré par des casuistes sur ses pièces de théâtre, et ils
lui ont toujours fait grâce en faveur des nobles sentiments qui règnent dans ses ouvrages, et de la vertu qu'il
a mise jusque dans l'amour. »

II

Quels étaient ces casuistes ? Je ne sais, mais je doute un peu qu'il s'en soit trouvé de tels, car, quoique le théâtre de Corneille, relativement à ce qui avait précédé et souvent a suivi, puisse paraître épuré, on doit reconnaître, qu'à part quelques exceptions, la morale en est tout humaine, toute mondaine. C'est là même un phénomène qui frappe dans l'œuvre du grand tragique ; chrétien zélé, comme il se montrait dans la pratique de la vie, on s'étonne que l'esprit du christianisme se trahisse si peu d'ordinaire dans ses œuvres « dramatiques. » Sa vertu c'est la vertu romaine, celle des beaux temps de la république assurément, et telle qu'un Cincinnatus, un Fabius, un Scipion, l'imaginaient et la glorifiaient par la parole et par l'exemple, mais de Corneille, nourri de l'*Evangile* et de l'*Imitation*, ne pouvait-on pas attendre davantage ? On souhaiterait que le grand poète fût tout à la fois *plus national et plus chrétien*. National, tel regret qu'on en ait, il faut bien le reconnaître, il ne l'est pas du tout. Par suite des préjugés du temps, résultant d'une éducation plutôt romaine que française, plutôt républicaine que monarchique, l'idée ne lui vint même pas de traiter un sujet tiré de nos vieilles et glorieuses annales, emprunté à nos précieuses chroniques qu'on ne lisait guère à cette époque. La coalition des pédants, donnant la main aux précieuses, permettait bien encore que le poète, en se conformant aux prétendues règles inventées par Aristote, mît sur la scène un sujet tiré de l'his-

toire espagnole, mais un sujet puisé dans notre propre
histoire, cela eût paru singulier, extravagant. Corneille, si en avant de son siècle par son génie, plutôt
que de lutter, afin d'imposer sa volonté, préféra subir
le joug, passer sous les fourches caudines, et, malgré le
succès du *Cid*, importuné des clameurs opiniâtres de ses
adversaires, et du *tolle* « de la docte cabale d'Aristote, »
il abandonna la veine féconde qu'il avait fait soudaine-
ment jaillir, pour se vouer presque exclusivement à la
tragédie rétrospective dont l'histoire romaine faisait
tous les frais.

Hâtons-nous de dire que, ce système admis, il en a
tiré tout le parti possible ; il ne saurait y avoir qu'un
cri sur la vigueur et la puissance de ses conceptions, le
pathétique de certaines scènes, l'étonnante vérité dans
les mœurs et le dialogue, la grandeur des caractères et
cet art de ressusciter en quelque sorte les personnages
les plus illlustres de l'histoire qui parlent aussi bien et
mieux qu'ils n'ont dû parler. On ne s'étonne donc pas
de ce cri d'admiration échappé à Turenne pendant une
représentation de *Sertorius* :

« Où donc Corneille a-t-il appris l'art de la guerre ? »
Aussi, jugeant au point de vue de l'art, on ne peut
qu'applaudir La Bruyère quand il dit :

« Corneille ne peut être égalé dans les endroits où il
excelle ; il a pour lors un caractère original et inimitable,
mais il est inégal. Ses premières comédies sont sèches,
languissantes et ne laissaient pas espérer qu'il dût aller
si loin ; comme ses dernières pièces font qu'on s'étonne
qu'il ait pu tomber de si haut…. Ce qu'il y a en lui de
plus éminent c'est l'esprit qu'il avait sublime, auquel il

a été redevable de certains vers les plus heureux qu'on ait jamais lus ailleurs, de la conduite de son théâtre, qu'il a quelquefois hasardé contre les règles des anciens, et enfin de ses dénouements ; car il ne s'est pas toujours assujetti au goût des Grecs et à leur grande simplicité ; il a aimé, au contraire, à charger la scène d'évènements dont il est presque toujours sorti avec succès : admirable surtout par l'extrême variété et le peu de rapport qui se trouve pour le dessein entre un si grand nombre de poèmes qu'il a composés, etc. »

Racine, juge des plus compétents, et qu'on aime à voir rendre si pleinement justice à son illustre rival, a dit mieux encore : « Dans cette enfance, ou pour mieux dire, dans ce chaos du poème dramatique parmi nous, votre illustre frère [1], après avoir quelque temps cherché le bon chemin, et lutté, si j'ose ainsi dire, contre le mauvais goût du siècle ; enfin, inspiré d'un génie extraordinaire, et aidé de la lecture des anciens, fit voir sur la scène la raison, mais la raison accompagnée de toute la pompe, de tous les ornements dont notre langue est capable... A dire le vrai, où trouve-t-on un poète qui ait possédé à la fois tant de grands talents, tant d'excellentes parties, l'art, la force, le jugement, l'esprit ? Quelle noblesse, quelle économie dans les sujets ? Quelle véhémence dans les passions ! Quelle gravité dans les sentiments ! Quelle dignité et en même temps quelle prodigieuse variété dans les caractères ! Combien de rois, de princes, de héros de toutes nations nous

---

[1] Il s'adressait à Thomas Corneille reçu en remplacement de son frère.

a-t-il représentés, toujours tels qu'ils doivent être, toujours uniformes avec eux-mêmes, et jamais ne ressem-
blant les uns aux autres? Parmi tout cela une magnifi-
cence d'expression proportionnée aux maîtres du monde
qu'il fait souvent parler, capable néanmoins de s'abaisser
quand il veut, et de descendre jusqu'aux plus simples
naïvetés du comique, où il est encore inimitable. Enfin
ce qui lui est surtout particulier, une certaine force, une
certaine élévation qui surprend, qui enlève, et qui rend
jusqu'à ses défauts, si on peut lui en reprocher quelques-uns, plus estimables que les vertus des autres :
personnage véritablement admirable et né pour la
gloire de son pays.... La France se souviendra avec
plaisir que, sous le règne du plus grand de ses rois, a
fleuri le plus grand de ses poètes.... »

Ainsi s'exprime l'auteur de *Britannicus,* à la vérité
dans un discours académique et qui ne permettait guère
que l'éloge, outre que, dans la bouche de Racine, on eût
trouvé déplacées les réserves que le moraliste, après
une large part faite à la louange, ne craint pas d'accen-
tuer en ces termes : « Dans quelques-unes de ses meilleures pièces il y a des fautes inexcusables contre les
mœurs ; un style de déclamateur qui arrête l'action et
la fait languir ; des négligences dans les vers et dans
l'expression qu'on ne peut comprendre en un si grand
homme. »

La Bruyère, ce que je ne crois pas, aurait tort de parler ainsi et Racine n'eût pas exagéré quelque peu dans
la louange que notre première observation ne nous pa-
raîtrait que mieux fondée. Ce sera pour nous un sujet
d'éternel regret que l'impérissable génie de Corneille ne

soit guère exercé que sur des sujets en quelque sorte posthumes et d'un intérêt purement rétrospectif. Il ne connaissait pas Shakespeare, mais il avait étudié Calderon, comment la pensée de faire comme celui-ci ne lui fut-elle pas suggérée par la lecture de ces beaux drames empruntés par le tragique espagnol aux annales de son pays et qui doivent à cette circonstance, comme aussi au génie du poète, un intérêt palpitant et en quelque sorte actuel? Comment les superbes pièces : *El Alcade de Zalamea*, l'Alcade de Zalamea, *El Sitio de Breda*, le Siége de Bréda, *El Fenix de Espana*, le Phenix de l'Espagne, etc, et d'autres, quoique d'ailleurs mêlant trop la fantaisie à l'histoire, ne portèrent-elles point Corneille à s'inspirer de la muse patriotique? Imaginez quelqu'un de ces personnages chevaleresques de notre histoire tout autrement grands et admirables que les héros trop vantés de la Grèce et de Rome, un saint Louis, un Duguesclin, une Jeanne d'Arc, un Bayard, évoqué par le génie souverain de Corneille et nous parlant la langue incomparable des *Horaces*, de *Cinna*, de *Pompée* ou de *Nicomède*, se pourrait-il un plus admirable spectacle et comment croire que les applaudissements auraient manqué à cette glorieuse tentative, faite, (à la vérité bon nombre d'années après) avec un plein succès par un poète [1] dont le talent était bien inférieur au génie de Corneille?

Je ne m'étonne pas moins que la connaissance du théâtre espagnol n'ait pas, au point de vue religieux, profité davantage à Corneille encore que je ne conteste

---

[1] De Belloy, auteur du *Siége de Calais*.

pas les reproches que méritent parfois ces poètes catholiques à leur manière et trop à la mode du pays. Cette réserve faite, je n'en dirai pas moins qu'il faut, par suite des préjugés ayant cours de son temps, que Corneille connût de Calderon surtout les pièces dites de *cape* et *d'épée*, les moins bonnes à notre avis, et n'eut pas feuilleté même ces drames philosophico-religieux, d'une conception si originale et d'une inspiration si haute, malgré les impertinences, les froids bons mots, les lazzis alambiqués et parfois cyniques du *Gracioso* qui détonnent avec le reste : La *Vida es un sueno*, la Vie est un songe, le *Cisma de Inglaterra*, le Schisme d'Angleterre, *El Magico prodigioso* le Magicien prodigieux, *Los dos Amantes del cielo*, les deux Amants du ciel, etc. Parlerai-je de ces fameux : *Autos sacramentales* particuliers à l'Espagne, par exemple, la *Cena de Baltasar*, le Festin de Balthasar, *La primer Flor del Carmélo*, la première Fleur du Carmel, *La Vina del Senor*, la Vigne du Seigneur etc. Se peut-il, s'il n'eût pas ignoré ces œuvres remarquables, que Corneille n'en fût pas frappé et que, dans l'admiration de cette étonnante poésie, unie à une si prodigieuse richesse d'invention, s'inspirant de tant de traits sublimes, répandus à profusion, et évitant les exagérations de la métaphore et les subtilités du rébus, il n'eût pas multiplié les essais dans le genre de *Polyeucte?* Qu'on ne m'objecte pas que le poète écrivait pour le théâtre et qu'il lui fallait consulter le goût du public, contraire, il le savait, à des tentatives de ce genre ? Cette raison n'en devait pas être une pour Corneille, car un génie de sa taille, bien loin de subir les exigences du parterre, ne devait prendre conseil seulement de lui-même, et faire des

chefs-d'œuvre en se résignant à ne pas les voir applau-
dis de son vivant, sûr que la postérité lui rendrait justice et surtout que la récompense ne lui manquerait pas
de la part de Celui qui lui avait prodigué ces dons merveilleux de l'esprit employés si noblement alors que le
poète, sincèrement chrétien comme on l'a vu, eût mis
davantage ses écrits en harmonie avec sa conduite. « L'u-
sage des sacrements auxquels on l'a toujours vu porté
dit, Thomas Corneille, lui faisait mener une vie très-
régulière et son plus grand soin était d'édifier sa famille
par ses bons exemples. Il récitait tous les jours le bré-
viaire romain, ce qu'il a fait sans discontinuer pendant
les trente dernières années de sa vie. »

Et pourtant, contradiction étonnante et presque inexplicable, c'est de cette même époque que M. Taschereau,
le dernier historien de Corneille et très-zélé pour sa
gloire, nous dit : « Il ne nous est pas échappé que l'a-
mour joue un bien plus grand rôle dans ses derniers ouvrages que dans ceux qui illustrèrent sa carrière. En
cela, *il se conformait au goût du temps;* il cherchait à
mettre en œuvre les moyens de succès qui avaient si bien
réussi à Racine, et dont il avait pu connaître par lui-
même la puissance à la représentation de *Psyché.* »

Cela n'est que trop vrai, et l'on a peine à comprendre
que, dans la partie la plus importante de son œuvre, à
savoir son théâtre, Corneille se souvienne aussi peu de
ce qu'il écrivait excellemment dans la préface de son
poème : *Louanges de la sainte Vierge :* « Si ce coup d'essai ne déplaît pas, il m'enhardira à donner de temps en
temps au public des ouvrages de cette nature pour *satisfaire* en quelque sorte *l'obligation que nous avons tous*

d'employer à la gloire de Dieu du moins une partie des
talents que nous en avons reçus. »

A la bonne heure, et l'on ne saurait mieux dire ; mais
j'ose penser que le poète eût pu mieux faire ; autrement
il faudrait s'en prendre au genre lui-même et l'on ne
devrait plus du tout s'étonner du jugement sévère porté
sur le théâtre par le plus grand nombre des théologiens
et des moralistes. Il nous paraît donc regrettable à tous
égards que le grand Corneille ait autant subi la tyran-
nique influence de son époque dont le Misanthrope dit
si bien dans sa rude franchise :

> Le mauvais goût du siècle en cela me fait peur.

Terrible mauvais goût puisque nous lui devons tant
de fadeurs amoureuses, de tirades à la Céladon qui cho-
quent dans les chefs-d'œuvre mêmes du poète lequel
n'avait pas besoin de ces mesquins agréments. Son génie
naturellement moral, sain, viril, aurait bien mieux encore mérité l'éloge que faisait de lui Napoléon à Sainte-
Hélène : « La tragédie échauffe l'âme, élève le cœur,
peut et doit créer des héros. Sous ce rapport peut-être,
la France doit à Corneille une partie de ses belles actions ; aussi, messieurs, s'il vivait, je le ferais prince [1]. »

---

[1] *Mémorial de Sainte-Hélène*, à la date du 26 février 1816.

LE GÉNÉRAL DESAIX

I

On ne saurait trop, en ce moment, mettre en relief les types de la vertu militaire exaltée par le patriotisme. Desaix en est un, assurément.

Né le 14 août 1768, à St-Hilaire-d'Ayat (Auvergne), de Gilbert-Antoine de Veygoux-Desaix et d'Amable de Beaufranchet d'Ayat, il fut mis, dès l'âge de sept ans, à l'école militaire d'Effiat, dont il devint un des plus brillants élèves. Aussi, à peine âgé de quinze ans, il entrait comme sous-lieutenant dans un regiment de Bretagne, où, comme à l'école, il se fit remarquer par sa conduite, qui lui fit donner par ses camarades le surnom de *Caton* ou le *sage*.

Quelques anecdotes à son sujet.

« Desaix, simple aide-de-camp encore, revenait d'une de ces promenades solitaires qu'il faisait loin des murs de Landau, contemplant la nature entière et observant avec un goût particulier celui de ses règnes qui a toujours eu le plus d'attrait pour les âmes douces et paisibles. Tout à coup, il voit la campagne et ses végétaux couverts de tourbillons de poussière; il entend des cris et des bruits d'armes. Il court aux lieux d'où ils

partent : c'était un choc, c'était un combat entre une
forte reconnaissance française et trois escadrons autrichiens. Sans armes, n'ayant qu'une cravache à la main,
Desaix se jette au milieu de la mêlée : il est renversé
et fait prisonnier. On le dégage, il recommence à
combattre, et rentre dans Landau avec la reconnaissance
victorieuse et un prisonnier qu'il a fait lui-même [1]. »

Devant Strasbourg, ses troupes, attaquées par un
ennemi très-supérieur en nombre, plient et se retirent.
Il se jette au-devant d'elles.

— Général, lui crie-t-on, n'avez-vous pas ordonné la
retraite ?

— Oui, répond Desaix, mais c'est celle de l'ennemi.

A ce cri d'une âme courageuse, et qui ménageait
avec tant de délicatesse la fierté des soldats, ceux-ci,
comme dans une manœuvre d'exercice, se retournent,
fondent sur un ennemi qui se croyait déjà vainqueur
et ne lui laissent pas même la ressource de la fuite.

« Je battrai l'ennemi tant que je serai aimé de mes
soldats, » disait Desaix, et il en était adoré.

« Au passage du Rhin, en l'an V, l'un des premiers
il touche la rive droite du fleuve ; et au moment où,
avec un petit nombre de soldats, il arrête, désarme ou
renverse les bataillons autrichiens, un coup de fusil,
qu'il a vu ajuster sur lui, lui perce la cuisse et le blesse
grièvement. Cette générosité, qui ne l'abandonne jamais et qui semble le dominer davantage au milieu des
scènes de carnage, lui donne la force d'aller jusqu'au

[1] *Eloge de Kléber et Desaix,* par Garat (1ᵉʳ vendémiaire, an IX).
— 1800. In-8°.

oldat autrichi en qui a tiré le coup et de le déclarer son prisonnier pour lui sauver la vie : ce n'est qu'alors qu'il fait connaître sa blessure. »

Bayard, assurément, ou quelque autre héros chrétien, n'aurait pas fait mieux.

Dans le livre assez récent de M. Martha-Becker, neveu de Desaix [1], nous trouvons à glaner bien plus encore que dans l'opuscule de Garat. Quoique appartenant par sa naissance à l'aristocratie, Desaix, dans son patriotisme intelligent, jugea que c'était pour lui un devoir de ne pas quitter son régiment, le 46e de ligne, resté, grâce au corps d'officiers et au bon esprit des soldats, pur de tout excès. Mais, pour tenir à cette résolution, il lui fallut une certaine force d'âme, car son frère et plusieurs membres de sa famille se trouvaient dans l'armée de Condé, et sa mère elle-même, pour laquelle sa vénération était profonde, s'étonnait qu'il ne les eût point imités. Lors d'un congé qu'il vint passer près d'elle, au château de Veygoux, ils eurent à ce sujet une explication :

— J'avais cru, dit Mme de Veygoux à son fils, que vous auriez suivi vos frères ?

— Maman, répondit-il, pouvais-je me séparer de mon régiment quand tous les officiers y sont demeurés?

— Votre refus d'émigrer vous portera malheur et fera rejaillir une honte éternelle sur notre famille. Il ne vous reste plus qu'à venir garder nos troupeaux pendant que vos frères combattront pour la défense du trône.

L'amertume de ce langage, si pénible pour Desaix

[1] *Le général Desaix*, 1 vol. in-8°.

dans la bouche de sa mère, avait ébranlé sa conviction, qui était celle du bon sens, lorsqu'une lettre de son frère, tombée d'aventure entre ses mains, en lui montrant sous leur vrai jour la situation faite aux émigrés dits retardataires, raffermit ses résolutions. A la menace faite par une parente de l'envoi d'une quenouille, présent dont on qualifiait les gentilshommes restés en France, il répondit : « Je n'émigrerai à aucun prix, *je ne veux pas servir contre mon pays ;* je veux demeurer et avancer dans l'armée ; non, jamais je ne serai émigré. »

Mais, d'ailleurs, il ne dissimulait pas son aversion et son dégoût pour les violences révolutionnaires, et, après la triste journée du 10 août, blâmée hautement et courageusement par le général Victor de Broglie, dont il était aide de camp, Desaix applaudit à la protestation de celui-ci et le suivit quelque temps dans la retraite. Revenu à l'armée du Rhin où, dans une seule année (1793), par la désastreuse influence des commissaires, se succédèrent neuf généraux en chef, Desaix, quoique dans un poste secondaire, par son infatigable activité, son dévouement pour le soldat, comme son intrépidité, « était devenu l'âme des combats et des combinaisons militaires. » Au mois d'août, il fut promu, sur le champ de bataille même, par les représentants, au grade de général de brigade, et le 21 octobre, il était nommé général de division. Desaix comptait vingt-cinq ans à peine. C'est alors qu'il écrit à sa sœur, restée près de Mme de Veygoux, une lettre admirable qu'on voudrait pouvoir citer tout entière, mais dont nous détacherons au moins quelques passages :

« ... Je sais combien vous m'êtes attachées, et combien vous désirez qu'il ne m'arrive pas de malheurs. Je
t'assure que vous avez bien tort de vous tourmenter si
fort ; je vais toujours très-bien ; ma santé est bonne ;
ma blessure est entièrement guérie ; je n'en attends
plus que quelques autres, pourvu qu'elles soient glorieuses et utiles à mon pays. Que j'aurai de plaisir,
chère petite sœur, à te présenter mes cicatrices glorieuses ! Quand la guerre terrible et effroyable qui
ravage et dévaste, qui sépare les amis, sera enfin terminée, simple, ignoré, paisible, content d'avoir contribué à rétablir la paix et à repousser les cruels ennemis, les barbares étrangers qui veulent nous faire la loi,
je viendrai près de toi et nous ne nous séparerons plus ;
nous adoucirons la vieillesse de la bonne maman, nous
chercherons à la rendre heureuse...

» Je ne crois pas avoir le plaisir de t'embrasser, cette
année encore ; l'hiver approche et la campagne ne
finit pas ; elle est bien dure. Plains nos malheureux
volontaires couchés à terre, dans la boue jusqu'aux
genoux et fatigués d'un service pénible et continuel.
Plains-moi aussi, chère sœur, je suis élevé à un grade
difficile et pénible, que je n'ai accepté qu'avec le plus
grand regret. Je suis général de division et commande
l'avant-garde ; c'est bien de l'ouvrage pour ton frère
que tu sais jeune et pas très-expérimenté..... J'espère
que la fortune m'aidera, qu'elle me sourira. Si la victoire me couronnait, j'en déposerais les couronnes entre
les mains de maman, comme autrefois je lui donnais
celles de lierre que méritait mon assiduité au collége.
Je lui suis bien attaché à cette bonne mère ; je l'aime

au delà de ce qu'on peut dire. Que je voudrais la savoir contente et heureuse !

« Je suis bien désolé de voir, au milieu de mes richesses, avec les beaux appartements qu'on m'a donnés, que je ne puisse pas réunir une somme un peu considérable pour l'aider ; elle ne m'a pas encore dit qu'elle en eût besoin ; je crains qu'elle ne me le cache. Tu sais bien que tu as toujours été la confidente de mon cœur, que je n'ai jamais rien eu de caché pour toi. Eh bien ! dis-moi, avez-vous besoin de quelque chose ? Parle vite, je serai trop heureux de me priver pour vous offrir tout ce que je possède. »

Se peut-il un plus noble cœur, un plus tendre fils, un meilleur frère ?

Grâce au patriotisme des officiers et des soldats, la campagne de 1793, dont les débuts n'avaient pas été heureux, se termina par des victoires. Desaix, plus que personne avait contribué à ce résultat. Eh bien ! à ce moment-là même, par suite d'une dénonciation signée de quelques misérables et partie de l'Auvergne, sa vie fut en péril et il faillit avoir le sort de Custine, son ancien général. Déjà, par suite de cette dénonciation calomnieuse, pesait sur lui la menace d'une arrestation, quand eut lieu la prise d'Haguenau, dont les habitants, aussi bien que ceux des cantons environnants, se sachant assimilés par la prétendue justice révolutionnaire aux émigrés, cherchèrent, au nombre de plus de cinquante mille, leur salut dans la fuite. Desaix recueillit une foule de ces malheureux dans sa division, refusa de les livrer et favorisa leur évasion. Nouvelle dénonciation contre lui. Alors la fureur des révolutionnaires ne connut plus de bornes ; malgré les efforts de Pichegru, et même de Saint-Just, l'ordre d'arrêter Desaix est donné et les commissaires de la Convention se présentent pour l'exécuter.

Mais soudain un généreux mouvement d'indignation soulève la division tout entière. Les soldats enlèvent le général, et, le plaçant au milieu des rangs, lui font un rempart de leurs corps en disant aux commissaires : « Il ne fallait pas faire la guerre si vous ne vouliez pas nous laisser le général qui nous a toujours menés à la victoire ! » Devant cette énergique manifestation, les commissaires durent se retirer, et le général fut sauvé. Mais peu de temps après, Desaix avait à trembler pour sa mère et sa sœur, incarcérées à Riom comme parentes d'émigrés. Non-seulement il sollicite sans relâche en leur faveur, mais il pourvoit à leurs moindres besoins, en envoyant de l'argent au geôlier pour le sucre et le café. Puis il s'efforce de soutenir ou relever le courage des prisonnières. « Console-toi, ma bonne et chère sœur, de ta détention malheureuse ! moi-même passionné pour la liberté, passionné pour les combats, je me suis attendu à être privé du plaisir de jouir de tous deux. » Ce ne fut qu'au bout de plusieurs mois cependant que Desaix obtint la mise en liberté des captives qui rentrèrent dans le domaine de Veygoux dont le sequestre avait été en partie levé.

Après la campagne de 1795, par suite du manque de vivres, si pénible pour l'armée, qui fit preuve d'une résignation héroïque et d'un admirable esprit de discipline, Desaix eut la satisfaction de signer une trève nécessaire à nos braves soldats, heureux de

pouvoir se refaire dans les cantonnements de l'Alsace
et de la Lorraine. Telle était l'affection des troupes
pour le jeune général, que le représentant Rivaut écrivait à cette époque au Directoire : « Ce sont toujours
» les chevaux qui nous manquent. Je vous l'ai dit, si
» Desaix, qui a habitué les troupes à le voir partout,
» avait des chevaux assez pour toujours aller, les trou-
» pes iraient avec lui au diable. »

Pichegru ayant quitté l'armée, Desaix fut chargé par
intérim du commandement en chef. Mais la responsabilité qui pesait sur lui l'inquiétait ; il fut heureux que
Moreau vînt pour l'alléger de ce lourd fardeau, et il
reprit avec empressement sa place au second rang.
Moreau eut grandement à s'applaudir de son concours
dans cette rude campagne, qui commença par le passage du Rhin dans les circonstances les plus difficiles,
une marche audacieuse sur Vienne, et se termina par
une retraite forcée et cependant des plus glorieuses
pour le général en chef.

Après l'armistice de Léoben, Desaix, qui s'était pris
d'une admiration enthousiaste pour le général en chef
de l'armée d'Italie, demanda et obtint une mission qui
lui permît d'aller lui rendre visite à Milan. Ils se voyaient
pour la première fois, mais tous deux, faits pour se
comprendre et s'apprécier, ils se serrèrent la main
comme de vieux frères d'armes, et au bout de quelques
jours, arrivés à cette intimité d'où résulte la pleine
confiance, ils n'avaient plus de secrets l'un pour l'autre.
Bonaparte confia à son ami le projet de l'expédition
d'Egypte, et Desaix ne doutait pas du succès. Lorsqu'à-
près la signature du traité de Campo-Formio, le Direc-

toire eut nommé Bonaparte général en chef de l'armée
rassemblée sur les côtes de l'Océan, qui prenait le
nom d'armée d'Angleterre, en chargeant provisoirement
Desaix de la commander, celui-ci répondit, heureux de
voir son nom associé a celui du vainqueur d'Italie :

« Il n'est rien que je craigne d'entreprendre sous ses
ordres. »

Un mot encore, avant de continuer, sur le voyage de
Desaix en Italie. Ce voyage, il l'avait fait avec un tel
bonheur, qu'il en rédigea une espèce de journal écrit au
courant de la plume, et reflétant ses impressions au jour
le jour. En voici quelques-unes. Après une visite à la
cathédrale de Milan, il pénètre dans plusieurs couvents,
et ses paroles sont grandement à noter pour l'époque :

« Pouvais-je ne pas prendre les moines et les bons
» abbés pour des hommes du ciel descendus chez les
» hommes corrompus ? »

Dans le cimetière, à la vue des tombeaux fastueux des
nobles, il s'écrie : « Ils ont beau faire, ils ont beau se
« séparer des autres ; après leur mort, ils n'en sont pas
» moins oubliés et confondus. »

Desaix a le goût et l'intelligence des œuvres d'art, et
les musées comme les galeries particulières n'ont pas
de visiteur plus enthousiaste. Après avoir admiré les
Titans de Jules Romain, il s'écrie : « On passerait sa vie
» à voir les détails, les Titans renversés, écrasés sous les
» montagnes, et exprimant la rage, le désespoir, le
» repentir, le pardon et la douleur. »

Devant le buste de l'amiral vénitien Angelo Emo, il
dit comme par un soudain pressentiment : « Il mourut
» après son expédition de Tunis, à la fleur de l'âge,

» n'ayant pas encore pu faire assez pour être immorta-
» lisé et avoir la couronne de lauriers. »

Au moment de s'embarquer pour l'Egypte, il s'écria :
« Oui, j'en conviens, c'est l'ambition qui me pousse. Elle
» est noble cette ambition, celle de s'exposer au plus
» grand des dangers, et risquer la gloire acquise pour
» en acquérir de nouvelle. On a toujours assez de
» richesses, on n'a jamais assez de célébrité. » Et il termine en disant : « qu'il aspire *non à la gloire des dévas-*
» *tateurs, mais à celle de bienfaiteur des peuples.* »

II

On sait le rôle glorieux de Desaix pendant la campagne d'Egypte, et qu'après avoir conquis le Saïd septen-
trional (Egypte moyenne) et la Thébaïde (haute
Egypte) (1798-1799), il y fit bénir son administration
tutélaire par les populations indigènes qui, d'une voix
unanime, lui décernèrent le beau surnom de *Sultan
juste.* Dans l'admiration de la bravoure des soldats
comme de leur exacte discipline, des scheiks lui disaient : « Sultan, tu ne devrais pas donner de pain à
» tes soldats, ils méritent d'être nourris avec du sucre.»

On ne s'étonne pas aussi de voir le général en chef
écrire à son illustre lieutenant : « Croyez que rien n'é-
» gale l'estime que j'ai pour vous, si ce n'est l'amitié
» que je vous porte. »

Lorsqu'à la suite des nouvelles venues d'Europe,
Bonaparte eut résolu de quitter l'Egypte, il hésita sur
le choix du général à qui il confierait le commandement

de l'armée d'Orient. S'il eût consulté celle-ci, nul doute qu'elle aurait désigné Desaix, « le plus capable de tous, » comme Napoléon l'écrivait à Sainte-Hélène, mais en ajoutant : « Il était plus utile en France. » Et Kléber lui fut préféré. En même temps Desaix, par une lettre écrite la veille du départ, était invité à s'embarquer pour l'Europe dans le courant de novembre.

Ce ne fut pourtant qu'au mois de janvier (1800) qu'il put effectuer son départ et prendre passage sur un vaisseau neutre, muni en outre d'un sauf-conduit signé par Sidney Smith, en conséquence de la convention d'El-Arish. Malgré ces garanties formelles, dans les eaux de la Sicile, le *Saint-Antoine de Padoue*, sur lequel se trouvait Desaix avec ses deux aides de camp, ayant été rencontré par la corvette anglaise la *Dorothée*, les Français furent retenus prisonniers par les ordres de lord Keith, amiral de la flotte britannique. Lord Keith, par le désir de rabaisser la France dans la personne de ses plus braves soldats, fit offrir au patron du *Saint-Antoine de Padoue* mille guinées s'il voulait déclarer que les marchandises confisquées sur le bâtiment appartenaient aux passagers. L'honnête marin se refusa énergiquement à ce mensonge, dont la proposition fit dire à Desaix :

« Monsieur l'amiral, prenez le navire, prenez nos bagages, nous tenons peu à l'intérêt, mais laissez-nous l'honneur. »

Enfin, par l'ordre du gouvernement anglais, qui se refusa à sanctionner une telle iniquité, les prisonniers furent rendus à la liberté, et peu de jours après, ils débarquaient à Toulon. Pendant son séjour forcé au lazaret, Desaix trompa son ennui par une correspondance très-active. Il adressa d'abord à son ancien général en chef, devenu le premier Cousul, une dépêche dans laquelle on lit : « Je sais que vous voulez porter la » France à son plus haut point de gloire, et cela en ren- » dant tout le monde heureux. Peut-on faire mieux ? » Oui, mon général, je désire vivement faire la guerre, » mais de préférence aux Anglais... Quelque grade que » vous me donniez, je serai content ; vous savez que je » ne tiens pas à avoir les premiers commandements... » que je ne les désire pas ; je serai avec le même plaisir » volontaire ou général. Je désire bien connaître ma » situation de suite afin de ne pas perdre un instant » pour entrer en campagne. *Un jour qui n'est pas bien* » *employé est un jour perdu.* »

A sa mère, à sa sœur, il écrit des lettres pleines de la plus touchante effusion et dans lesquelles son cœur s'épanche avec bonheur. Dans une lettre à un ami nous trouvons ces lignes : « J'ai vu bien des pays, l'Egypte, » la Syrie, la Grèce, la Sicile, Rome. Que de monu- » ments, que de ruines ! J'ai acheté ce plaisir par des » peines excessives, des fatigues prodigieuses, des in- » quiétudes sans nombre, mais j'ai revu la patrie et » tout s'est effacé. »

Enfin les portes du lazaret sont ouvertes. Desaix ne perd pas un instant pour rejoindre, en Italie, le premier Consul, et « le 11 juin, dit M. Thiers, on vit arriver au quartier général de Stradella, un des généraux les plus distingués de l'époque, Desaix, qui égalait peut-être Moreau, Masséna, Kléber, Lannes, en talents militaires, mais qui, par les rares perfections de son caractère, les effaçait tous. »

Bonaparte serra Desaix dans ses bras à plusieurs reprises, et se plut à le montrer à cheval à ses côtés, *comme un gage assuré de la victoire ;* il ne se trompait pas. Mais cette victoire, Desaix devait la payer de son sang. On sait toutes les vicissitudes de cette étrange bataille de Marengo, où Mélas, qui se croyait victorieux, fut le vaincu. Un moment cependant, dans l'armée française, on crut tout perdu. Les généraux, formés en cercle autour du premier Consul, le pressent d'ordonner la retraite. Bonaparte s'y refuse en demandant l'avis de Desaix. Celui-ci tire sa montre et dit au général en chef : « Oui, la bataille est perdue ; mais il n'est que trois heures, nous avons encore le temps d'en gagner une autre. »

À l'instant, l'offensive est reprise à la voix de Bonaparte, qui parcourt le front des régiments en disant aux soldats : « C'est avoir fait trop de pas en arrière ; le moment est venu de faire un pas décisif en avant. Soldats, souvenez-vous que notre habitude est de coucher sur le champ de bataille. »

Sur toute la ligne, la fusillade et la canonnade recommencent. Une charge, surtout, exécutée par Desaix, décida la victoire. Mais, au moment même où les cavaliers arrivaient sur l'ennemi comme une furieuse avalanche, on vit Desaix chanceler sur son cheval et tomber sans avoir pu proférer une parole, au dire du dernier biographe. Le soir, comme les officiers félicitaient Bonaparte de cette belle journée, il répondit : « Oui, bien belle, si ce soir j'avais pu embrasser Desaix sur le champ de bataille. J'allais le faire ministre, je l'aurais fait prince si j'avais pu. »

Savary, depuis duc de Rovigo, l'un des aides de camp de Desaix, nous dit dans le premier volume de ses Mémoires :

« Le colonel du 9ᵉ léger m'apprit qu'il n'existait plus. Je n'étais pas à cent pas du lieu où je l'avais laissé, j'y courus et le trouvai par terre, au milieu des morts déjà dépouillés, et dépouillé entièrement lui-même. Malgré l'obscurité, je le reconnus à sa volumineuse chevelure, de laquelle on n'avait pas encore ôté le ruban qui la liait.

» Je lui étais trop attaché depuis longtemps, pour le laisser là, où on l'aurait enterré, sans distinction, avec les cadavres qui gisaient à côté de lui. Je pris à l'équipage d'un cheval, mort à quelques pas de là, un manteau qui était encore à la selle du cheval ; j'enveloppai le corps du général Desaix dedans, et un hussard, égaré sur le champ de bataille, vint m'aider à remplir ce triste devoir auprès du général. Il consentit à le charger sur son cheval et à conduire celui-ci par la bride jusqu'à Garofolh, pendant que j'irais apprendre ce malheur au premier Consul... Il m'approuva et ordonna de faire porter le corps à Milan pour qu'il y fût embaumé[1] ».

Il n'est pas besoin de dire quelle fut la douleur de la mère et de la sœur de Desaix. Le premier Consul, en témoignant par une lettre à la première de sa profonde sympathie, lui fit remettre le premier quartier d'une pension qui lui était accordée au nom de la patrie reconnaissante. La seconde fut mariée par lui au général Becker, officier très-estimé.

[1] Savary : *Mémoires.*

Des honneurs singuliers furent rendus à Desaix, dont la tombe se voit au sommet du grand Saint-Bernard.

En posant la première pierre du quai qui devait porter ce nom illustre, Lucien Bonaparte prononça ces paroles : « Puisse ce quai avoir une durée aussi longue que la mémoire de Desaix! »

Un monument à la gloire du héros et surmonté de son buste orne la place du Châtelet.

Voici, d'après Martha Becker, l'épitaphe qui fut faite à Strasbourg pour Desaix : « *Hic jacet hostium terror et admiratio, Patriæ amor et luctus.* »

MATHIEU DE DOMBASLE

I

L'agriculture produit le bon sens, et un bon
sens d'une nature excellente.

JOUBERT.

Un homme qui n'est pas moins illustre qu'Olivier de
Serres et auquel notre patrie ne doit pas moins de reconnaissance pour les services immenses qu'il a rendus à
l'agriculture, c'est notre contemporain, Mathieu de
Dombasle. Nous regrettions pour le premier l'absence
de documents qui permissent d'écrire avec détails sa
biographie ; et le même regret nous pourrions l'exprimer à propos de Mathieu de Dombasle dont la vie s'est
écoulée presque sous nos yeux. Cette vie pourtant offre
un intérêt sérieux, quoique peu accidentée, peu remplie
d'évènements dans sa plus importante période, tout
entière absorbée par un travail dont l'austère régularité
avait quelque chose de monastique.

L'ordre parfait que M. de Dombasle avait su établir
dans la répartition de son temps, le pouvoir sans
bornes qu'il exerçait sur lui-même et la rigoureuse
attention qu'il mettait à éviter toute cause de distraction

lui permettaient de suffire à tout. « Pendant un séjour
de vingt ans qu'il passa à Roville, écrivait M. Jules
Rieffel, un de ses élèves, directeur de l'institut de Grand-
Jouan, il ne fit peut-être pas vingt absences, et, chose
admirable, durant cette longue période, sa vie fut réglée, au point de vue du travail, comme on voit les
heures distribuées pour la prière dans une communauté
de religieux. Cette présence continuelle, cette régularité
qu'il avait su s'imposer à lui-même, avant de l'exiger
des autres, ne furent pas certainement la moindre cause
de ses succès et l'exemple le moins salutaire qu'il donna
aux élèves dont la France est aujourd'hui redevable à
l'école de Roville. »

C'est ainsi que Mathieu de Dombasle, tout en veillant
avec tant de sollicitude aux moindres détails de son
exploitation devenue la première ferme modèle, en
même temps, qu'il initiait ses nombreux élèves à la
science agronomique, plus pratique encore que théorique, pouvait suffire aux exigences de son immense
correspondance. Après sa mort, on trouva *vingt-et-un*
cartons remplis des lettres adressées de tous les points
de la France à Mathieu de Dombasle par des agricul-
teurs heureux de compter au nombre de ses disciples ;
quarante-et-un cahiers, chacun d'au moins 150 pages,
renfermaient la copie des réponses à ces lettres comme
à celles de tant d'illustres étrangers avec lesquels le fermier de Roville était en relations habituelles : Sir John
Sinclair, le célèbre fondateur du bureau d'agriculture
de Londres ; Thaër, si cher à la Prusse, ou plutôt à
l'Allemagne, et dont les travaux se lièrent si intimement
en France aux premiers progrès de l'école moderne ; le

vénérable de Fellenberg, le baron de Woght et vingt
autres.

Mais comment Mathieu de Dombasle avait-il été amené
à s'occuper exclusivement d'agriculture ? Peut-être
avant de parler de Roville, il eût été utile de donner à
ce sujet quelques détails puisés surtout dans l'excellente
Notice biographique, de M. Leclerc-Thouin, lue à la
séance publique de la Société royale et centrale d'Agriculture, du 14 avril 1844 et publiée dans le recueil de la
dite Société [1].

Ce document, très-complet pour ce qui a trait aux
travaux de l'agriculteur, nous donne moins de détails
sur l'homme, dont la vie, dans sa plus grande partie,
s'écoula, comme nous l'avons dit, paisible et uniforme,
et sauf au début ne connut guère les péripéties dramatiques.

Christophe Joseph Alexandre Mathieu de Dombasle
naquit à Nancy, le 26 février 1777. Sa famille, anoblie
par le duc Léopold, était une des plus honorables de l'ancienne Lorraine. Après avoir fait ses premières études
sous les yeux de ses parents, il entra, vers l'âge de douze
ans, au collége de Saint-Symphorien, de Metz, dirigé
par les bénédictins. Ces maîtres, zélés non moins
qu'intelligents, constatèrent chez leur élève, avec des
habitudes singulières de méditation et de réflexion,
une ardeur pour le travail qu'il aurait fallu presque
contenir. Aussi les progrès de l'adolescent furent rapides
et donnaient les plus grandes espérances lorsque par
malheur la Révolution, en chassant les moines de leurs

[1] Année 1844.

couvents et fermant tous les établissements d'instruction publique, vint arracher le jeune Dombasle à ses études. Revenu dans la maison paternelle, et livré à peu près à lui-même, il partageait son temps entre la culture des beaux-arts, musique, dessin, gravure, et la chasse qu'il aimait de passion. Néanmoins un matin il quitta généreusement tout cela lorsque pour la patrie sonna l'heure des grands périls et que l'étranger envahit la France. Quoiqu'il n'eût pas eu beaucoup à se louer de la Révolution qui lui avait enlevé le titre de grand maître des eaux et forêts, héréditaire dans sa famille, le jeune Dombasle n'hésita pas à s'enrôler comme volontaire et combattit, pendant plusieurs mois en cette qualité, sous les drapeaux de la République. Mais une affection nerveuse dont il fut atteint sans doute à la suite de ses fatigues, et que la petite vérole vint cruellement compliquer, mit sa vie en péril. Lorsque enfin, convalescent, il put quitter l'hôpital, son état de santé était tel que les médecins jugèrent qu'il lui fallait, pour longtemps ou même pour toujours, renoncer au rude métier du soldat et lui délivrèrent son congé.

« Cette double circonstance, dit M. Leclerc-Thouin, décida du reste de sa vie, car ce fut alors que s'accrurent chez lui les goûts d'application studieuse et que les facultés intellectuelles prirent, aux dépens de l'agilité et de la force du corps, un développement nouveau. Aux études littéraires, il joignit celles des sciences... La chimie avait surtout appelé son attention... Après avoir abandonné quelques spéculations commerciales peu en harmonie avec ses goûts, il lui dut de pouvoir s'adonner sérieusement à la fabrication du sucre de betterave, et,

à cette occasion se livrer à la pratique de l'agriculture
qui avait toujours eu pour lui un vif attrait. »

Mais au moment même où, sa fabrique, de plus en
plus prospère, il commençait à recueillir le fruit de ses
efforts, arrivèrent les évènements de 1814. L'invasion
russe et la libre introduction des sucres coloniaux, en
faisant une concurrence écrasante à ses produits, lui
enlevèrent la majeure partie des capitaux considérables
qu'il avait versés dans ses usines. Mathieu de Dombasle
se trouvait ruiné, mais ruiné si complètement qu'à la
mort de son père, il fut obligé d'abandonner la portion
de bien qui lui revenait à ses frères et sœurs, tout en
restant débiteur envers eux d'une somme assez forte
qu'il ne put acquitter que longtemps après.

II

Loin de perdre courage cependant, il envisagea froidement le désastre dans toute son étendue et confiant
dans les ressources qu'il sentait en lui-même et surtout
dans les résultats d'un travail intelligent et persévérant,
il n'hésita pas, quoique déjà plus jeune (il avait alors
trente-huit ans) à recommencer une nouvelle carrière ;
son penchant comme le bonheur des circonstances le
poussèrent, cette fois, exclusivement vers l'agriculture.
Un de ses voisins, M. Bertier, riche propriétaire, avait
depuis longtemps le désir de transformer sa terre de
Roville en école d'agriculture, genre d'établissement qui
manquait en France quoique des fermes ouvertes à
l'instruction publique existassent déjà dans presque tou-

tes les contrées de l'Europe. M. Bertier sut apprécier Dombasle à sa valeur, et en homme éclairé, en véritable ami de l'agriculture, il proposa un bail à long terme, conçu sur les bases les plus larges, et qui, tout en assurant l'amélioration foncière, garantissait au fermier un intérêt convenable de ses avances et une juste rémunération de ses travaux. Il fournissait de plus pour l'exploitation une part importante du capital complété par d'autres actionnaires qui, réunis en assemblée générale, le 1er septembre, arrêtèrent la nouvelle destination de Roville et nommèrent directeur Mathieu de Dombasle. Celui-ci vint trois mois après, le 4 décembre, s'installer à la ferme, et il travailla dès lors sans relâche à lui acquérir cette célébrité européenne qui a tant contribué, pendant vingt ans, à appeler l'attention publique sur l'agriculture et à propager ses progrès. »

La ferme de Roville comptait environ 200 hectares. Malgré la médiocrité du sol, le nouveau fermier sut, au bout de peu d'années, en obtenir d'admirables récoltes, en céréales, maïs, pommes de terre, betteraves, carottes ; Mathieu Dombasle en outre améliora la fabrication des instruments aratoires, inventa une charrue qui porte son nom, et livra un grand nombre de ces instruments perfectionnés à l'agriculture. Mais ce qui surtout fit de Roville un établissement important c'est qu'il devint une excellente école d'agriculture où des jeunes gens, envoyés par leurs parents ou par les conseils généraux, se mettaient rapidement en état de diriger eux-mêmes une grande exploitation, grâce à l'habile enseignement du maître.

« La pratique du chef d'exploitation, disait souvent

Mathieu de Dombasle, est tout intellectuelle quoiqu'elle
ait pour objet la direction des opérations manuelles.
Connaître et prévenir l'effet de ces opérations, les com-
biner entre elles et les modifier selon les circonstances,
voilà en quoi elle consiste véritablement et voilà pourquoi il s'efforçait de placer les jeunes gens en contact
aussi immédiat que possible avec toutes les opérations
agricoles, de leur faire suivre en un mot un véritable
cours de clinique agricole [1]. »

Sans nier, et bien au contraire l'utilité de l'instruction puisée dans les livres, Mathieu de Dombasle la déclarait, seule, tout à fait insuffisante. Il comparait avec
raison le cultivateur riche seulement en connaissances
puisées dans de bons ouvrages à l'homme qui aurait
suivi d'excellentes études médicales dans les cours publics, mais qui n'aurait jamais fait sur le corps humain
l'application de ces études, et il montrait l'embarras de
l'un et de l'autre lorsque, pour la première fois, ils se
trouvaient près du lit d'un malade et devant un champ
à cultiver. »

En 1831, le roi Louis-Philippe, préoccupé de popularité, fit une visite à la ferme de Roville, et témoigna
vivement de sa satisfaction au directeur. Dans la même
année, l'illustre agronome fut nommé membre de la Lé-
gion-d'Honneur, en même temps que le ministre al-
louait à Roville une assez forte subvention annuelle pour
la création de dix bourses de 300 francs chacune, et
pour le traitement des professeurs. De ceux-ci Mathieu
de Dombasle, pas n'est besoin de le dire, était le pre-

[1] Leclerc-Thouin. — *Notice.*

mier quoique son enseignement, essentiellement pratique, n'empruntât rien à la forme oratoire.

« Cet homme d'une activité, d'une netteté d'esprit si
remarquables, cet homme doué d'une si grande énergie
pour le travail, était d'une faible constitution et d'une
santé débile. Habituellement silencieux, parfois presque
taciturne, il conserva jusqu'à ses dernières années, en
présence d'un certain nombre d'auditeurs, une timidité
dont il avouait que son amour-propre eut plus d'une fois
à souffrir, et qui le tourmentait encore à Roville au milieu de ses élèves. Ce n'est que dans l'isolement du cabinet qu'il retrouvait toute la liberté de sa pensée. Là, le
travail lui devenait si facile, qu'il avait dès longtemps
perdu l'habitude d'écrire. Il dictait sans que presque
jamais une rature vînt modifier le premier jet de sa
phrase ou interrompre le facile enchaînement de ses
idées [1]. »

Aussi le nombre de ses écrits est considérable. En
outre des *Annales de Roville,* publication périodique qui
compte 9 volumes in-8° — 1824 — 1837, il a fait paraître un grand nombre de brochures sur les questions à
l'ordre du jour : *De la production des chevaux en France;
Faits et observations sur la fabrication du sucre de betterave;* etc., etc. Le *Calendrier du Bon Cultivateur,* paru
en 1821, eut du vivant de l'auteur sept éditions.

A l'expiration de son bail, Mathieu de Dombasle, heureux de la très-modeste aisance qu'il avait su reconquérir (sa fortune ne s'élevait pas à plus de 110,000 francs),
vint s'établir à Nancy, sa ville natale, où il comptait de

[1] *Notice biographique,* par M. Thouin.

nombreux amis. « Désormais, dit M. Leclerc-Thouin, il
allait pouvoir s'occuper tout à loisir de la rédaction de
son *Traité général d'Agriculture,* depuis longtemps déjà
l'objet de ses méditations et de ses veilles, lorsque tout
à coup la nouvelle de sa mort se répandit au milieu de
la stupeur générale. Le 19 décembre 1843, il fut atteint
d'une toux en apparence catharrale ; jusqu'au samedi
23, bien qu'il prît quelques médicaments, il n'interrom-
pit en rien ses occupations ordinaires ; mais pendant la
nuit, il tomba dans un état de faiblesse qui ne lui permit plus de se livrer à aucun travail d'esprit. Le mercredi 27, à midi, ses facultés intellectuelles et morales
s'obscurcirent, et avant trois heures il succomba aux
suites d'une affection de cœur qui amena, sans agonie
et sans souffrance, une mort que personne n'avait pu juger sitôt prochaine. »

La ville toute entière fut dans le deuil. Une souscription s'ouvrit pour élever à l'illustre agronome une statue que l'on voit maintenant sur la place dite de *Mathieu de Dombasle.* Cette statue est en bronze fondue
d'après un modèle dû à David d'Angers. Le célèbre
agronome est représenté tenant la plume d'une main,
de l'autre, la liste de ses principaux ouvrages. A ses
pieds se trouve la charrue qui porte son nom.

III

Quelques mots encore sur Mathieu de Dombasle écrivain. Son style facile et courant, qui se préoccupe
moins de l'élégance que de la netteté, dit bien ce qu'il

veut dire et ne manque point d'agrément dans sa simplicité qui le rend intelligible au lecteur le moins lettré.
Ces qualités recommandent le *Calendrier du Bon Cultivateur,* paru pour la première fois en 1821 et que
Mathieu de Dombasle affectionnait particulièrement :
« C'était sa première publication agricole, dit l'éditeur
de la huitième édition ; puis il avait trop de foi dans le
bon sens des masses pour n'être pas flatté et frappé en
même temps du succès d'un livre qui, sans prôneurs,
sans aucun patronage, s'était en moins de vingt ans
répandu au nombre de plus de vingt mille exemplaires.»
Le Calendrier du Bon Cultivateur forme un gros volume
in-12 de plus de 600 pages, rempli d'excellents conseils,
d'instructions pratiques, disposées avec méthode et dans
l'ordre des saisons, ou mieux des douze mois de l'année.
Le livre se termine par une sorte de récit en plusieurs
chapitres, ayant pour titre : *La richesse du cultivateur
ou les secrets de Jean Benoît,* et dont nous détacherons
quelques passages pour faire connaître la manière de
l'auteur. L'histoire de Benoit se lit avec un vif intérêt
quoique ne rappelant en rien le roman ou la nouvelle,
témoin la façon dont l'auteur raconte le mariage de son
héros :

« Benoit avait le projet de visiter l'Angleterre parce
qu'il avait entendu dire que plusieurs parties de ce
royaume sont cultivées avec une grande perfection ;
mais ayant fait connaissance d'une fille qui était en
service chez le même maître que lui, il se détermina à
l'épouser. Cette fille venait d'hériter d'un de ses oncles
qui lui avait laissé une maison et quelques terres, dans
un village du pays de Hanovre. Ils partirent ensemble

pour aller cultiver leur petit bien..... Comme la femme
de Benoit était forte et aussi laborieuse que lui presque,
tout cela fut labouré à la bèche et biné de leurs propres
mains. »

Voilà qui est simple et primitif. Quoiqu'il en soit, à
la fin de l'année, grâce à la vente du lait et du beurre,
des grains et des fruits, il restait à l'ami Benoit un
bénéfice net de 800 francs. « Il aurait bien pu employer
cet argent à acheter des terres, car il y en avait alors à
vendre à très bon marché et qui lui auraient bien con-
venu ; mais il s'en garda bien parce qu'il s'était imposé
la loi de ne jamais acheter de terres que lorsque celles
qu'il avait seraient parfaitement amendées, et lorsqu'il
aurait du fumier en abondance pour en amender de
nouvelles ; il savait bien qu'un jour (arpent) de terre
bien amendé en vaut deux, et que les terres sans fumier
ne paient pas les frais de culture. »

Benoit employa ses 800 francs à agrandir son étable
ce qui lui permit de doubler le nombre de ses vaches et
la quantité de ses produits. Bref, au bout de quatre
années, il lui fallait une charrue et même deux pour
labourer ses terres. Au bout de vingt années, Benoit
était devenu presque riche ; mais, comme il arrive si
souvent dans le monde, en même temps que la fortune
le malheur venait frapper à sa porte. Successivement il
perdit sa femme et deux enfants déjà grands, sa joie et
sa consolation. « Accablé de tous ces malheurs, le pays
où il les avait éprouvés lui devint insupportable ; il se
détermina à vendre tout ce qu'il avait et à revenir dans
son pays natal, pour achever ses jours dans la société
de quelques parents qu'il y avait laissés.

« Il y a maintenant quatre ans que Benoit revenu en
France, s'est fixé à R..... [1] où il est né ; il y a acheté
une jolie petite maison et un vaste jardin qu'il cultive
lui-même, car il lui serait impossible de demeurer oisif.
J'habite dans le voisinage de ce brave homme, et jamais
je n'éprouve plus de plaisir que lorsque je m'entretiens
avec lui. »

On n'en doute pas d'après le portrait que l'auteur
nous fait du digne homme qu'il est difficile de ne pas
croire peint d'après nature. Ne serait-ce pas Mathieu de
Dombasle qui s'est ainsi *pourtrait* lui-même à son insu
dans cette honnête homme si sympathique ? « Benoit a
aujourd'hui soixante-quatre ans ; mais il jouit d'une
santé parfaite qu'il doit à une vie constamment laborieuse ; à peine ses cheveux sont-ils gris et il conserve
une vivacité qui ferait croire qu'il n'a que vingt ans.
C'est un petit homme assez maigre, mais dont la
physionomie est remarquable par le feu du génie qui
étincelle dans ses yeux, et par un air de franchise qui
prévient en sa faveur aussitôt qu'on le voit. Il a conservé toute la simplicité du costume et des mœurs des
cultivateurs du pays qu'il a habité si longtemps ; mais
dans ses vêtements, dans son ameublement, dans toute
son habitation, respire la propreté la plus soignée.

« Il parle très peu lorsqu'il se trouve avec des étrangers ; mais dans ses entretiens avec les hommes qu'il
voit habituellement, il devient très communicatif. On
voit surtout qu'il éprouve un vif plaisir à parler d'agriculture : alors il parle beaucoup et longtemps. Cepen-

[1] Roville.

dant on ne se lasse pas de l'entendre, parce qu'il sait
beaucoup, qu'il ne parle que de ce qu'il sait bien, et
que toutes ses paroles portent le caractère de ce bon
sens naturel et de ce jugement exquis et sûr qui ont
dirigé toutes les actions de sa vie. »

Aussi, que de progrès réalisés dans tout le voisinage,
au point de vue agricole, par la seule influence de sa
parole et de son exemple ! Mais ce n'est pas de ses
conseils seulement qu'il est prodigue : « Il donne beaucoup à ses parents et même à quelques étrangers, mais
c'est à la condition qu'ils soient actifs, laborieux et
probes; les paresseux et les négligents ne sont pas bien
venus près de lui : il dit souvent qu'il ne peut mieux
faire que d'imiter la Providence qui ne distribue ses
dons qu'à ceux qui s'en rendent dignes par le travail.

Aide-toi et le Ciel t'aidera.

« Des malheurs survenus à un homme industrieux et
rangé, sont un titre qui donne des droits certains à sa
générosité. C'est ainsi qu'il a sauvé d'une ruine complète un père de famille de son voisinage qui avait
éprouvé des pertes énormes dans les invasions.... Benoit le connaissait à peine, mais il a un tact sûr pour
juger les hommes ; il n'hésita pas à lui avancer une
forte somme, et il n'a pas lieu de s'en repentir ; car la
plus grande partie lui est déjà remboursée, et l'état
prospère qu'ont repris les affaires de l'homme qu'il a
ainsi aidé est un gage certain pour ce qui lui reste dû.
Il s'est acquis un ami qui ne peut parler de lui sans
verser des larmes d'attendrissement. »

J'ai réservé pour la fin un dernier trait qui achève le portrait : « du brave homme » et qui prouve que Mathieu de Dombasle n'avait jamais oublié les leçons de ses anciens et vénérables maîtres. « Benoit a habité trente ans un pays où le culte catholique n'est pas exercé, et où il n'existe pas de pasteur ; cependant il n'a rien perdu de son attachement à la religion, et par sa piété franche et douce, il est aujourd'hui le modèle du canton. »

Faut-il s'étonner ensuite que l'ami Benoit ait conquis à l'auteur tant de sympathies dont témoignent les lettres en fort grand nombre qu'il reçut après la publication de son livre ? Entre ces lettres dont beaucoup expriment, avec une affectueuse reconnaissance et parfois une éloquente naïveté, les sentiments dont étaient pénétrés les signataires, je n'aurais que l'embarras du choix. Je me bornerai à une seule citation, tirée d'une lettre datée du 24 mai 1827 et curieuse autant que touchante dans sa simplicité pleine de bonhomie :

« J'ai lu avec beaucoup de plaisir lés secrets de votre
» ami, J.-N. Benoit. Je désirerais bien l'avoir avec
» moi, pour quelque temps, dans une propriété que
» j'exploite à un quart d'heure de cette ville, dans une
» position des plus agréables, où nous ferions quelque
» chose de beau ; le terrain y est très facile. Aimant
» l'agriculture autant que vous pouvez l'aimer, ainsi
» que M. Benoit, je désirerais beaucoup être aidé d'un
» homme entendu tel que lui, je vous prie de lui en
» faire part et de me dire ce qu'il en pense. »

Pour qu'on pût s'y tromper ainsi certes l'ingénieuse

fiction devait s'inspirer beaucoup de la réalité? Mais
quel bon sourire dut illuminer la figure de Mathieu
de Dombasle quand il lut cette épitre qui témoignait
d'une confiance si ingénue et de cette naïve crédulité ?

DUPUYTREN

Dupuytren (Guillaume), naquit à Pierre-Buffière, en Limousin, le 6 octobre 1777. Voici sur sa première enfance des détails assez curieux. On raconte qu'une dame, passant en poste dans les rues de la petite ville, avisa un jeune garçon de l'âge d'environ trois ans dont la gentille figure lui plut tout d'abord. Cette dame n'avait point d'enfant, l'idée lui vint d'enlever celui-ci pour en faire son fils adoptif ; et en effet, le bambin séduit par les douces paroles de la dame, peut-être affriandé par la vue de quelques bonbons ou gâteaux, monta dans la voiture qui aussitôt s'éloigna de toute la vitesse des chevaux. Il fallut que le père averti, pour ravoir son enfant, poursuivît la dame jusqu'à Tours.

On peut croire cependant que la tendresse du père n'empêchait point de sa part une assez grande négligence, puisque, bon nombre d'années après, nous retrouvons encore l'enfant courant seul les rues de la ville où sa figure intelligente, son air délibéré et surtout la vivacité et l'à-propos de ses réparties frappèrent un capitaine de cavalerie nommé Keffer qui, d'après la légende, le prit en croupe, l'amena à Paris, et le plaça au collège de la Marche dont un sien frère était principal. Des biographes, dont le témoignage paraît plus vraisemblable, disent que le capitaine, avant de se charger de l'éducation du bambin, demanda le consentement des parents qui ne le firent pas attendre. Soit que son protecteur fût mort, soit qu'il se le fût aliéné, le jeune Gillaume, ses classes terminées, revint à Pierre-Buffière, assez incertain sur sa vocation quoiqu'il parût incliner vers la carrière militaire, pourtant sans grand enthousiasme. Mais son père un jour coupa court à ses hésitations en disant :

— Tu seras chirurgien.

Et, chose remarquable ! comme si la décision paternelle l'eût soudain éclairé pleinement sur sa vocation, Guillaume ne manifesta plus aucune incertitude. De retour à Paris, il retrouva, au collége de la Marche, sa chambre d'écolier, commença et poursuivit ses études médicales avec une opiniâtre persévérance, s'aidant tout à la fois des livres et des leçons orales des professeurs en renom, Boyer pour l'anatomie, Vauquelin et Bouillon-Lagrange pour la chimie. Constamment, à ce qu'on raconte, il avait à la bouche cette parole : « Que rien n'est tant à redouter pour un homme que la médiocrité. »

Aussi, aiguillonné sans cesse par cette pensée d'ambition qui, à cette époque comme plus tard, fut trop, paraît-il, son mobile, il travaillait avec une ardeur fiévreuse, et lors de la création des écoles de santé (février 1795), il put se présenter pour l'une des six places de prosecteurs mises au concours. Il ne vint qu'au quatrième rang ; mais c'était beaucoup déjà pour un adolescent qui comptait dix-huit ans à peine. Néanmoins il s'indigna contre lui-même, ne se pardonnant point de n'avoir réussi qu'à demi ; aussi nous le voyons redoubler d'efforts, et, peu d'années après (mars 1801), il était nommé par un vote unanime chef des travaux anatomiques.

« Maître de cette position indépendante, dit le docteur Malgaigne, il ne tarda pas à apporter dans le service des dissections une discipline et une activité jusqu'alors inconnues. En quinze mois, il déposa, dans les cabinets de l'Ecole, quarante pièces anatomiques relatives à toutes les parties des systèmes artériel et veineux. Il poursuivait des recherches d'anatomie normales sur les canaux différents, la rate, etc ; il multipliait les vivisections, etc. » En même temps, il professait un cours d'anatomie non sans succès quoiqu'il ne pût se dissimuler qu'il restait inférieur à Bichat et plus tard à Laënnec pour la science pathologique. Cette conviction sans doute contribua à le lancer dans une autre direction. Bien que nommé chirurgien de seconde classe à l'Hôtel-Dieu (1802), il s'était jusqu'alors assez peu occupé de chirurgie lorsqu'il fut amené par les circonstances à se vouer presque exclusivement à cette partie si importante de la science médicale. Devenu par le départ de Giraud, chirurgien-adjoint, il gagna à juste titre la confiance du chirurgien en chef Pelletan, qui se reposa sur lui d'une partie importante du service et lui donna ainsi l'occasion de se produire.

Sa position était déjà assez honorable pour qu'elle lui permît de faire un mariage avantageux ; il épousa Mlle de Sainte-Olive qui lui apportait en dot au moins 80,000 francs. Mais il se brouillait en même temps avec Boyer dont il avait demandé la fille, et qui ne lui pardonnait pas une rupture nullement motivée et aggravée par cette circonstance fâcheuse qu'elle avait eu lieu le jour même fixé pour la signature du contrat.

En 1811, Dupuytren obtint, au concours et à l'unanimité des suffrages, la chaire de médecine opératoire vacante par la mort de Sabatier. En 1815, par la retraite un peu forcée de Pelletan, il se trouva chirurgien en chef de l'Hôtel-Dieu, et il se promit bien de ne pas la partager. Le service chirurgical comptait parfois jusqu'à trois cents malades : c'était un travail d'Hercule qui allait peser sur lui seul, il s'y dévoua sans réserve. Tous les jours levé régulièrement à cinq heures, il accomplissait ses visites de 6 à 9 heures, faisait une leçon d'une heure à l'amphithéâtre, donnait ensuite des consultations aux malades du dehors, et quittait rarement l'hôpital avant onze heures ; enfin, le soir, il faisait une seconde visite de six à sept heures, et jusqu'en 1825, à peine y manqua-t-il un jour. »

Rallié au gouvernement de la Restauration, il fut, lors de l'assassinat du duc de Berry, l'un des premiers appelé auprès du blessé. Faut-il croire à cette anecdote rapportée par quelques biographes et qui serait une des causes, suivant eux, du peu de faveur dont Dupuytren jouit auprès du roi Louis XVIII qui, comme on le sait, se piquait de littérature. Lorsqu'il arriva près du lit de son neveu, le roi dans la crainte d'être entendu du blessé, dit en latin au chirurgien : *Superest-ne spes aliqua salutis ?* Reste-t-il quelque chance de salut ?

Dupuytren, soit qu'il fût préoccupé, soit qu'il eût en effet oublié tout à fait la langue de l'ancienne Rome, n'eût pas l'air de comprendre et ce fut Dubois qui se chargea de la réponse. Aussi, quoique Dupuytren eût été créé baron au mois d'août, trois années s'écoulèrent avant qu'il fût nommé chirurgien consultant. J'ai peine à croire, d'ailleurs, que Dupuytren, pour se concilier de hautes influences, se soit abaissé, lui si peu dévot alors, jusqu'à ce petit et honteux manége que lui prête un biographe et qui n'eût été que de la misérable hypocrisie.

Pendant une messe célébrée à la chapelle du château de Saint-Cloud, Dupuytren laissa tomber avec fracas, au moment de l'élévation, son volumineux Livre-d'Heures garni d'épais fermoirs. Mme la duchesse d'Angoulème dit en levant les yeux :

— Voici M. Dupuytren qui perd ses Heures !

— Mais qui ne perd pas son temps ! murmura le duc de Maillé.

Le mot est joli, mais ne paraît point réellement avoir été prononcé, parce que l'occasion n'en fut point donnée par Dupuytren, qui témoigna d'une façon dure, brutale même, son indignation à la personne qui la première, d'après ce qu'il croyait, avait mis en circulation cette petite calomnie. Appelé par cette dame, la duchesse de ***, auprès du lit de sa fille, gravement malade, il entra dans la chambre sans paraître même s'apercevoir de la présence de la mère, sans répondre autrement que par un silence glacial à ses politesses empressées, examina la malade, fit son ordonnance, et sortit comme il était entré, en n'ayant pas l'air de voir la maîtresse de la maison dont les regards, plus encore que les paroles, trahissaient une si terrible anxiété.

Charles X, aussitôt après son avènement, parut empressé de dédommager Dupuytren des procédés de son frère, et tout d'abord il le nomma son premier chirurgien. Il usa également de sa haute influence pour écarter les obstacles qui empêchaient qu'il ne fût reçu à l'Institut où la mort de Percy laissait une place vacante. Dupuytren, pour qui les biographes en général se montrent sévères, prouva qu'il comprenait la reconnaissance et de la façon la plus large ; car, après la Révolution de 1830, apprenant que le roi Charles X, dans l'exil, se trouvait à la veille de manquer d'argent, il lui écrivit spontanément :

« Sire, grâce en partie à vos bienfaits, je possède » trois millions, je vous en offre un, je destine le second » à ma fille, et je réserve le troisième pour mes vieux » jours. »

M. Richerand, dans la *Biographie universelle*, nie d'un ton assez aigre ce trait si honorable pour son confrère : « En remontant à la source de cette anecdote, dit-il, on s'est bientôt convaincu qu'elle n'avait aucun fondement : c'était une de ces rumeurs adroitement propagées et qui n'étaient pas inutiles à sa renommée et à ses succès. »

Pourtant dans sa *Notice* publiée ultérieurement [1], M. Malgaigne maintient le fait en s'appuyant du témoignage si considérable de M. Cruveilhier : « Dupuytren, dit-il, écrivit une lettre ainsi rapportée par M. Cruveilhier. » Or, on ne voit point que celui-ci ait démenti l'affirmation. On ne saurait d'ailleurs suspecter Malgaigne de partialité en faveur de Dupuytren, au contraire, car il dit de lui entre autres choses : « Pour réaliser ces idées de suprématie qu'il nourrissait dès sa jeunesse, il

[1] *Biographie nouvelle*, 1858.

sacrifia son repos, sa santé, quelquefois jusqu'à son orgueil. Toute supériorité naissante lui était importune,
et ses élèves les plus distingués étaient ceux dont il prenait le plus d'ombrage. Par ses jalousies, par ses noir-
ceurs, il avait fini par éloigner tous ses amis, tous ses
collègues ; et comme nul ne se fiait plus à lui, il en vint
à son tour à se méfier de tous. Il vit partout des ennemis et sous son toit domestique et dans la foule qui se
pressait à ses leçons et dans les journaux qui les répétaient, et dans ceux qui ne les répétaient pas ; et n'ayant
personne à qui confier ni ses joies ni ses peines, il mena
vraiment, au comble de la fortune et de la prospérité,
la vie la plus misérable. »

Formidable exemple pour les ambitieux que celui de
cet homme en apparence si favorisé de la fortune, riche
à millions ; ayant la gloire, ayant la célébrité plus
grande qu'il ne l'avait rêvée, et avec tout cela malheureux, misérable, comme dit M. Malgaigne qui continue :

« Fier et hautain, il aimait qu'on pliât devant lui-
même jusqu'à terre ; et cependant par un contraste
étrange, il réservait son estime aux caractères indépen-
dants, alors même qu'il les écartait de son entourage,
etc. » Il ne se peut guère un jugement plus sévère, et
l'on en doit croire assurément l'écrivain dans ce qu'il
dit de favorable à Dupuytren auquel comme homme,
des biographes accordent davantage. Il faut lire à ce
sujet ce que le recueil intitulé : *Portraits et histoire des
hommes utiles*, nous apprend de sa bienveillance, de sa
bonté vraiment singulière pour les enfants malades près
desquels il oubliait ses brusqueries, laissant sa figure
d'ordinaire dure, impassible, rigide, se détendre par le

plus paternel des sourires. Au milieu d'eux il oubliait ses hauteurs, son amer dédain des hommes qui paraît avoir eu sa principale source dans ce désenchantement résultant de l'expérience, et aussi et davantage peut-être, dans ce triste scepticisme, dans cette misérable incrédulité, alors comme aujourd'hui trop peu rare chez des praticiens même éminents et qui n'en reste pas moins pour nous une aberration incompréhensible. Car, quoi ! ne devraient-ils pas avoir toujours présente à l'esprit cette magnifique profession de foi de l'un des plus illustres patriarches de la science, qui, encore armé du scalpel, devant un cadavre dont le thorax et les flancs étaient ouverts, après avoir fait en quelque sorte toucher du doigt à ses nombreux élèves les merveilles de l'organisme, ne pouvait s'empêcher de s'écrier dans un élan de religieux enthousiasme :

« O Éternel, quel hymne je viens de chanter à ta gloire ! »

Il ne pensait pas autrement, le savant Ambroise Paré, quand il disait à propos du duc de Guise, je crois : « Je le pansai, Dieu le guérit. »

On a peine vraiment à comprendre le médecin, le chirurgien, sceptique, impie, ou seulement indifférent, à moins que ce ne soit par un prodigieux aveuglement, suite de passions viles, ou de préjugés grossiers inculqués par cette première et inepte éducation qu'on reçoit trop souvent dans les colléges, les facultés, les cliniques et qui ne pouvait qu'être pire à l'époque où Dupuytren commença ses études, et après les avoir terminées, obtint ses diplômes. L'orgueil, la vanité aidant, et aussi la dévorante activité de cette vie qui ne permet guère le

repos non plus que la réflexion au médecin en vogue,
ses préjugés, son indifférence ou plutôt son hostilité per-
sistèrent longtemps. Mais enfin, il vint un jour, il vint
une heure, heure à jamais bénie, où d'autres pensées,
des pensées pour lui bien nouvelles, bien inattendues,
tout à coup étonnèrent, inquiétèrent ce grand esprit ;
des sentiments qu'il ne connaissait plus, qu'il n'avait
jamais connus peut-être, firent soudain palpiter son
cœur et dans des circonstances singulières et providen-
tielles. Mais le fait a été si admirablement raconté par
un illustre et à jamais regrettable orateur qu'il y aurait
presomption à vouloir refaire ce récit où il semble en
quelque sorte s'être surpassé lui-même. Je me trouve
trop heureux de pouvoir le reproduire tout au long en
remettant sous les yeux du lecteur qui m'en saura gré
ces pages incomparables. Mon humble prose ne gagnera
pas sans doute à pareil voisinage, mais qu'importe !

« Notre âge se rappelle encore la célébrité dont jouissait, il y a un quart de siècle, un homme qui avait porté
dans les œuvres de la chirurgie une intrépidité d'âme
aussi rare que la précision de sa main. Cet homme, déjà
vieux, vit entrer dans son cabinet une figure simple,
grave et douce, qu'il reconnut aisément pour un curé
de campagne. Après l'avoir entendu et examiné quelques instants, il lui dit d'un ton brusque qui lui était
naturel :

» — Monsieur le curé, avec cela on meurt.

» — Monsieur le docteur, répondit le curé, vous eus-
siez pu me dire la vérité avec plus de ménagement ; car
bien qu'avancé dans la vie, il y a des hommes de mon
âge qui craignent de mourir. Mais en quelque manière

qu'elle soit dite, la vérité est toujours précieuse, et je
vous remercie de ne me l'avoir pas cachée. » Puis posant sur la table une pièce de cinq francs préparée d'a-
vance, il ajouta : « Je suis honteux plus que je ne puis
le dire de si mal témoigner ma reconnaissance à un
homme comme monsieur le docteur Dupuytren : mais
je suis pauvre, et il y a bien des pauvres dans ma paroisse ; je retourne mourir au milieu d'eux. »

» Cet accent parvint au cœur de l'homme que le cri
de la douleur n'avait jamais troublé ; il se sentit aux
prises avec lui-même ; et courant après le vieillard qu'il
avait repoussé d'abord, il le rappela du haut de sa
porte et lui offrit son secours. L'opération eut lieu. Elle
touchait aux organes les plus délicats de la vie ; elle fut
longue et douloureuse. Mais le patient la supporta avec
une sérénité de visage inaltérable, et comme l'opéra-
teur étonné lui demandait s'il n'avait rien senti :

» — J'ai souffert, répondit-il, mais je pensais à quelque chose qui m'a fait du bien.

» Il ne voulait pas lui dire : J'ai pensé à Jésus-Christ,
mon Maître et mon Dieu crucifié pour moi ; il eût craint
de blesser peut-être l'incroyance de son bienfaiteur, et
retenant sa foi sous le voile de la plus aimable modestie,
il lui disait seulement : J'ai pensé à quelque chose qui
m'a fait du bien. A plusieurs mois de là, par un grand
jour d'été, le docteur Dupuytren se trouvait à l'Hôtel-
Dieu, entouré de ses élèves à l'heure de son service. Il vit
venir de loin le vieux prêtre, suant et poudreux, comme
un homme qui a fait à pied un long chemin et tenant à
son bras un lourd panier.

» — Monsieur le docteur, lui dit le vieillard, je suis le

pauvre curé de campagne que vous avez opéré et guéri
il y a déjà bien des semaines ; jamais je n'ai joui d'une
santé plus solide qu'aujourd'hui, et j'ai voulu vous en
donner la preuve en vous apportant moi-même des
fruits de mon jardin que je vous prie d'accepter en souvenir d'une cure merveilleuse que vous avez faite et
d'une bonne action dont Dieu vous est redevable en ma
personne. » « Dupuytren prit la main du vieillard ; c'était
la troisième fois que le même homme l'avait ému jusqu'au fond des entrailles. »

Dès lors, il n'est point douteux que des pensées d'un
ordre tout nouveau préoccupèrent souvent l'illustre docteur encore que son caractère ombrageux, concentré,
ait retenu toujours peut-être sur ses lèvres le cri de son
angoisse intérieure, l'aveu poignant de ses troubles secrets, de ses doutes, de ses perplexités, qui devaient faire
explosion, à la grande stupeur de beaucoup de ses contemporains, par un acte de foi solennel autant que sincère. Voici dans quelles circonstances : atteint d'une
pleurésie latente, il ne put douter bientôt, à de certains
symptômes, que son état ne fût des plus graves. « On
lui proposa la ponction ; il accepta d'abord, dit M. Malgaigne, et finit par refuser.

» — Que ferai-je de la vie ? disait-il, la coupe en a été
si amère pour moi !

» Il se regarda donc mourir, conservant la plénitude
de son intelligence jusqu'au dernier moment. La veille
même de sa mort, il se fit lire le journal :

» — Voulant disait-il, porter là-haut des nouvelles
de ce monde. Il expira le 8 janvier 1835, à trois heures
du matin. »

Rien de plus dans le récit du docteur. Mais grâce à
Dieu, d'après les témoignages les plus authentiques, la
mort de Dupuytren n'eut point ce caractère froidement
stoïque, sceptique, et les plus précieuses des consolations ne manquèrent pas à son agonie. Écoutons encore
le grand orateur.

« Enfin, cet homme illustre, le docteur Dupuytren, se
trouva lui-même sur son lit de mort, et du regard dont
il avait jugé le péril de tant d'autres, il connut le sien.
Cette heure le trouva ferme ; il avait eut trop de gloire
pour regretter la terre et se méprendre sur son néant.
Mais la révélation du peu qu'est la vie ne suffit pas pour
éclairer l'âme sur sa destinée, et peut-être est-elle le
plus grave péril de l'orgueil aux prises avec la mort. Il
faut, à ce moment suprême, reconnaître également la
misère et la grandeur de l'homme, et si le génie peut de
lui-même s'élever jusqu'à sentir sa misère, il ne peut
pas en même temps sentir sa grandeur. Ce double secret
ne s'unit et ne se manifeste à la fois que dans une clarté
qui vient de plus haut que la gloire. Dupuytren la vit
venir. En roulant dans les replis de sa mémoire le spectacle des choses auxquelles il avait assisté, parmi tant de
figures qui s'abaissaient sous son dernier regard, il en
était une qui grandissait toujours, et dont la simplicité
pleine de grâce lui rappelait des sentiments qu'il n'avait
éprouvés que par elle. Le vieux curé de campagne était
demeuré présent à son âme, et il en recevait, dans ce
vestibule étroit de la mort, une constante et douce apparition. Messieurs, je ne vous dirai pas le reste : Dupuytren touchait aux abîmes de la vérité, et pour y descendre vivant, il n'avait plus qu'à tomber dans les bras

d'un ami. C'est le don que Dieu a fait aux hommes depuis le jour où il leur a tendu les mains du haut
de la croix, le don de recevoir la vie d'une âme qui la
possède avant nous et qui la verse dans la nôtre parce
qu'elle nous aime. Dupuytren eut ce bonheur. Au terme
d'une mémorable carrière, il connut qu'il y avait quelque chose de plus heureux que le succès et de plus
grand que la gloire : la certitude d'avoir un Dieu pour
père, une âme capable de le connaître et de l'aimer, un
Rédempteur qui a donné son sang pour nous, et enfin
la joie de mourir éternellement réconcilié avec la vérité,
la justice et la paix. Messieurs, la Providence gouverne
le monde, et son premier ministre vous venez de l'apprendre, c'est la vertu [1]. »

Dans un petit volume où vu son titre [2] comme la
table des chapitres et aussi le nom de l'auteur, je ne
m'attendais certes pas à rencontrer de telles pages, j'ai
lu tout un récit ayant pour titre : *La mort de Dupuytren*.
Là se trouvent les détails les plus curieux relatifs soit à
la fameuse opération qui sauva la vie au bon curé, soit
aux derniers moments du célèbre chirurgien. Ils offrent,
par leur caractère de précision, un commentaire intéressant qui complète dans ce qu'il a d'un peu vague,
vers la fin, l'admirable récit du père Lacordaire. Aussi
quelques citations ne déplairont pas au lecteur. Voici
d'abord ce qui a trait à l'opération :

« La maladie était un abcès de la glande sous-maxil-
laire compliqué d'un anévrisme de l'artère carotide. La

[1] Lacordaire : *Conférences de Notre-Dame*.
[2] *Quand j'étais étudiant* : in-18, par Nadar.

plaie était gangrénée en plusieurs endroits....: Dupuytren taillait et tranchait avec le couteau et les ciseaux ;
ses pinces d'acier sondaient le fond de la plaie et rame-
naient des fibres qu'il tordait et qu'il attachait ensuite.
Puis la scie enleva en grinçant des fragments cariés du
maxillaire inférieur. Les éponges, pressées à chaque
instant, rendaient le sang qui coulait à flots. L'opération dura vingt-cinq minutes. L'abbé ne fronça pas le
sourcil, mais il était un peu pâle.

« — Je crois que tout ira bien, lui dit amicalement
Dupuytren. Avez-vous beaucoup souffert ?

» — J'ai tâché de penser à autre chose, répondit le
prêtre. »

« ... Chaque matin, lorsque Dupuytren arrivait, par
une étrange infraction à ses habitudes, il passait les
premiers lits et commençait la visite par son malade
favori. Plus tard, lorsque celui-ci put se lever et faire
quelques pas, Dupuytren, la clinique achevée, allait à
lui, prenait son bras sous le sien, et harmonisant son
pas avec celui du convalescent, faisait avec lui un tour
de salle. Pour qui connaissait l'insouciante dureté avec
laquelle Dupuytren traitait habituellement ses malades,
ce changement était inexplicable. »

Plus inexplicable ou plus admirable, alors que,
quelques pages plus haut, l'auteur nous dit : « Poussant
jusqu'aux dernières limites ses doctrines de positivisme,
Dupuytren s'acharna avec la plus excessive ténacité
contre ce qu'il appelait les utopies spéculatives (religieuses), chaque fois qu'il trouva à les combattre sous
quelque forme que ce fût. Par degrés son antipathie
devint de l'exécration. »

Après avoir raconté les visites du bon curé apportant, chaque année, le 6 mai, jour anniversaire de l'opération, à Dupuytren son petit cadeau : « son inévitable panier et ses inévitables poires et poulets, » M. Nadar termine par le récit de la mort du grand chirurgien, récit des plus émouvants dans sa brièveté :

» L'amélioration n'était qu'apparente et Dupuytren le sentait bien. Il se voyait mourir et avait compté ses instants. Son caractère devint plus inexpansif et plus sombre à mesure qu'il approchait du terme fatal... Tout à coup il appelle M..., son fils adoptif, qui veillait dans un cabinet voisin.

» — M..., lui dit-il, écrivez au curé de ***, près Nemours, vous savez l'adresse :

« Mon cher abbé,

» Le docteur a besoin de vous à son tour. Venez vite : » peut-être arriverez-vous trop tard :

» Votre ami,   DUPUYTREN. »

« Le petit curé accourut aussitôt. Il resta longtemps enfermé avec Dupuytren. Nul ne sait ce que tous deux se dirent ; mais quand l'abbé sortit de la chambre du mourant, ses yeux étaient humides, et sa physionomie rayonnait d'une douce exaltation. Le lendemain, Dupuytren appelait auprès de lui l'archevêque de Paris (Mgr de Quelen).

» Le jour de l'enterrement.... l'église Sainte-Eustache eut peine à contenir le cortége. Après le service, les élèves portèrent à bras le cercueil jusqu'au cimetière.

« Le petit prêtre suivait le convoi en pleurant. »

L'auteur ajoute assez étrangement, quoique je ne puisse le regretter, puisque ce langage même donne plus de poids à son témoignage : « Que ceux qui viennent de lire ces lignes n'y veuillent pas avoir une *intention dogmatique* et ne s'occupent pas d'y chercher la pensée de celui qui les a écrites. Il raconte cette histoire tout simplement comme on la lui a racontée, sans autre dessein de persuader ou d'instruire (et quel mal à cela, honnête Nadar ?), parce que c'est une histoire vraie et qu'elle se rattache à un grand nom. »

A la bonne heure, et nous en remercions l'historien fidèle, malgré cette réflexion dernière qui pourrait bien, fût-ce à l'insu de l'auteur, avoir été soufflée par le respect humain. Quoi qu'il en soit, voilà certes un mémorable exemple et que feront bien de méditer, non pas seulement les jeunes étudiants, ceux qu'on appelle d'un autre nom dont je m'abstiens parce qu'il ressemble à une injure ; mais aussi, mais surtout certains de leurs professeurs, de leurs maîtres, docteurs plus ou moins célèbres, qui, trop oublieux des plus sacrés devoirs, compromettent l'honneur de leur profession, laquelle est aussi un sacerdoce, par des prédications honteuses, sceptiques, matérialistes, athées, alors que de leurs chaires il ne devrait tomber que de graves, disons mieux, de religieuses paroles, « des hymnes à la gloire de l'Eternel. »

L'ABBÉ DE L'ÉPÉE

« Un jour de l'année 1753, suivant toutes les proba-
bilités, une affaire de peu d'importance amena l'abbé
de l'Épée dans une maison de la rue des Fossés-Saint-
Victor qui faisait face à celle des Frères de la doctrine
chrétienne. La maîtresse du logis était absente ; on
l'introduisit dans une pièce où se trouvaient ses deux
filles, sœurs jumelles, le regard attentivement fixé sur
leurs travaux à l'aiguille. En attendant le retour de leur
mère, il voulut leur adresser quelques paroles ; mais
quel fut son étonnement de ne recevoir d'elles aucune
réponse. Il eut beau élever la voix à plusieurs reprises,
s'approcher d'elles avec douceur, tout fut inutile. A
quelle cause attribuer ce silence opiniâtre ?

» Le bon ecclésiastique s'y perdait. Enfin, la mère
arrive, le visiteur est au fait de tout. Les deux pauvres
enfants sont sourdes-muettes. Elles viennent de perdre
leur maître, le vénérable P. Vanin ou Tanin, prêtre de
la Doctrine chrétienne de Saint-Julien des Ménétriers à
Paris. Il avait entrepris charitablement leur éducation
au moyen d'estampes qui ne pouvaient leur être d'un
grand secours. En ce moment décisif, un rayon du ciel
révèle à l'étranger sa vocation. Sans aucune expérience

dans l'art difficile dont il va sonder les profondeurs inconnues, il est déjà tout prêt à se sacrifier.

» A partir de ce jour, il remplira auprès des deux infortunées la place que le P. Vanin laisse vide. Après avoir mûrement réfléchi aux moyens par lesquels il pourra remplacer chez elles l'ouïe et la parole, il croit entrevoir, *dans le langage des gestes,* la pierre angulaire que le ciel destine à soutenir l'édifice intellectuel du sourd-muet [1]. »

Cet homme de bien, ce zélé prêtre, c'était l'abbé de l'Épée, né à Versailles le 25 novembre 1712, fils d'un expert des bâtiments du roi, chrétien pieux qui, de bonne heure, forma l'âme de l'enfant à la vertu ; mais cependant, contradiction étrange ! par l'instinct de l'égoïsme paternel, il ne vit pas sans répugnance la vocation qui, dès l'âge de dix-sept ans, appelait le jeune homme à l'honneur du sacerdoce. Il fallut à Charles Michel une énergie réelle pour triompher de cette opposition ; mais, dit très-bien son biographe : « Il était écrit au ciel que, nouveau pontife du Dieu vivant, il servirait d'intermédiaire entre le Tout-Puissant et les ouailles égarées qui l'attendaient. »

Par malheur, l'entêtement de certaines idées, et non plus l'opposition de ses parents, vinrent tout à coup l'arrêter sur le seuil même du temple, et, pendant plusieurs années, le détournèrent de sa vocation pour le jeter dans une autre carrière (le barreau), où ses débuts semblaient lui promettre de brillants succès. Mais, sentant bien qu'il n'était point là dans la voie

[1] Ferdinand Berthier, sourd-muet. *Vie de l'abbé de l'Epée,* in-8°, 1852.

indiquée par la Providence, il accueillit avec empressement les offres bienveillantes de l'évêque de Troyes,
qui, après lui avoir conféré les ordres, le nomma l'un
des chanoines de sa cathédrale.

Après la mort du digne évêque, l'abbé de l'Épée
revint à Paris ; l'attitude qu'il prit, dans les trop fameuses discussions entre jansénistes et molinistes, l'ex-
posa aux censures de l'autorité diocésaine, et l'on a
regret à dire que ce blâme il le méritait ; car, bien qu'il
eut signé l'acte d'adhésion à la bulle *Unigenitus*, condamnation du jansénisme, et dans des termes qui
attestaient, suivant le biographe, « la droiture de son
âme et la pureté de son intention, » il ne put s'abstenir
de restrictions qui n'étaient point, à son insu sans
doute, dans le même esprit de soumission. Cette faute,
il ne faut point la dissimuler; « car, dit très bien l'abbé
Bouchet, son génie et sa bienfaisance ne l'ont malheureusement pas mis à l'abri des faiblesses humaines...
et quand même nous écririons la vie d'un saint, nous
croirions de notre devoir d'historien de chercher et de
montrer en lui quelque point vulnérable dans son existence. Le sort des hagiographes, dans leurs vies de
saints, est de ne nous montrer que le beau côté de leur
héros, ce qui nuit à la vérité historique et en fausse les
conséquences morales; car, avec de telles vies, les lecteurs s'imaginent toujours que les saints ne sont pas
des hommes comme eux, et qu'eux, lecteurs, étant
hommes, ils ne peuvent être saints.

» ..... Mais notre pénible tâche d'historien une fois
remplie, nous ne persistons pas moins à croire que la
question de bonne foi et l'immense charité de l'ami des

sourds et muets lui auront fait trouver grâce devant
Celui qui est le Dieu de vérité, mais qui est aussi et
surtout le Dieu de charité : *Deus caritas est.* »

Mais précisément on a plus de peine à comprendre
que l'abbé de l'Épée, à cette époque de sa vie, parut
incliner vers les doctrines outrées du jansénisme, alors
que sa piété douce, facile, aimable, ne trahissait rien
des allures hautaines et intolérantes de la secte. Le
bon abbé avait eu par lui-même la preuve qu'il n'est
pas de prédication plus éloquente que celle de la douceur, de la charité, puisque par ces moyens seuls il
avait ramené à la vérité le protestant Ulrich, venu du
fond de la Suisse pour demander ses conseils, et qui,
après quelques entretiens, n'avait pas hésité à abjurer
l'hérésie de Calvin, quoi qu'il dût lui en coûter par la
suite. En effet, après cet acte courageux, n'ayant pu
retourner dans sa famille, il se trouvait à Paris presque
réduit à la détresse. L'abbé, devenu son ami et qui
souffrait pour le néophyte de cette situation, insistait
pour qu'il acceptât, afin de s'en aider, une somme de
six cents livres, dont il pouvait disposer :

« Vous m'avez enseigné, répondit généreusement
Ulrich, combien est agréable au Ciel l'état de l'homme
qui travaille en paix dans l'indigence et qui souffre les
privations sans murmurer ; vous m'avez inculqué vos
principes. Après ce don, tous les autres me seraient
inutiles ; de plus nécessiteux jouiront de vos largesses.
J'ai appris de vous à aimer Dieu, mes frères et le travail : je suis riche de vos bienfaits. »

Ulrich, d'ailleurs, devait être prophète. L'abbé de
l'Épée, en dépit des obstacles venant de lui-même ou

du dehors, conduit comme par la main par la Providence dans sa voie véritable, et ramené à sa sainte
mission par la circonstance racontée plus haut (la rencontre des deux sourdes-muettes) ne devait plus s'en
écarter. Les succès qu'il avait obtenus au moyen du
langage des gestes et de cette mimique ingénieuse,
sorte de langue universelle que, plus tard, l'abbé Sicard
devait compléter, lui attirèrent bientôt d'autres et
nombreux élèves. L'attention publique fut éveillée, et
. cette humble école avait peine parfois à contenir l'af-
fluence des visiteurs, entre lesquels un jour se trouvèrent l'empereur d'Allemagne, Joseph II, et l'ambassadeur de Catherine, l'impératrice de Russie.

Ces résultats ne pouvaient que surexciter le zèle de
l'abbé qui, vu le nombre toujours croissant des élèves,
était incessamment entraîné à développer son établissement. Il possédait, quand il en jeta les premiers fondements, un patrimoine d'environ 7,000 livres de revenu, d'autres disent 12,000, et au bout de quelques
années, l'Œuvre avait presque tout absorbé encore qu'il
eût eu plus d'une fois recours à la bourse de son digne
frère, architecte du roi, et qu'il s'imposât pour tout ce
qui le concernait lui-même, la plus stricte économie :
« Il se dépouillait, dit M. Berthier, pour couvrir ses
enfants d'adoption, et traînait des vêtements usés pour
qu'ils en portassent de bons... Durant le rude hiver de
1788, il se refusait même du bois, malgré les infirmités
de la vieillesse, et ce ne fut que, vaincu par les instances
réitérées de ses élèves en larmes, qu'il renonça à cette
privation volontaire. Longtemps encore après, il leur
répétait en soupirant :

« Mes pauvres enfants, je vous ai fait tort de trois
» cents livres au moins. »

Ne sent-on pas ses yeux se mouiller en lisant de telles
paroles, aussi bien que l'admirable lettre dans laquelle
il remerciait Joseph II de l'offre qu'il lui faisait de
demander pour lui une abbaye au roi de France, et
dans le cas d'insuccès de lui en donner une dans son
empire ? « Je suis confus, Sire, de vos bontés. Si, à
» l'époque où mon entreprise n'offrait encore aucune
» chance de succès, quelque médiateur puissant eût
» sollicité et obtenu pour moi un riche bénéfice, je
» l'aurais accepté pour en faire servir les ressources au
» profit de l'Institution. Mais je suis vieux ; si Votre
» Majesté veut du bien aux sourds-muets, ce n'est pas
» sur ma tête, déjà courbée vers la tombe, qu'il faut le
» placer, c'est sur l'Œuvre elle-même : il est digne d'un
» grand prince de la perpétuer pour le bien de l'huma-
» nité. »

Voici comment le bon prêtre avait fait la connaissance de l'empereur. L'abbé de l'Épée disait d'habitude sa messe de fort bonne heure dans la chapelle
Saint-Nicolas, à l'église Saint-Roch, sa paroisse. Un
matin, au moment de monter à l'autel, il cherche vainement des yeux l'enfant qui, d'ordinaire, servait la
messe ; mais bientôt il voit, agenouillé à sa place, un
inconnu simplement vêtu, quoique avec un air d'élégance et de distinction, qui, devinant l'embarras du
prêtre, s'était offert de lui-même pour suppléer l'absent, ce qu'il fit à l'édification de l'abbé : celui-ci, sa
messe et l'action de grâces terminées, remercie l'étranger et l'invite à visiter son établissement. L'inconnu

s'empresse d'accepter et, après avoir tout vu de ses
yeux, tout examiné à loisir avec l'air du profond intérêt, il quitte la maison en glissant dans les mains de
l'abbé un objet enveloppé d'un papier :

« Voici, dit-il, un léger souvenir de ma visite. »

C'était une magnifique tabatière avec le portrait
de l'empereur d'Autriche, enrichi de diamants. L'inconnu était Joseph II lui-même. La tabatière et le
portrait ne quittèrent plus, dès lors, la poche de
l'abbé, mais je doute qu'il en ait été de même des diamants

Cependant le prince, tout ému encore de sa visite à
la maison des sourds-muets, en parla dans les termes
les plus chaleureux à sa sœur, la reine Marie-Antoinette, qui voulut à son tour connaître l'établissement
et n'en sortit pas moins enthousiasmée. Sans doute elle
ne contribua pas peu à appeler sur l'institution l'in
térêt de Louis XVI, qui lui accorda, bientôt après, une
pension de 6,000 livres sur sa cassette particulière. Il
est juste de dire qu'avant cet acte de la munificence
royale, le généreux secours du duc de Penthièvre et de
plusieurs autres personnes, dans les moments critiques,
n'avaient pas manqué à l'Œuvre. Des motifs, tirés de
la dignité, ne permirent pas à l'abbé de l'Épée d'accepter les riches présents que Catherine II lui faisait offrir
par son ambassadeur ; il n'en témoigna pas moins de
sa gratitude, demandant qu'on lui envoyât un jeune
russe sourd et muet pour l'instruire, afin qu'il pût à
son tour devenir l'instituteur des autres infortunés en
Russie, où l'on établirait une école comme cela avait
eu lieu pour l'Autriche.

Maintenant, faut-il avec des biographes appeler un
excès de zèle la conduite de l'abbé de l'Épée, dans la
mystérieuse affaire du jeune Solar, émouvant épisode,
dont s'inspirait quelques années après Bouilly, pour son
drame représenté avec tant de succès, et qui n'a pas
nui à la popularité de l'abbé de l'Épée.

Un jour de l'année 1775, que celui-ci s'était rendu à
l'Hôtel-Dieu, « un enfant vêtu d'une casaque grise et
coiffé d'un bonnet de coton blanc, costume uniforme de
l'hôpital, lui est présenté par la mère Saint-Antoine,
chargée du service de la salle. A une seconde visite,
cette religieuse conjure l'abbé de le retirer de cette
hôpital pour l'instruire. Il l'interroge, les gestes du
sourd-muet lui donnent à entendre qu'il appartient à
des parents riches, que son père boîtait et qu'il est
mort; que sa mère est restée veuve avec quatre enfants,... qu'il y a dans la maison des domestiques et un
grand jardin qui rapporte beaucoup de fruits; qu'un
cavalier enfin, après l'avoir mené bien loin, l'a abandonné, le visage couvert d'un masque et d'un voile sur la
grand'route. Son maintien, son air distingué sous les
haillons de la misère, et sa pantomime expressive semblent confirmer cette déposition de l'orphelin » qui,
lorsqu'il fut instruit, la confirma par des explications
plus précises.

De ces explications et des longues et patientes recherches qui suivirent, non sans résultat, l'abbé fut amené
à conclure que le sourd-muet, Joseph (nom qu'on lui
donna), devait être le fils du comte de Solar, mort naguère, et auquel sa veuve n'avait survécu que peu de
temps; et il n'hésita pas à réclamer devant la justice

en faveur de son pupille. De là un long et curieux procès qui, à cette époque, passionna l'opinion publique, généralement sympathique à l'abbé de l'Épée, en lutte avec la famille réelle ou prétendue de l'orphelin, reconnu par quelques-uns de ses parents, mais traité par d'autres d'imposteur. Le Châtelet, saisi de l'affaire, admit les prétentions de Joseph et, par deux fois, lui donna gain de cause. Mais la partie adverse, en appela devant le Parlement ; celui-ci supprimé, le procès se trouva suspendu ; dans l'intervalle, les deux seuls protecteurs de Joseph, le duc de Penthièvre, qui lui faisait une pension, et l'abbé de l'Épée moururent, ce qu'on attendait peut-être. Deux ans après, l'affaire ayant repris son cours, les plaidoiries entendues, le nouveau Tribunal de Paris (24 juillet 1792) infirma l'arrêt des premiers juges, et déclara Joseph non fondé dans sa demande, en lui interdisant de porter à l'avenir le nom de comte de Solar.

Le jeune homme, à qui cet arrêt sans appel ôtait toute espérance, seul maintenant, sans appui, sans amis, prit une résolution énergique ; il s'engagea dans un régiment de dragons, partant pour la frontière, et trois mois après il périssait glorieusement sur le champ de bataille. D'autres disent qu'il mourut des suites de ses fatigues dans un hôpital. Tel fut le dénouement de cette aventure étrange, qui reste à toujours une énigme, un problème, ce qui n'empêche pas d'admirer le dévouement du bon abbé, qu'il ait été ou non déçu par les apparences militant, à défaut des preuves décisives, en faveur de son malheureux protégé.

Mais les fatigues et les émotions de ce procès, ajou-

tées à tant d'années de privations et de labeurs, contribuèrent sans doute à hâter la fin du vénérable prêtre
qui, le 23 décembre 1789, s'éteignit doucement, au milieu de sa famille adoptive en pleurs, après avoir reçu,
dans les sentiments de la plus fervente piété, les derniers
sacrements des mains de M. l'abbé Marduel, curé de sa
paroisse. Pendant sa maladie on l'entendit plusieurs fois
répéter ces touchantes paroles : « Grâce à Dieu, je n'ai
» jamais commis de ces fautes qui tuent les âmes ; mais
» je suis épouvanté quand je réfléchis combien j'ai mal
» répondu à une telle faveur d'en haut... Ce sont les
» grands combats qui font les grands saints ; Dieu a tout
» fait pour mon salut, et je n'ai rien fait qui réponde à
» l'excellence de sa grâce. »

L'humilité de l'abbé de l'Épée lui fermait les yeux sur
ses mérites; certes il n'arrivait pas les mains vides devant Dieu celui qui, par ce merveilleux langage, inventé
par le cœur plus encore que par le génie, avait ouvert
et ouvre encore les portes du Ciel à tant de pauvres
âmes qui, sans lui, n'auraient point connu la lumière.
L'apôtre infatigable de ces infortunés, longtemps à cause
de leur infirmité, traités en parias, ne mérite-t-il pas au
moins la même récompense, les mêmes louanges que le
courageux missionnaire qui va, par delà les mers et les
déserts, porter l'évangile aux pauvres idolâtres? car
tels abrutis qu'ils paraissent, grâce à ce don précieux
de la parole, ne sont-ils pas moins étrangers encore à
toute tradition, à toutes notions concernant la divinité,
l'âme, la conscience, que les malheureux sourds-muets,
qui, faute de moyens de communication avec les autres
hommes, restaient comme murés dans leur complète

ignorance? Qu'on juge à ce point de vue supérieur de
l'immense bienfait résultant de la découverte de l'abbé
de l'Epée [1], qui dans son livre intitulé : *Véritable manière d'instruire les sourds-muets*, va jusqu'à dire : « D'après
» les exemples contenus dans ce chapitre (XIII), on con-
» viendra sans doute qu'il est possible de faire entendre
» aux sourds-muets les mystères de notre religion, et
» qu'ils doivent même les mieux entendre que ceux qui
» ne les ont appris que dans leur catéchisme [2]. »

A l'appui de cette affirmation, qui paraît si hardie
d'abord, je dirai qu'ayant eu plusieurs fois l'occasion
d'entendre, c'est-à-dire de voir les prédications qui se
font le dimanche, à Saint-Roch, par un digne successeur de l'abbé de l'Épée, aux sourds-muets, je ne me
lassais pas d'admirer l'éloquence naturelle, la vivacité
d'accent, l'onction surtout de ce langage des gestes, si
expressif, que moi, qui ne le comprenais point dans le
détail, je n'en étais pas moins touché profondément,
sûr que l'orateur parlait à ses ouailles attentives des
choses du ciel, de Dieu, de l'âme et de l'éternité.

C'est dans l'église Saint-Roch, où l'abbé de l'Épée fut
inhumé, que se trouve le monument élevé à sa mémoire par les sourds-muets reconnaissants. Il est dû au
ciseau du sculpteur Préault qui, dans cette circonstance,
dit-on, a fait preuve, à son grand honneur, de plus de
désintéressement encore que de talent.

---

[1] Il est juste de dire que, bien qu'il n'eût pas eu connaissance de
leurs ouvrages, l'abbé de l'Épée avait été précédé dans cette carrière de dévouement par les Espagnols Paul Bronet et Ramire, et
aussi les Anglais et les Allemands.

[2] La *Véritable manière d'instruire les sourds-muets*, in-12, 1784.

Une statue de l'abbé de l'Épée, dont une souscription a fait les frais, s'élève également sur une des places de Versailles, où se voit aussi la statue de Hoche, autre gloire de cette noble cité.

Par un décret de l'Assemblée nationale, qui ne fut pas toujours si bien inspirée (1791), l'Institution des sourds-muets, reconnue solennellement d'utilité publique, se trouva consolidée. Peu d'années après elle fut, par mesure administrative, transférée dans le vaste local qu'elle occupe aujourd'hui encore. Des fenêtres élevées d'une maison située en face, et que naguère habitait l'un de nos amis, nous avons souvent admiré le beau et grand jardin dont les murs bornent à droite la rue dite de *l'Abbé de l'Épée*.

FÉNELON

I

« Dans sa douleur elle (Calypso) se trouvait malheureuse d'être immortelle ; etc. »

Que de fois et que de fois n'ai-je pas copié cette ritournelle du temps que j'étais écolier, et que de fois, professeur, à mon tour ai-je infligé cet ennui aux pauvres élèves ! C'est pour moi un problème dont je cherche vainement la solution, une énigme dont le mot m'échappe, de penser que le *Télémaque* soit devenu le livre des collégiens concurremment avec *Robinson Crusoé*, et même le livre des bambins, presque des bébés ; car j'ai connu plusieurs écoles où l'on avait fait de ce grave volume le livre de lecture à l'usage de la petite classe, soit des enfants qui, ayant appris à épeler dans le Syllabaire, commençaient à déchiffrer couramment la lettre moulée.

Fénelon, tout le premier, me paraît s'être mépris à ce sujet quand il dit avoir fait son livre « pour amuser en l'instruisant son élève, le duc de Bourgogne. » Toutefois on peut l'admettre quant au jeune prince dont l'intelligence était singulièrement précoce alors que sa position contribuait encore à la développer plus vite et lui permettait de comprendre bien des choses absolument inintelligibles pour le fils d'un artisan ou d'un petit bourgeois. Ce poème, car, pour la plus grande partie, l'ouvrage, comme l'a dit excellemment Chateaubriand, n'est qu'une épopée écrite en prose harmonieuse, pour être goûté, exige non pas seulement un esprit cultivé, mais déjà une certaine connaissance du monde ; nous disons cela surtout pour l'épisode relatif à Eucharis et Calypso, pour celui du roi de Tyr, etc, destinés à prémunir le jeune prince contre certains écueils trop fréquents dans les cours, mais qu'il peut n'être pas sans inconvénient de faire prématurément connaître à d'autres. Les chapitres, j'allais dire, les chants consacrés à Idoménée et à la fondation de Salente, sont faits pour être lus ou plutôt médités moins par des écoliers que par l'historien et l'homme d'état, et je trouve qu'il y a exagération quoique avec un fond de vérité dans ce jugement d'un critique très judicieux d'ailleurs :

« Le livre dans son ensemble ne saurait être considéré comme un traité de politique pratique. A côté de maximes très sages on trouve des pensées chimériques et des détails un peu puérils. On sent en le lisant qu'on n'a pas affaire à un homme d'état. »

Que dans la pensée de Fénelon, l'ouvrage ait pu être même indirectement une critique du gouvernement de Louis XIV, on ne peut le croire alors que lui-même affirme le contraire en disant : « Je l'ai fait dans un » temps où j'étais charmé des marques de bonté et de » confiance dont le roi m'honorait.... Je n'ai jamais » songé qu'à amuser M. le duc de Bourgogne et qu'à

» l'instruire en l'amusant par ces aventures sans jamais
» vouloir donner cet ouvrage au public. »

En effet, le livre ne vit le jour du vivant de l'auteur
que par « l'infidélité d'un domestique auquel Fénelon
avait confié son manuscrit pour en faire une copie.
Cette transcription circula clandestinement dans quelques sociétés dès le mois d'octobre 1698, et la curiosité
qu'elle fit naître encouragea le copiste à la vendre à un
libraire sans désignation d'auteur. La veuve Barbier
obtint un privilége et l'ouvrage s'imprimait lorsque, au
mois d'octobre 1699, la cour, ayant été informée que le
Télémaque était de l'archevêque de Cambrai, fit saisir les
exemplaires des feuilles imprimées et prit les mesures
les plus sévères pour sa destruction totale. »

Elle n'y réussit pas néanmoins ; une partie de l'édition fut soustraite à la vigilance des agents, et les exemplaires se répandirent dans le public. Un libraire de La
Haye, Moetyens, en profita pour faire réimprimer le
livre qui eut à l'étranger comme en France un immense
retentissement. La *Bibliothèque Britannique* de l'année
1743, le constate en ces termes : « A peine les presses
pouvaient suffire à la curiosité du public ; et quoique
ces éditions fussent pleines de fautes, à travers toutes
ces taches, il était facile d'y reconnaître un grand
maître. »

Ce succès prodigieux, qui n'avait pas pour seule et
sans doute pour principale cause le mérite du livre,
acheva d'indisposer Louis XIV déjà fort mécontent de
Fénelon depuis l'affaire du Quiétisme : « Louis XIV ne
lui pardonnait pas l'obstination qu'il avait mise à défendre une doctrine où le roi ne voyait que des illusions

et des éblouissements de l'esprit qui répugnaient à son bon sens pratique. »

La publication du *Télémaque* qui, par une coïncidence fâcheuse, sous le voile transparent de la fiction, semblait la critique ou plutôt la condamnation sévère de l'administration de Louis XIV, acheva la disgrâce de Fénelon ; l'archevêque de Cambrai même put craindre un moment qu'on ne lui créât des difficultés qui le paralyseraient dans l'exercice de son ministère pastoral. Mais cette appréhension n'était point fondée, le roi, faisant taire ses répugnances personnelles, non-seulement laissa toujours liberté pleine et entière au prélat pour tout ce qui concernait le salut des âmes, mais plus d'une fois il l'aida de sa protection.

Du reste, Fénelon n'usa jamais de cette protection qu'avec une grande réserve et pour faire le bien, se montrant dans son diocèse le modèle accompli des pasteurs.

Revenons au *Télémaque* qui, en dehors des circonstances indiquées plus haut, méritait son succès par le bonheur de l'invention, la solidité des pensées et surtout le charme du style auquel on ne pourrait reprocher qu'une certaine recherche de la phrase trop fleurie parfois. Cet excès de parure n'est pas le défaut des autres écrits de Fénelon, car dans leur élégance et leur correction, ils se recommandent en général par la sobriété de l'expression et l'auteur n'abuse pas de l'épithète. Pourtant je ne saurais désapprouver les louanges données par Chateaubriand à ce style tout imprégné du parfum de l'antiquité, tout virgilien dans la forme, encore que, dans la pensée, il s'élève jusqu'au plus pur idéal par une

inspiration toute chrétienne, témoin ce merveilleux
épisode des Champs-Elysées que l'auteur du *Génie du
Christianisme* a tant raison de citer en exemple, car cette
admirable prose, dans sa suavité, enchante l'oreille
comme les plus beaux vers.

« .... Ni les jalousies, ni les défiances, ni la crainte,
ni les vains désirs n'approchent jamais de cet heureux
séjour de la paix. Le jour n'y finit point, et la nuit avec
ses sombres voiles, y est inconnue : une lumière pure et
douce se répand autour des corps de ces hommes justes
et les environne de ses rayons comme d'un vêtement.
Cette lumière n'est point semblable à la lumière sombre
qui éclaire les yeux des misérables mortels et qui n'est
que ténèbres ; c'est plutôt une gloire céleste qu'une lumière : elle pénètre plus subtilement les corps les plus
épais que les rayons du soleil ne pénètrent le plus pur
cristal : elle n'éblouit jamais ; au contraire elle fortifie
les yeux et porte dans le fond de l'âme je ne sais quelle
sérénité ; c'est d'elle seule que ces hommes bienheureux
sont nourris ; elle sort d'eux et elle y entre : elle les pénètre et s'incorpore à eux comme les aliments s'incor-
porent à nous. Ils la voient, ils la sentent, ils la res-
pirent ; elle fait naitre en eux une source intarissable
de paix et de joie ; ils sont plongés dans cet abîme de
délices comme les poissons dans la mer. Ils ne veulent
plus rien, ils ont tout sans rien avoir, car ce goût de
lumière pure apaise la faim de leur cœur ; tous leurs
désirs sont rassasiés, et leur plénitude les élève au dessus de tout ce que les hommes vides et affamés cherchent
sur la terre : toutes les délices qui les environnent ne
leur sont rien parce que le comble de leur félicité, qui

vient du dedans, ne leur laisse aucun sentiment pour tout ce qu'ils voient de délicieux au dehors. Ils sont tels que les dieux qui, rassasiés de nectar et d'ambroisie, ne daigneraient pas se nourrir des viandes grossières qu'on leur présenterait à la table la plus exquise des hommes mortels. »

Virgile chrétien et écrivant en prose n'aurait dit ni mieux ni autrement, on peut l'affirmer.

Mais avant le *Télémaque*, Fénelon avait publié plusieurs ouvrages fort appréciés, et l'un des premiers, son *Traité de l'Education des Filles*, qu'on a le tort de ne plus assez lire aujourd'hui ; car, à part un petit nombre de passages, il n'a rien perdu de son actualité et de son utilité. Je ne sais pas de livre sur l'éducation qui puisse faire plus de bien, qui soit plus rempli de conseils excellents, de leçons pratiques, d'observations prises sur le vif et d'après la nature. Ce court volume, qui vaut des centaines et des milliers de gros livres, est un trésor d'instructions précieuses dont les mères de famille doivent faire leur *vade mecum* et que je voudrais voir mettre dans la corbeille de la mariée tout d'abord avant les bijoux et les cachemires. Si je n'écoutais que mes prédilections, je le copierais ici en entier, car tout en est admirable la forme comme le fond, du moins je ne me refuserai pas la joie de quelques citations que personne, j'en suis sûr, ne pensera à regretter, fussent-elles un peu longues. Qui pourrait songer à s'en apercevoir, et pour faire connaître, admirer, aimer Fénelon, comme écrivain et comme homme, vaudront-elles pas mieux que tous mes commentaires et les plus élogieux ?

Détachons du premier chapitre cette page éloquente :

« Le monde n'est point un fantôme ; c'est l'assemblage
de toutes les familles ; et qui est-ce qui peut les policer
avec un soin plus exact que les femmes qui, outre leur
autorité naturelle et leur assiduité dans leur maison,
ont encore l'avantage d'être nées soigneuses, attentives
au détail, industrieuses, insinuantes et persuasives ?
Mais les hommes peuvent-ils espérer pour eux-mêmes
quelque douceur dans la vie, si leur plus étroite société,
qui est celle du mariage, se tourne en amertume ? Mais
les enfants, qui feront dans la suite tout le genre humain,
que deviendront-ils si les mères les gâtent dès leurs premières années... Il est constant que la mauvaise éducation des femmes fait plus de mal que celle des hommes
puisque les désordres des hommes viennent souvent et
de la mauvaise éducation qu'ils ont reçue de leurs mères
et des passions que d'autres femmes leur ont inspirées
dans un âge plus avancé. »

Mais voici qui me paraît plus remarquable encore :
« L'ignorance d'une fille est cause qu'elle s'ennuie et
qu'elle ne sait à quoi s'occuper innocemment. Quand elle
est venue jusqu'à un certain âge sans s'appliquer aux
choses solides, elle n'en peut avoir ni le goût ni l'estime ;
tout ce qui est sérieux lui paraît triste, tout ce qui demande une attention suivie la fatigue, la pente aux plaisirs, qui est forte pendant la jeunesse, l'exemple des
personnes du même âge qui sont plongées dans l'amusement, tout sert à lui faire craindre une vie réglée et
laborieuse.... La piété lui paraît une occupation languissante et une règle ennemie de tous les plaisirs. A
quoi donc s'occupera-t-elle? à rien d'utile. Cette inap-
plication se tourne même en habitude incurable. Cepen-

dant voilà un grand vide, qu'on ne peut espérer de
remplir de choses solides ; il faut donc que les frivoles
prennent la place. Dans cette oisiveté, une fille s'abandonne à sa paresse, et la paresse, qui est une langueur
de l'âme, est une source inépuisable d'ennuis.

» .... Les filles mal instruites et inappliquées ont une
imagination toujours errante. Faute d'aliment solide,
leur curiosité se tourne en ardeur vers les objets vains,
dangereux. Celles qui ont de l'esprit s'érigent souvent
en précieuses, et lisent tous les livres qui peuvent nourrir leur vanité ; elles se passionnent, pour des romans,
pour des comédies, pour des récits d'aventures chimériques, où l'amour profane est mêlé. Elles se rendent l'esprit visionnaire, en s'accoutumant au langage magnifique des héros de roman ; elles se gâtent même par là
pour le monde ; car tous ces beaux sentiments en l'air,
toutes ces passions généreuses, toutes ces aventures que
l'auteur du roman a inventées pour le plaisir, n'ont
aucun rapport avec les vrais motifs qui font agir dans
le monde et qui décident des affaires, ni avec les mé-
comptes qu'on trouve dans tout ce qu'on entreprend.

» Une pauvre fille, pleine du tendre et du merveilleux
qui l'ont charmée dans ses lectures, est étonnée de ne
trouver point dans le monde de vrais personnages qui
ressemblent à ces héros : elle voudrait vivre comme ces
princesses imaginaires qui sont dans les romans toujours
charmantes, toujours adorées, toujours au-dessus de
de tous les besoins. Quel dégoût pour elle de descendre
de l'héroïsme jusqu'au plus bas détail du ménage ! »

Tout cela est-il assez vrai non moins admirable par
la sagacité de l'observation, la force et la délicatesse

des pensées que par la propriété des expressions? Quelle
pureté de style? c'est un diamant de la plus belle eau
enchâssé dans un or très-pur. Je continue à citer quoique un peu au hasard. L'éducation doit se commencer
dès la plus tendre enfance : « Si peu que le naturel des
enfants soit bon, on peut les rendre ainsi dociles, pa-
tients, fermes, gais et tranquilles : au lieu que si on né-
glige ce premier âge, ils y deviennent ardents et inquiets
pour toute leur vie ; leur sang se brûle, les habitudes
se forment, le corps encore tendre, et l'âme, qui n'a encore aucune pente vers aucun objet, se plient vers le
mal ; il se fait en eux une espèce de second péché origi-
nel, qui est la source de mille désordres quand ils sont
plus grands. »

« Souvent le plaisir qu'on veut tirer des jolis enfants
les gâte ; on les accoutume à hasarder tous ce qui leur
vient dans l'esprit et à parler de choses dont ils n'ont
pas encore des connaissances distinctes.... Ce plaisir
qu'on veut tirer des enfants produit encore un effet pernicieux : ils aperçoivent qu'on les regarde avec complaisance, qu'on observe tout ce qu'ils font, qu'on les
écoute avec plaisir ; par là, ils s'accoutument à croire
que le monde sera toujours occupé d'eux. »

« .... Il faut donc prendre soin des enfants, sans laisser voir qu'on pense beaucoup à eux. Montrez-leur que
c'est par amitié et par le besoin où ils sont d'être re-
dressés que vous êtes attentif à leur conduite, et non par
l'admiration de leur esprit. Contentez-vous de les former peu à peu selon les occasions qui viennent naturellement : quand même vous pourriez avancer beaucoup l'esprit d'un enfant sans le presser, vous devriez

craindre de le faire ; *car le danger de la vanité et de la pré-*
somption est toujours plus grand que le fruit de ces éduca-
tions prématurées qui font tant de bruit. »

« Laissez jouer un enfant, et mêlez l'instruction avec
le jeu ; que la sagesse ne se montre à lui que par intervalle et avec un visage riant ; gardez-vous de le fatiguer
par une exactitude indiscrète. Si l'enfant se fait une
idée triste et sombre de la vertu, si la liberté et le dérè-
glement se présentent à lui sous une figure agréable,
tout est perdu, vous travaillez en vain.

« Remarquez un grand défaut des éducations ordinaires ; on met tout le plaisir d'un côté et tout l'ennui
de l'autre : tout l'ennui dans l'étude, tout le plaisir dans
les divertissements. Que peut faire un enfant, sinon supporter impatiemment cette règle et courir ardemment
après les jeux ? »

Voici, quant au divertissement lui-même, une précieuse observation : « Quand on ne s'est encore gâté par
aucun grand divertissement, et qu'on n'a fait naître en
soi aucune passion ardente, on trouve aisément la joie ;
la santé et l'innocence en sont les vraies sources ; mais
les gens qui ont eu le malheur de s'accoutumer aux plaisirs violents perdent le goût des plaisirs modérés, et
s'ennuient toujours dans une recherche inquiète de la
joie.

» Les plaisirs simples soint moins vifs et moins sensibles, il est vrai : les autres enlèvent l'âme en re-
muant les ressorts des passions. Mais les plaisirs simples
sont d'un meilleur usage ; ils donnent une joie égale et
durable sans aucune suite maligne : ils sont toujours
bienfaisants; au lieu que les autres plaisirs sont comme les

vins frelatés qui plaisent d'abord plus que les naturels,
mais qui altèrent et qui nuisent à la santé. Le tempérament de l'âme se gâte, aussi bien que le goût, par la
recherche de ces plaisirs vifs et piquants. »

II

Combien d'autres passages non moins instructifs on
pourrait emprunter à cet inestimable petit volume !
Que de citations excellentes aussi pourrait nous offrir ce
beau et solide *Traité de l'existence de Dieu*, d'une argu-
mentation si serrée, d'un style si ferme, et qui enchante
tout à la fois le cœur et l'esprit. En le relisant tout récemment, le crayon à la main, à l'intention de mes lecteurs, j'avais noté, pour la citation, nombre de passages
qui multiplieraient plus que de raison les pages de cette
étude. Il y faut plus de discrétion d'autant que le volume est de ceux qui se trouvent facilement sous la
main et il ne manque dans aucune bibliothèque de famille. Tel regret que j'en aie, je me bornerai donc à la
reproduction de deux ou trois passages, au lieu de huit
ou dix que j'avais indiqués, celui-ci par exemple :

« Tout ce que la terre produit se corrompt, rentre
dans son sein et devient le germe d'une nouvelle fécondité. Ainsi elle reprend tout ce qu'elle a donné pour le
rendre encore. Ainsi la corruption des plantes et les ex-
créments des animaux qu'elle nourrit la nourrissent elle-
même et perfectionnent sa fertilité. Ainsi plus elle donne
plus elle reprend ; et elle ne s'épuise jamais pourvu
qu'on sache, dans sa culture, lui rendre ce qu'elle a donné.

Tout sort de son sein, tout y entre et rien ne s'y perd.
Toutes les semences qui y retournent se multiplient.
Confiez à la terre des grains de blé, en se pourrissant,
ils germent, et cette mère féconde nous rend avec usure
plus d'épis qu'elle n'a reçu de grains. Creusez dans ses
entrailles, vous y trouverez la pierre et le marbre pour
les plus superbes édifices. Mais qui est-ce qui a renfermé
tant de trésors dans son sein, à condition qu'ils se repro-
duisent sans cesse ? Voyez tant de métaux précieux et
utiles, tant de minéraux destinés à la commodité de
l'homme.... C'est du sein inépuisable de la terre que
sort tout ce qu'il y a de plus précieux. Cette masse in-
forme, vile et grossière, prend toutes les formes les plus
diverses ; et elle seule donne tour à tour tous les biens
que nous lui demandons. Cette boue si sale se trans-
forme en mille beaux objets qui charment les yeux.»

L'auteur nous montre ensuite les plantes, herbes,
fleurs, arbres, arbustes qui sortent du sol et font à la
terre une si admirable parure ; puis il continue : « Regardons maintenant ce qu'on appelle l'*eau*. C'est un
corps liquide, clair et transparent. D'un côté, il coule, il
échappe, il s'enfuit. De l'autre, il prend toutes les formes des corps qui l'environnent, n'en ayant aucune par
lui-même. Si l'eau était un peu plus raréfiée, elle deviendrait une espèce d'air, toute la face de la terre serait
sèche et stérile. Il n'y aurait que des animaux volatiles :
nulle espèce d'animal ne pourrait nager, nul poisson ne
pourrait vivre ; il n'y aurait aucun commerce par la navigation. Quelle main industrieuse a su épaissir l'eau en
subtilisant l'air, et distinguer si bien ces deux espèces
de corps fluides ? Si l'eau était un peu plus raréfiée, elle

ne pourrait plus soutenir ces prodigieux édifices flottants qu'on nomme vaisseaux. Les corps les moins pesants s'enfonceraient d'abord dans l'eau. Qui est-ce qui a pris le soin de choisir une si juste configuration des parties et un degré si précis de mouvement pour rendre l'eau si fluide, si insinuante, si propre à échapper, si incapable de toute consistance; et néanmoins si forte pour porter, et si impétueuse pour entraîner les plus pesantes masses ? »

Combien d'autres passages non moins intéressants à citer sur le feu, sur l'air, sur les animaux, sur l'homme, etc. « Un homme qui vit sans réflexion ne pense qu'aux espaces qui sont auprès de lui, ou qui ont quelque rapport à ses besoins. Il ne regarde la terre que comme le plancher de sa chambre, et le soleil qui l'éclaire pendant le jour que comme la bougie qui l'éclaire pendant la nuit. Ses pensées se renferment dans le lieu étroit qu'il habite. Au contraire, l'homme accoutumé à faire des réflexions étend ses regards plus loin, et considère avec curiosité les abîmes presque infinis dont il est environné de toutes parts. Un vaste royaume ne lui paraît alors qu'un petit coin de la terre : la terre elle-même n'est à ses yeux qu'un point dans la masse de l'univers; et il admire de s'y voir placé sans savoir comment il y a été mis. »

Dans les *Fables* et les *Dialogues des morts*, Fénelon fait preuve d'un esprit aussi ingénieux qu'agréable et judicieux. Dans les *Lettres spirituelles*, les âmes qui aspirent à la perfection trouvent de précieux conseils donnés avec cet accent de la conviction et cette autorité de la vertu qui prêche d'exemple. Mais cette admirable

correspondance, dans sa plus grande partie au moins,
ne me semble pas à l'usage des néophytes qu'elle pourrait déconcerter en leur parlant un langage qui ravit
avec raison les âmes d'élite et exalte les parfaits.

Dans les *Dialogues sur l'Eloquence*, je trouve ce remarquable passage qui peut s'appliquer aux écrivains,
poètes, historiens, etc, aussi bien qu'à l'orateur : « Il faut
donc que les orateurs ne craignent et n'espèrent rien de
leurs auditeurs pour leur propre intérêt. Si vous admet-
tez des orateurs ambitieux et mercenaires, s'oppose-
raient-ils à toutes les passions des hommes ? S'ils sont
malades de l'avarice, de l'ambition, de la mollesse, en
pourront-ils guérir les autres ? S'ils cherchent les richesses en pourront-ils détacher autrui ? Je sais qu'on ne
doit pas laisser un orateur vertueux et désintéressé manquer du nécessaire : aussi cela n'arrive-t-il jamais s'il est
vrai philosophe, c'est-à-dire tel qu'il doit être pour redres-
ser les mœurs des hommes. Il mènera une vie simple, modeste, frugale, laborieuse; il lui faudra peu ; ce peu ne
lui manquera point, dût-il de ses propres mains le
gagner. Le surplus ne doit pas être sa récompense et
n'est pas digne de l'être. Le public lui pourra rendre des
honneurs et lui donner de l'autorité, mais s'il est dégagé
des passions et désintéressé, il n'usera de cette autorité
que pour le bien public, prêt à la perdre toutes les fois
qu'il ne pourra la conserver qu'en dissimulant et flat-
tant les hommes. Ainsi, l'orateur, pour être digne de
persuader les peuples, doit être un homme incorrup-
tible ; sans cela son talent et son art se tourneraient en
poison mortel contre la république même : de là vient
que, selon Cicéron, la première et la plus essentielle des

qualités d'un orateur est la vertu. Il faut une probité
qui soit à l'épreuve de tout, et qui puisse servir de modèle à tous les citoyens ; sans cela, on ne peut paraître
persuadé ni par conséquent persuader les autres. »

Tout serait à souligner dans cette page qu'on croirait
écrite d'hier et à l'intention de tels de nos députés et
journalistes qui sûrement ne l'ont point lue ou ne
songent guère à en faire leur règle de conduite.

Les écrits relatifs à la controverse se recommandent
par les mêmes mérites du fond et de la forme, et par
cette courtoisie du langage qui trahit à la fois le vrai
chrétien et le gentilhomme. Malheureusement, ces
ouvrages n'ont plus qu'un intérêt purement rétrospectif
puisque presque toutes les questions qui y sont traitées,
et qui soulevaient à l'époque des polémiques si ar-
dentes, sont pour nous non pas seulement comme les
almanachs de l'autre année, mais comme ceux d'il y a
cinquante ans. Le *Jansénisme* est mort et bien mort, et
aussi le *Quiétisme* qui fournit à l'évêque de Cambrai
l'occasion d'un si beau triomphe par l'empressement et
la sincérité de sa soumission. On ne peut trop déplorer
d'ailleurs que cette malheureuse controverse ait séparé
des hommes comme Fénelon et Bossuet, si bien faits,
chacun de leur côté, pour se comprendre ; et dont l'amitié, malgré la divergence des opinions sur certains
points, aurait dû rester indissoluble. La désunion de
ces deux grands cœurs et de ces deux sublimes esprits
est à jamais regrettable et nous doit être à tous un sujet
de graves réflexions. Je regarderais presque comme une
témérité de me prononcer entre ces deux illustres qui
me sont chers également ; toutefois, s'il faut l'avouer,

j'inclinerais à croire que Bossuet doit avoir la plus
grande part de responsabilité dans la rupture. Je trouve
d'ailleurs dans un écrit assez écent une appréciation
qui m'a frappé par son cachet d'impartialité et me
semble bien près de la vérité.

« Avant l'enregistrement du bref à la cour du parlement et dès qu'il eut reçu l'autorisation du roi, Fénelon fit un mandement dans lequel il accepta sa condamnation avec une simplicité et une dignité remarquables.
Cette soumission fut généralement admirée ; toutefois
les protestants et les journalistes en furent mécontents.
Vers la fin de sa vie, l'archevêque de Cambrai constata
de nouveau sa soumission par un ostensoir d'or qu'il
offrit à son église, et qui représentait un porsonnage
symbolique foulant aux pieds plusieurs livres hérétiques
sur l'un desquels on lisait ces mots : *Maximes des
Saints*. Ainsi finit ce fameux débat dans lequel Bossuet,
par intérêt pour la religion qu'il croyait menacée, se
montra quelquefois importé, dur et même injurieux,
(*Relation du Quiétisme*, 1698). Fénelon n'est pas non plus
exempt de reproches. Par égard pour une femme dont
la doctrine était généralement réprouvée, il ne paraît
pas toujours sincère dans les protestations qu'il prodiguait à ses adversaires. La situation qu'il s'était faite
lui créa des difficultés ; elle l'obligea par exemple à se
défendre par des subtilités qui prouvèrent la souplesse
de son esprit, mais qui gâtèrent parfois sa cause. Ces
deux prélats y gagnèrent cependant quelque chose :
Bossuet une connaissance de la théologie mystique qu'il
n'avait point et qui lui servit à corriger ses idées sur la
charité ; Fénelon, une plus grande circonspection dans

la matière extrèmement épineuse de la spiritualité. Si le triomphe de l'un a été glorieux, la défaite de l'autre n'est pas moins digne d'éloges, [1] A. K. »

III

Maintenant avant de terminer, quelques détails biographiques qui complèteront notre travail.

François de Salignac de Lamotte-Fénelon, d'une famille ancienne et illustre, naquit au château de Fénelon, en Périgord (6 août 1651). C'est là qu'il fut élevé sous les yeux de son père également vertueux et instruit et qui ne se sépara pas sans quelque regret de l'enfant ou plutôt de l'adolescent ; car celui-ci avait quinze ans lorsqu'il fut envoyé à Paris qu'habitait son oncle, le marquis de Fénelon, pour achever ses études philosophiques et commencer le cours de théologie conformément à sa vocation. Mais l'oncle du jeune Salignac, après l'avoir gardé quelque temps dans son hôtel, craignit pour lui les séductions ou tout au moins les distractions du monde, et il crut prudent de le faire entrèr au séminaire de Saint Sulpice, dirigé alors par le savant et vertueux M. Tronson. Fénelon, dans cette sainte retraite, employa les belles années de sa jeunesse aux études théologiques les plus sérieuses et par sa piété comme par son savoir il se montra digne au bout de quelques années de recevoir les ordres sacrés. Dans la ferveur de son zèle, il voulait d'abord se consacrer aux missions lointaines, mais contrarié dans ce dessein par la faiblesse

[1] *Nouvelle Biographie. — Fénelon.*

de sa santé comme par l'opposition de sa famille, il se dévoua à un apostolat plus modeste mais non moins utile, l'instruction des *Nouvelles Catholiques* ou protestantes converties. Les dix années, consacrées par lui à cet obscur ministère, le préparèrent à la composition de son premier ouvrage : de l'*Education des Filles*, destiné à la duchesse de Beauvilliers, mère d'une famille nombreuse, et femme du duc de Beauvilliers, devenu l'intime ami de Fénelon.

Aussi lorsque en 1689, de Beauvilliers, par les conseils et l'influence de Madame de Maintenon, eut été nommé gouverneur du duc de Bourgogne, fils du Dauphin et petit fils de Louis XIV, il proposa et fit agréer comme précepteur l'abbé de Fénelon. Grâce aux soins assidus et au zèle éclairé de ces deux vertueux amis, secondés par des hommes de bien, choisis par eux, le jeune prince, dont le tempérament violent, les passions précoces, l'orgueil en particulier de bonne heure étrangement développé, pouvaient faire tout craindre, devint par degrés moins indomptable, et après quelques années, étonnant la cour par ses vertus, il promettait dans l'avenir un roi modèle. Au témoignage des contemporains et de Saint-Simon en particulier, la transformation tenait du miracle, et jamais on ne vit mieux qu'en cette circonstance l'influence de l'éducation, d'une éducation forte et chrétienne, sur la nature la plus rebelle.

Après les cinq années qu'il avait passées près du jeune prince, Fénelon fut nommé à l'archevêché de Cambrai (1694). Ce choix, tout spontané de la part du roi, prouvait le cas qu'il faisait du précepteur pour lequel d'ailleurs

il se sentait plus d'estime que de sympathie. On a dit
que les grandes manières de Fénelon, la supériorité de
son génie, mises en relief par une élocution facile et
brillante, gênaient Louis XIV qui, dans la conversation,
s'étonnait qu'on eût un avis trop différent du sien et
qu'on ne lui laissât pas toujours l'honneur du premier
rôle. Nous doutous que cette explication soit la vraie :
ne faudrait-il pas plutôt attribuer les sentiments du roi,
sa froideur persévérante qui devint de l'antipathie, à
une autre cause, à certain passage d'une lettre écrite,
paraît-il, à Madame de Maintenon et dans laquelle, par
une regrettable exagération, Fénelon allait jusqu'à
dire « qu'il (le Roi) n'avait aucune idée de ses devoirs. »
Ce jugement, qui semblait si dur, excessif dans sa forme
brève et absolue, dut choquer horriblement Louis XIV,
et sans l'excuser, on comprend qu'une telle parole ait
eu peine à s'effacer de son souvenir.

Par malheur, comme nous l'avons dit plus haut,
l'affaire du Quiétisme, les ménagements de l'évêque de
Cambrai pour Madame Guyon et enfin la publication
du livre des *Maximes des Saints*, dénoncé avec tant de
véhémence par Bossuet comme la quintessence de l'hérésie, ajoutèrent coup sur coup aux préventions du roi
que l'apparition du *Télémaque*, bientôt après, acheva
d'irriter. De ce jour la disgrâce de Fénelon fut complète
et sans nul espoir de retour, d'autant plus que Madame
de Maintenon, autrefois son amie, n'avait pas été la
dernière à l'abandonner. Fénelon souffrit de tout cela,
mais surtout de se voir éloigné et presque séparé de son
élève le duc de Bourgogne qui le récompensait de son
dévouement par une affection tendrement filiale. Au

milieu de ces tribulations déjà si pénibles, il eut à supporter une épreuve encore d'un autre genre mais cruelle
aussi. Son palais épiscopal devint la proie des flammes
et, dans l'incendie, Fénelon perdit sa bibliothèque, ses
nombreux manuscrits et des papiers précieux. Admirable pourtant fut sa résignation et aux compliments de
condoléance de ses amis, il se contenta de répondre :

« Il vaut mieux que le feu ait pris à ma maison qu'à
celle d'un pauvre laboureur. »

Cette parole était digne de celui qu'on voyait dans
son zèle apostolique si plein de condescendance et de
sollicitude pour les faibles et les petits et qui s'en allait
courir les champs, pendant toute une nuit, pour aider
un brave paysan à retrouver sa vache égarée. Touchant épisode qui a si heureusement inspiré la muse
d'Andrieux !

La charité de Fénelon eut à s'exercer sur un plus
vaste théâtre. « Les malheurs de la guerre, dit Ville-
» main, d'après le cardinal de Beausset, amenèrent les
» troupes ennemies dans le diocèse de Cambrai : ce fut,
» pour le saint évêque, l'occasion d'efforts et de sacri-
» fices nouveaux. Sa sagesse, sa fermeté, la noblesse de
» son langage inspiraient aux généraux ennemis un
» respect salutaire aux malheureuses provinces de
» Flandre. Eugène était digne d'entendre la voix du
» grand homme dont il connaissait et admirait le
» génie. »

Pendant le désastreux hiver de 1709, Fénelon trouvait de nouvelles ressources pour nourrir l'armée française en même temps qu'il faisait de son palais un
hôpital pour les malades et les blessés.

Ce zèle patriotique et chrétien fut apprécié de Louis XIV qui n'en conserva pas moins contre le prélat ses préventions devenues incurables. Vers cette même époque cependant, vu l'âge avancé du roi, une catastrophe imprévue pouvait faire espérer à Fénelon un autre et meilleur avenir. Le grand Dauphin mourut, et son fils, le duc de Bourgogne, l'élève de Beauvilliers et de Fénelon, « se vit tout à coup rapproché du trône et » du roi dont il était le confident et l'appui. » C'est alors que l'archevêque de Cambrai, dans la joie d'entrevoir la réalisation possible de ses espérances, écrit à St-Simon ces graves paroles qui résument en peu de mots tous les devoirs de la royauté: « Il ne faut pas que » tous soient à un seul ; mais un seul doit être à tous » pour faire leur bonheur. »

Le duc de Bourgogne, devenu roi, aurait-il répondu à l'attente de ses généreux amis, et, avec les intentions les meilleures et de hautes vertus, devait-il triompher de cette timidité et de cette indécision, venant du scrupule, qui l'avaient fait échouer comme général à la tête de l'armée ? Dieu le sait qui ne permit pas que se fît l'expérience ! Car, peu de temps après, le jeune prince succomba presque subitement aux atteintes d'une maladie dont sa femme, la princesse de Savoie, fut également victime.

La douleur de Fénelon fut profonde et de celles pour lesquelles il n'est point de consolations humaines ; car il aimait le prince non pas seulement comme son élève, j'allais dire son enfant, mais avec toute l'ardeur de son patriotisme intelligent dont témoignent ses divers mémoires au duc de Beauvilliers et ses écrits politiques.

Puis coup sur coup, il se voyait enlever par la mort ses amis les plus chers, ce qui lui faisait écrire avec désolation : « Je ne vis plus que d'amitié et ce sera l'amitié » qui me fera mourir. »

Parole prophétique, car la mort du duc de Beauvilliers, arrivée sur ces entrefaites, acheva de briser son cœur et, quatre mois après, Fénelon, que rien ne rattachait plus à la terre, allait rejoindre au ciel tous ceux qu'il avait aimés. « Sa mort comme sa vie fut celle d'un » grand et vertueux évêque, dit Villemain qui ajoute : » Quoique Fénelon ait beaucoup écrit, il ne paraît » jamais chercher la gloire d'auteur; tous ses ouvrages » furent inspirés par les devoirs de son état, par ses » malheurs et ceux de sa patrie. La plupart échappèrent » à son insu de ses mains et ne furent connus qu'après » sa mort.... On peut remarquer, d'après ses lettres au » duc de Bourgogne et la sévérité de ses jugements sur » quelques généraux, que Fénelon avait beaucoup de » douceur dans le caractère et beaucoup de domination » dans l'esprit. Ses idées étaient absolues et décisives, » habitude qui semble tenir à la promptitude et à la » force de l'esprit. »

Cette tendance a dû contribuer à l'éloignement de Louis XIV pour Fénelon et n'était pas faite pour rapprocher de lui Bossuet, génie dominateur et inflexible, avec des formes moins conciliantes.

Un contemporain de Fénelon, un maître dans l'art de peindre avec la plume, nous a laissé de l'illustre prélat un portrait remarquable par la vigueur comme par la délicatesse de la touche, et d'autant plus intéressant pour nous que le peintre, on le sait, assez peu des

amis de Fénelon, ne cherchait point à flatter son modèle : « Ce prélat était un grand homme maigre, bien
fait, avec un grand nez, des yeux d'où le feu et l'esprit
sortaient comme un torrent et une physionomie telle
que je n'en ai jamais vu qui lui ressemblât, et qui ne
pouvait s'oublier quand on ne l'aurait vue qu'une fois ;
elle rassemblait tout, et les contraires ne s'y combat-
taient point ; elle avait de la gravité et de l'agrément,
du sérieux de la gaîté, elle sentait également le docteur,
l'évêque et le grand seigneur. Tout ce qui y surnageait,
ainsi que dans toute sa personne, c'était la finesse, l'esprit, les grâces, la douceur et surtout la noblesse : il
fallait faire effort pour cesser de le regarder. Tous ses
portraits sont parlants, sans toutefois avoir pu attraper
la justesse de l'harmonie qui frappait dans l'original, et
la délicatesse de chaque caractère que ce visage rassemblait ; ses manières y répondaient dans la même propor-
tion avec une aisance qui en donnait aux autres, et cet
air et ce bon goût, qu'on ne tient que de l'usage de la
meilleure compagnie et du grand monde, qui se trouvait répandu de soi-même dans toutes ses conversations. » (*Saint-Simon*).

NICOLAS FLAMEL

―――――

« Flamel l'aîné, écrivain, qui faisait tant d'aumônes et hospitalités, et fit plusieurs maisons où gens de métiers demeuraient en bas, et du loyer qu'ils payaient étaient soutenus pauvres laboureurs en haut. »

Voilà ce qu'un auteur à peu près contemporain, Guillebert de Metz, qui écrivait vers 1430, nous dit de ce personnage singulier, « complexe, comme s'exprime M. Vallet de Viriville, et qui par un côté appartient à la biographie et par l'autre touche au roman et à la légende. »

On n'est fixé ni sur le lieu ni sur la date de sa naissance, qui, selon toute probabilité et par induction, d'après des faits authentiques, ne saurait remonter au-delà de 1330. Ce qui n'est pas douteux, c'est que Flamel exerça de bonne heure la profession d'écrivain-libraire, laquelle, avant la découverte de l'imprimerie, regardée comme une profession libérale, ne donnait pas moins de considération que de profit. La calligraphie, à cette époque, était à son apogée; le roi (Charles V) et ses frères, Jean, duc de Berry, et Philippe, duc de Bourgogne, ainsi que leur neveu, Louis, duc d'Orléans, faisaient exécuter à l'envi ces magnifiques manuscrits qui sont encore de nos jours l'ornement de nos plus riches bibliothèques. Les docteurs si nombreux de l'Université, d'autre part, multipliaient avec non moins de zèle les livres originaux.

Flamel qui, paraît-il, exerçait sa profession plutôt en commerçant, en industriel, qu'en artiste, visant surtout à l'utile, se trouvait déjà dans une position fort satisfaisante, lorsqu'il épousa, par intérêt, sans doute, autant que par amour, une bourgeoise de Paris, la dame Pernelle, deux fois veuve, et qui, possédant quelque bien, accrut l'actif de la communauté, tant par son apport que par ses talents de ménagère, sobre, laborieuse, active, économe, le modèle du genre en un mot.

Les époux habitaient d'abord deux modestes échoppes d'écrivain adossées à l'église Saint-Jacques-la-Boucherie. Ces échoppes, rebâties et agrandies, devinrent des maisons, et vis-à-vis, sur un terrain vague acheté par l'écrivain-juré, s'éleva une autre maison plus grande, un véritable *hostel* tout enrichi au dehors d'histoires (sculptures) et devises peintes ou gravées. Dans cet *hostel*, en sa qualité de calligraphe agrégé et émérite, M⁰ Flamel instruisait dans son art des écoliers externes; d'autres y demeuraient *en bourse*, c'est-à-dire comme pensionnaires. L'argent ainsi lui venait de tous les côtés à la fois, car les manuscrits, copiés par ses élèves les plus habiles, tout probablement se vendaient à son profit, au moins pour une partie. Riches de plus en plus, les deux époux s'honorèrent d'ailleurs par le bon emploi de leur fortune, en faisant construire une arcade au charnier ou cimetière des Innocents, ainsi que le petit portail de l'église en face de leur maison.

Quelques années après, Flamel devenu veuf, et qui

avait hérité de sa femme, les époux s'étant fait donation
mutuelle, était réputé le bourgeois le plus riche de Paris, et
cette fortune considérable il ne cessait de l'accroître par
son industrie. Il continuait aussi ses libéralités dont le
sentiment religieux paraît avoir été le premier, le principal, sinon le seul mobile. Il fit élever une seconde arcade au charnier des Innocents, aida à la construction
de nombreuses églises, monastères, maisons de charité,
etc., et fit don en outre de dix-neuf calices aux églises
ou chapelles. Sans doute un peu de vanité se mêlait à
tout cela puisque sur tous ces calices on voyait son chiffre, en même temps que, sur la plupart des monuments,
il avait soin de se faire représenter en image ou statue,
ainsi que feue Pernelle, son épouse. Mais on ne peut douter cependant, qu'à part quelque ostentation peut-
être, la piété, comme nous l'avons dit, ne fût son grand
mobile ; cette conviction résulte en particulier pour nous
de la lecture de son remarquable testament, commençant ainsi :

« Par devant, etc... a comparu, Nicolas Flamel, sain
» de corps et pensée, bien parlant et de bon et vrai en-
» tendement, et comme il disait et comme de prime face
» apparaît, attendant et sagement considérant qu'il n'est
» chose plus certaine que la mort, ni chose moins cer-
» taine que l'heure d'icelle, et pour ce que, en la fin de
» ses jours, il ne fît et ne soit trouvé importunité sur ce,
» non voulant de ce siècle trépasser en l'autre intestat,
» pensant aux choses *celestiaux* et pendant que sens et
» raison gouvernent sa pensée ; désirant pourvoir au
» salut et remède de son âme, fit, ordonna et avisa son
» testament ou ordonnance de dernière volonté, au nom

» de la glorieuse trinité du Père, du Fils, et du Saint-
» Esprit, etc. »

Suivent les dispositions testamentaires qui sont toutes relatives à des legs pieux et fondations, et ne con-
tiennent pas moins de seize pages petit texte dans le livre de Piganiol de la Force [1], où le testament est cité
textuellement et tout au long. Nous savons par là le chiffre de la fortune de N. Flamel, chiffre que la rumeur
populaire avait singulièrement exagéré. En effet, « tous
les legs désignés pour une fois payés, dit l'abbé Vilain,
se réduisent à 1,440 livres parisis ou 1,800 livres tournois,
somme qui dans ce temps-ci serait représentée par celle
de 12,234 livres 15 sols, et somme qui ne fut payée qu'en
sept ans. Quant aux fondations perpétuelles, il resta pour
leur acquit à peine 300 livres parisis de rente. »

Il y a loin de là, sans doute, à l'énorme richesse que
la crédulité populaire attribuait à Nicolas Flamel et dont
la source, au dire de tous ou de la plupart, ne pouvait
être qu'étrange et mystérieuse. Cette réputation, non
seulement survécut à Flamel, mais elle ne fit que s'accroître et pendant longtemps, plus de deux siècles après,
même les érudits et les autres discutaient sur l'origine de
cette fortune, attribuée par les uns à la découverte d'un
trésor caché, par d'autres à celle de la pierre philoso-
phale ou transmutation des métaux d'or pur. Cette
opinion même prévalut, appuyée qu'elle était de passa
ges significatifs tirés d'un petit livre sur la science her
métique qu'on disait, mais à tort, écrit par Flamel.
Nous voyons qu'en 1742, un écrivain, homme de sens

[1] *Histoire de Paris.*

et de mérite, Piganiol de la Force, incline à ce sentiment insinué sinon formulé dans son second volume, quoique plus tard ébranlé, ainsi qu'il l'avoue, par la publication du savant ouvrage de l'abbé Vilain : *Histoire critique de Nicolas Flamel*, etc., il paraisse hésitant et même tout près de se rétracter : « Ce judicieux auteur (l'abbé Vilain), écrit Piganiol, a fait voir par un inventaire très-exact de tout ce que Flamel a eu de biens, que ce prétendu *philosophe* ne jouissait pas d'une fortune aussi immense que le veulent les alchimistes, et que les dépenses qu'on lui attribue n'étaient pas aussi considérables pour être au-dessus des facultés d'un écrivain (calligraphe) qui était fort occupé dans sa profession et qui, par conséquent, gagnait beaucoup. »

C'est l'opinion, aujourd'hui généralement adoptée et que formulait récemment M. Vallet de Viriville : « L'idée qu'on se fait, d'après ces renseignements authentiques, au sujet de Nicolas Flamel, n'est déjà plus celle d'un bourgeois vulgaire. On y voit : un homme sagace, habile au gain, amoureux de sa renommée, imitant la dévote et vaniteuse ostentation des princes de son temps, mais mêlant à ces travers *le zèle du bien, du juste et de l'utile.* »

Flamel mourut en 1418 ; il fut enterré dans l'intérieur de l'église Saint-Jacques-la-Boucherie, à laquelle (n'ayant point d'enfants), il avait légué la meilleure part de sa fortune.

En outre des constructions, dont nous avons parlé, Flamel, ayant acquis du prieuré de Saint-Martin-des-Champs, dans le faubourg, un grand terrain, « fit construire en ce lieu, dit M. de Viriville, divers édifices d'un caractère mixte ; c'étaient à la fois des institutions utiles, des maisons de rapport et des établissements de charité. » Le produit des locations du rez-de-chaussée, notamment, servait à l'entretien de pauvres laboureurs auxquels l'âge ne permettait plus le travail et qui se trouvaient logés à l'étage supérieur. En récompense de cette charité, on ne leur demandait que de réciter tous les jours un *Pater* et un *Ave Maria* à l'intention des pécheurs trépassés. Aussi, sur la façade de la principale maison, dite du *Grand Pignon*, qui subsiste encore rue Montmorency, 51, on lisait en gros caractère cette inscription véritablement touchante :

« Nous, hommes et femmes, laboureurs demeurans
» ou porche (sur le devant) de ceste maison, qui fut
» faicte en l'an de grâce mil quatre cens et sept (1407),
» sommes tenus, chascun en droit soy, dire tous les jours
» une patenostre et j. *Ave Maria* en priant Dieu que de
» sa grâce face pardon aus povres pecheurs trespassez.
» *Amen.* »

LA FONTAINE (JEAN DE)

I

Papillon du Parnasse et semblable aux abeilles,
A qui le bon Platon compare nos merveilles,
Je suis chose légère et vole à tout sujet :
Je vais de fleur en fleur et d'objet en objet ;
A beaucoup de plaisirs je mêle un peu de gloire [1]

A dit La Fontaire de lui-même. Et ailleurs :

J'aime le jeu, l'amour, les livres, la musique,
La ville et la campagne, enfin tout ; il n'est rien
      Qui ne soit souverain bien,
Jusqu'au sombre plaisir d'un cœur mélancolique [2].

Tel fut en effet notre poète quoique d'abord des pensées très différentes aient paru le préoccuper. Né à Château-Thierry (Marne), le 8 juillet 1621, à l'âge de dix-neuf ans, il se crut appelé à la vie religieuse, et voulut entrer à l'Oratoire. Mais, après un séjour de dix-huit mois dans la maison, il reconnut qu'il se trompait

[1] *Epître à Madame de la Sablière.*
[2] *Psyché.*

sur sa vocation et rentra dans le monde. Son père, qui exerçait à Château-Thierry la charge de maître particulier des eaux et forêts, lui céda son emploi en le mariant avec Marie Héricart, fille d'un lieutenant au baillage de la Ferté-Milon, personne qui joignait à la beauté beaucoup d'esprit[1]. D'après ce qu'affirment les biographes, La Fontaine, n'eut pour ainsi dire point de part à ces deux engagements : on les exigea de lui, et il s'y soumit plutôt par indolence que par goût. Aussi n'exerça-t-il sa charge pendant plus de vingt ans qu'avec indifférence.

Et cette indifférence s'accrut avec le goût de plus en plus vif pour la poésie qu'avait éveillé chez La Fontaine, dit-on, l'audition d'une pièce de vers de Malherbe, déclamée avec emphase par un officier en garnison à Château-Thierry. Cette lecture provoqua chez lui une véritable explosion d'enthousiasme. Non-seulement il lut et relut les vers de Malherbe ; mais il les apprit par cœur et s'efforça dans ses premiers essais de l'imiter. « Par bonheur, d'utiles conseils lui ouvrirent les yeux, et l'un de ses parents nomme Pintrel, dit Montenault, homme de bon sens qui n'était point sans goût, mit entre ses mains Horace, Virgile, Térence, Quintilien, comme les vraies sources du bon goût et de l'art d'écrire.... A ces livres, La Fontaine joignit ensuite la lecture de Rabelais, Marot, Boccace, l'Arioste. » Pour ces derniers il eût pu mieux choisir et l'influence pernicieuse que ces lectures exercèrent sur le poète n'est que trop visible dans certains de ses ouvrages.

[1] La Fontaine avait alors 26 ans.

C'est à peu près vers cette époque qu'il faut placer un évènement raconté par les contemporains, Louis Racine, d'Olivet, etc et qui prouve, avec la bonhomie originale de La Fontaine, l'influence toute puissante de cet absurde préjugé du faux point d'honneur qui, à cette époque et sous le règne précédent surtout, fit tant de victimes. Dans la circonstance par bonheur, il n'y eut pas de sang répandu, et la querelle finit par un déjeuner où les amis, le verre en main, fêtèrent la réconciliation.

Le poète était fort lié avec un ancien capitaine de dragons retiré à Château-Thierry, nommé Poignant, homme franc et loyal, et déjà plus jeune. Tout le temps que Poignant n'était pas au cabaret, il le passait chez La Fontaine, et par conséquent, en l'absence de celui-ci, auprès de sa femme.

« Comment, lui dit un voisin médisant, souffres-tu que le capitaine s'installe ainsi chez toi chaque jour ?

— Et pourquoi n'y viendrait-il pas ? répond La Fontaine, c'est mon meilleur ami.

— Ce n'est pas ce que dit le public ; on prétend qu'il ne va chez toi que pour madame de La Fontaine.

— Sottises ! mais d'ailleurs que puis-je faire à cela ?

— Demander satisfaction l'épée à la main pour le tort qui t'est fait dans l'opinion.

— J'aviserai, dit La Fontaine.

Le lendemain, dès quatre heures du matin, il frappait chez Poignant qu'il réveille.

— Lève-toi vite, dit-il, et sortons ensemble pour une affaire importante.

— Laquelle ? demande Poignant.

— Tu le sauras, répond La Fontaine, quand nous serons dehors.

Poignant, assez surpris, se lève, s'habille et suit La Fontaine qui, après l'avoir conduit dans un lieu écarté, lui dit de l'air le plus tranquille :

— Mon ami, il faut nous battre.

— Comment ! qu'est-ce que cela veut dire ? répond Poignant de plus en plus étonné. Entre nous d'ailleurs la partie n'est pas égale ; je suis, un vieux soldat et toi tu n'as jamais tiré l'épée.

— N'importe, le public veut que je me batte avec toi; ainsi en garde.

Bon gré, mal gré alors, Poignant tire son épée, et dès les premières passes, il fait sauter à dix pas celle de La Fontaine. Alors l'ayant désarmé, il lui demande l'explication de sa conduite et La Fontaine s'empresse de le satisfaire.

— Ce sont propos absurdes ! dit alors Poignant, et mon âge, mon humeur, comme l'estime que j'ai pour ta femme, l'amitié que j'ai pour toi devaient écarter toute inquiétude, mais puisqu'il est ainsi je proteste que je ne mettrai plus les pieds dans ta maison.

— Au contraire, répond La Fontaine en lui serrant la main, j'ai fait ce que le public voulait; maintenant je veux que tu viennes chez moi tous les jours sans quoi nous nous battrons encore. »

La Fontaine, venu à Paris en 1654, fut présenté par un de ses parents, Jannart, oncle de sa femme et favori de Fouquet, au surintendant des finances alors tout puissant. Fouquet, qui par goût et sans doute aussi par calcul, se plaisait au rôle de Mécène, fit au poète peu

connu encore, une pension dont La Fontaine « tenait
compte par une autre pension en vers qu'il lui payait
exactement par quartier. » Lors de la disgrâce de Fouquet (1661), disgrâce méritée, La Fontaine auquel la
reconnaissance faisait illusion, éleva généreusement la
voix en faveur de son protecteur, et composa l'élégie
intitulée aux *Nymphes de Vaux*, « alors, dit Walckenaer,
toute l'animosité qui existait contre le surintendant se
calma. » Jannart, enveloppé dans la disgrâce de Fouquet, fut exilé à Limoges et La Fontaine le suivit par
dévouement pour son ami, disent les biographes ; mais
peut-être aussi par d'autres motifs, parce qu'il était peu
pressé de retourner près de sa femme pour laquelle il
s'était déjà refroidi sans avoir été jamais fort épris
d'ailleurs. De Limoges, il lui écrit :

« Vous ne jouez ni ne travaillez, ni ne vous souciez
» du ménage, et hors le temps que vos bonnes amies
» vous donnent par charité, il n'y a que les romans qui
» vous divertissent. Considérez, je vous prie, l'utilité
» que ce vous serait si, en badinant, je vous avais
» accoutumée à l'histoire soit des lieux, soit des per-
» sonnes ; vous auriez de quoi vous désennuyer toute
» votre vie. »

Mais, outre que ces remontrances sont faites sur un
ton assez peu affectueux, La Fontaine, dans cette même
correspondance, par une étrange indiscrétion, fait à sa
femme des confidences qui ne sont pas de nature à la
flatter. Pendant son voyage, « il avait trouvé, dit-il,
» trois femmes dans la diligence : Parmi ces trois fem-
» mes, il y avait une Poitevine qui se qualifiait com-
» tesse ; elle paraissait assez jeune et de taille raisonna-

» ble, témoignait avoir de l'esprit ; déguisait son nom
» et venait plaider en séparation contre son mari :
» toutes qualités d'un bon augure, et j'y eusse trouvé
» matière de cajolerie si la beauté s'y fût rencontrée ;
» mais je vous défie de me faire trouver un grain de
» sel dans une personne à qui elle manque. »

Se peut-il rien de plus déplacé que ce langage ? Mais
il semble que La Fontaine n'en eût pas conscience, et
ce même homme « le plus singulier qui peut-être ait
existé » d'après Walckenaer, fait preuve, bientôt après,
d'une sensibilité des plus touchantes. En passant à
Amboise où Fouquet avait été renfermé d'abord, La
Fontaine voulut voir la chambre qu'avait habitée le
prisonnier ; « triste plaisir, je vous le confesse, mais
» enfin je le demandai. Le soldat, qui nous conduisait,
» n'avait pas la clef ; au défaut je fus longtemps à con-
» sidérer la porte et me fis conter la manière dont le
» prisonnier était gardé. Je vous en ferais volontiers
» la description ; mais ce souvenir est trop affligeant....
» Sans la nuit on n'eut jamais pu m'arracher de cet
» endroit. »

A son retour de Limoges, La Fontaine se rendit à
Château-Thierry ; il y retrouva la duchesse de Bouillon,
Marie-Anne Mancini, nièce de Mazarin, à laquelle il
avait été présenté naguère et qui devint dès lors une de
ses plus zélées protectrices. « C'était, dit Walckenaer,
une brune piquante, plus jolie que belle, vive et même
un peu emportée, aimant les plaisirs et animant la
conversation par une gaîté spirituelle et des saillies
inattendues ; elle avait un goût décidé pour la poésie et
même elle faisait des vers. Le désir de lui plaire et

d'amuser son imagination libre et badine lui inspira, dit-on, ses plus jolis contes, mais malheureusement aussi les plus licencieux. »

Qu'une femme et une jeune femme, appartenant à la société la plus élevée, ait pris plaisir à ces tristes produits de la verve libertine du poète et n'ait pas craint d'encourager, d'applaudir ce qu'elle eût dû avoir honte seulement d'écouter, c'est ce qu'on a peine à comprendre. Lorsque la duchesse de Bouillon revint à Paris, elle emmena avec elle La Fontaine qu'elle fit connaître aux membres de sa famille comme à plusieurs personnages importants. La même année (1665), le poète, âgé de 44 ans, publia son premier recueil de *Contes et Nouvelles en vers* où, quoi qu'on ait dit, le mérite de la forme, mérite fort exagéré, ne suffit pas à racheter l'indignité du fond.

II

Toutefois, pour être juste, il faut reconnaître que le caractère exceptionnel de La Fontaine permet de croire qu'il ne se rendait pas bien compte à lui-même de la portée si blâmable de son œuvre. Il s'était lié, vers 1664 ou 1665, avec Molière déjà célèbre, Racine et Boileau qui ne devaient pas tarder à le devenir, et Chapelle « qui n'eut pas le génie de ses quatre amis, mais leur fut supérieur comme homme de société. » Dans une réunion qui eut lieu chez Boileau et où se trouvait un frère de celui-ci, docteur en Sorbonne, l'ecclésiastique se mit à disserter sur Saint Augustin et en fit un éloge pompeux. La Fontaine qui, plongé dans une de ses rêveries habituelles, semblait écouter sans entendre, se réveille tout à coup comme en sursaut pour dire au théologien :

« Croyez-vous que Saint Augustin eut plus d'esprit que Rabelais ? »

Quelque temps interdit, le docteur le regarda de la tête aux pieds et finit par répondre :

— « Prenez garde, M. de La Fontaine, vous avez mis un de vos bas à l'envers; » ce qui était vrai.

Un autre jour, La Fontaine soupait avec Racine, Despréaux, Molière et Descoteaux, le joueur de flûte. La Fontaine était ce jour là, plus qu'à l'ordinaire, plongé dans ses distractions. Racine et Boileau, pour le tirer de sa léthargie, mais sans pouvoir y réussir, ne lui ménagèrent point les épigrammes au point que

Molière trouva que c'était passer les bornes ; aussi, dit-
il, en *à parte* à Descoteaux :

« Nos beaux-esprits ont beau se trémousser, ils n'ef-
facent pas le bonhomme. »

A propos d'à parte, voici une autre curieuse anecdote
et parfaitement authentique : « Dans un repas qu'il fit
avec Molière et Despréaux, dit Montenault, où l'on dis-
putait sur le genre dramatique, il se mit à condamner
les *à parte*.

« Rien, disait-il, n'est plus contraire au bon sens.
» Quoi ! le parterre entendra ce qu'un acteur n'entend
» pas, quoiqu'il soit à côté de celui qui parle ? »

« Comme il s'échauffait en soutenant son sentimen
de façon qu'il n'était pas possible de l'interrompre et lui
faire entendre un mot : « Il faut, disait Despréaux, à
» haute voix tandis qu'il parlait, il faut que La Fon-
» taine soit un grand coquin, un grand maraud ! » et
répétait continuellement les mêmes paroles sans que La
Fontaine cessât de disserter. Enfin l'on éclata de rire ;
sur quoi revenant à lui comme d'un rêve interrompu :
« De quoi riez-vous donc ? » demanda-t-il. — Comment ! lui répondit « Despréaux, je m'épuise à vous in-
» jurier fort haut, et vous ne m'entendez point quoique
» je sois si près de vous que je vous touche : et vous
» êtes surpris qu'un acteur sur le théâtre n'entende
» point un *à parte* qu'un autre acteur dit auprès de
» lui ?.. »

Ces distractions parfois si plaisantes de même que la
profonde méditation dans laquelle d'autres fois il était
absorbé au point de paraître comme insensible n'empêchaient point qu'il fût causeur des plus charmants, con-

vive des plus aimables, s'il se trouvait dans une société
de personnes à lui bien connues et dont la présence lui
était tout agréable. Ses yeux alors s'animaient, le sourire s'épanouissait sur ses lèvres ; « il disait tout ce qu'il
voulait, et le disait si bien qu'il enchantait les oreilles
les plus délicates. » Cette réputation de merveilleux
causeur, que lui avaient valu quelques-unes de ces soirées
intimes, le faisait singulièrement rechercher par les
gourmets... d'esprit et l'on était plus heureux et plus
fier d'annoncer La Fontaine à ses convives que ce
fameux Lambert dont nous parlent à l'envi La Bruyère
et Boileau. Mais plus d'une fois l'amphytrion et ses
amis y furent attrapés, témoin cette anecdote :

La Fontaine avait été invité à dîner chez M. Laugeois
d'Imbercourt, fermier-général. Racine le fils dit chez M.
Le Verrier. Il arriva à l'heure précise, prit place à la
table, mangea du meilleur appétit, mais sans répondre
autrement que par des monosyllabes ou par le silence
aux interrogations du maître de la maison et des con-
viés. Puis comme, avant la fin du repas, il se levait de
table, s'excusant sur la nécessité pour lui de se rendre à
l'Académie, on lui fit remarquer qu'il était de bonne
heure encore et qu'il avait peu de chemin à faire.

« Je prendrai le plus long ! » répondit tranquillement
La Fontaine et le voilà parti. Une autre fois, « trois de
complot, dit Vigneul de Marville [1] par le moyen d'un
quatrième qui avait quelque habitude auprès de cet
homme rare, nous l'attirâmes dans un petit coin de la
ville, à une maison consacrée aux Muses, où nous lui

[1] *Mélanges.*

donnâmes un repas pour avoir le plaisir de jouir de son
agréable entretien. Il ne se fit point prier ; il vint à
point nommé sur le midi. La compagnie était bonne, la
table propre et délicate, et le buffet bien garni. Point
de compliments d'entrée, point de façons, nulle gri-
mace, nulle contrainte. La Fontaine garda un profond
silence ; on ne s'en étonna point parce qu'il avait autre
chose à faire qu'à parler. Il mangea comme quatre et
but de même. Le repas fini, on commença à souhaiter
qu'il parlât, mais il s'endormit. Après trois quarts
d'heure de sommeil, il revint à lui. Il voulait s'excuser
sur ce qu'il avait fatigué. On lui dit que cela ne demandait pas d'excuse, que tout ce qu'il faisait était bien fait.
On s'approcha de lui, on voulut le mettre en humeur et
l'obliger à laisser voir son esprit ; mais son esprit ne
parut point, il était allé je ne sais où et peut-être alors
animait-il ou une grenouille dans les marais, ou une
cigale dans les prés, ou un renard dans la tanière ; car
durant tout le temps que La Fontaine demeura avec
nous il ne nous sembla être qu'une machine sans âme.
On le jeta dans un carrosse où nous lui dîmes adieu pour
toujours. Jamais gens ne furent plus surpris ; et nous
nous disions les uns aux autres : « Comment se peut-il
» faire qu'un homme qui a su rendre spirituelles les
» plus grossières bêtes du monde, et les faire parler le
» plus joli langage qu'on ait jamais ouï, ait une conver-
» sation si sèche, et ne puisse pas pour un quart d'heure
» faire venir son esprit sur ses lèvres et nous avertir
» qu'il est là ? »

C'est que chez le poète cette facilité de caractère en
même temps que cette irréflexion, qui le livraient presque

sans défense à la curiosité indiscrète, s'unissaient à une impatience singulière de toute contrainte, et d'autant plus difficile à vaincre que lui-même n'en avait pas conscience. Alors, poussé dans ses derniers retranchements, il se tirait d'affaire par une excuse telle quelle, bonne ou mauvaise, il n'importe, mais la première qui lui venait à l'esprit, témoin cette aventure.

Lorsque à la suite des premières brouilles, Madame de La Fontaine se fut retirée à Château-Thierry, Racine et Despréaux représentèrent à notre poète que cette séparation n'était pas décente et lui faisait peu d'honneur ; ils insistèrent pour un raccommodement. Docile à leurs conseils, La Fontaine partit. En descendant de la diligence de Château-Thierry, il se rendit chez sa femme.

« Madame est au salut ! » répondit la domestique qui ne le connaissait point.

— Ah ! fit La Fontaine qui, ennuyé bientôt d'attendre, s'en va rendre visite à un ami lequel l'invite à souper. « La Fontaine bien régalé, comme dit Montenault, s'oublie à table jusqu'à une heure fort avancée et volontiers il accepte l'hospitalité que lui offre son aimable amphytrion. Le lendemain matin, sans plus songer à sa femme, il reprend la voiture publique et revient à Paris. En le voyant de retour, ses amis s'empressent de l'interroger sur les résultats de son voyage :

« J'ai été pour voir ma femme, leur dit-il, mais je ne l'ai point trouvée ; elle était au salut. »

Il faut voir là non, comme l'ont trop répété la plupart des biographes, une distraction un peu forte sans doute, mais bien plutôt l'excuse vaille que vaille d'un homme

faible et qui veut à tout prix échapper à une démarche
pour lui déplaisante. On ne peut trop regretter cependant, pour le bonheur comme pour le talent de La Fontaine, que cette reconciliation avec sa femme n'ait point
eu lieu, et on se l'explique d'autant moins que le ravis-
sant poème de *Philémon et Beaucis*, prouve qu'il était
fait pour comprendre le paisible bonheur du foyer
domestique. Citons seulement ces quelques vers :

> Pour peu que des époux séjournent sous leur ombre,
> Ils s'aiment jusqu'au bout malgré l'effort des ans.
> Ah ! si !... Mais autre part j'ai porté mes présens.

Walckenaer dit excellemment : « Oui, La Fontaine, La
Fontaine, nous le répèterons après toi : Ah ! si le ciel
t'avait donné une compagne qui t'eût fait connaître les
tranquilles jouissances de la vie domestique, ton imagination n'eût été ni moins gaie, ni moins vive, ni moins
spirituelle ; mais elle eût été mieux réglée et plus pure.
Tes fables seraient toujours l'objet de notre admiration
et de nos louanges ; mais, dans tes autres écrits, la peinture des plus doux sentiments du cœur, dont tu connais si
bien le langage, qui a fait des chefs-d'œuvre irréprochables du petit nombre de contes où tu l'as employée,
aurait remplacé ces tableaux licencieux où tu as outragé les mœurs et quelquefois le dieu du goût. Alors,
ô La Fontaine, les satyres n'eussent point mêlé de
fleurs pernicieuses parmi les fleurs suaves et brillantes dont les Muses et les Grâces ont tressé ta couronne ; et ces vierges du Parnasse ne te reprocheraient
point, en rougissant, de les avoir si souvent forcées à se

séparer de la pudeur qui doit toujours être leur insépa-
rable compagne. Alors il ne nous faudrait plus soustraire, comme un poison corrupteur, aux regards des
jeunes gens et des enfants, une seule des pages du poète
de l'enfance et de la jeunesse. »

Dans ses *fables*[1] mêmes où se trouvent tant d'incomparables chefs-d'œuvre, il est çà et là plus d'une tache qu'il
faudrait effacer avant de mettre le livre en des mains
innocentes. Il n'en serait point ainsi sans doute si La
Fontaine, au lieu de s'abandonner lui-même à tous les
hasards de l'existence, comprenant mieux ses devoirs
d'époux et de père, eût eu près de lui, pour le consoler,
une femme sérieuse, une épouse vraiment chrétienne et
dont la piété s'inspirât de l'esprit plus que de la lettre.
Supposons le poète dans ces conditions de bonheur, de
vie chaste et paisible, au lieu de ces vilains contes, de
comédies médiocres, ou du fade roman de *Psyché*, nous
aurions peut-être un volume de plus de fables exquises
et de délicieux poèmes.

Cette douce providence du foyer domestique, dira-t-
on, ne manqua point à La Fontaine ; car on sait qu'une
femme non moins distinguée par l'esprit que par le
cœur, Madame de la Sablière, voyant le poète si fort
ignorant des choses de la vie pratique et par ce motif
souvent dans l'embarras, se plut à le recueillir dans
sa maison en lui ôtant tout souci du lendemain. Mais à
cette époque, femme du monde et trop du monde, la
généreuse bienfaitrice n'était pas un Mentor bien sévère

---

[1] La première édition, comprenant les six premiers livres, parut
en un volume in 4°, chez Claude-Barbin. — 1668.

pour le génie du poète. Plus tard, lorsque les déceptions amères d'une affection illégitime trahie eurent amené Madame de la Sablière au repentir, sa piété dans ses saintes ardeurs et la pratique assidue des bonnes œuvres la rendirent presque une étrangère dans sa propre maison. Jusqu'à la fin de sa vie cependant, la noble femme continua de veiller de loin sur l'hôte qui lui fut toujours cher, mais dont elle ne disait plus comme autrefois, après avoir congédié tous les importuns et les domestiques, afin d'être toute à la poésie et à la conversation : « Je n'ai gardé avec moi que mes trois animaux, mon chat, mon chien et mon La Fontaine. »

La maison d'où Mme de la Sablière était absente le plus souvent, retenue près du lit d'une pauvre malade à l'hospice des Incurables ou ailleurs, cette maison semblait bien vide à La Fontaine. Presque sexagénaire déjà, il aurait eu plus que jamais besoin d'un intérieur aimable qui le détournât de certaines sociétés dans lesquelles il était entraîné par la facilité de son humeur et l'attrait d'une conversation plus spirituelle que réservée.

Pendant l'année 1683, une place se trouva vacante à l'Académie par la mort de Colbert. La Fontaine se mit sur les rangs et, ce qu'on n'eût pas attendu de son indifférence habituelle, « il prit fort à cœur, dit Montenault, le succès de cette affaire et c'est le seul trait d'ambition qu'on puisse remarquer dans le cours de sa vie. » Il se trouvait en concurrence avec Boileau, mais seize voix contre sept témoignèrent de la préférence de l'Académie pour le Bonhomme. Louis XIV, prévenu contre le poète à cause de ses *Contes*, témoigna quelque mécontentement de ce choix, et fit attendre six mois ses ordres pour la réception de La Fontaine. Mais une seconde vacance ayant permis de nommer l'auteur des *Satires,* Louis XIV, lorsqu'il lui fut rendu compte de cette nouvelle élection, dit aux académiciens : « Le choix qu'on a fait de M. Despréaux m'est agréable et sera généralement approuvé. Vous pouvez, ajouta-t-il, recevoir incessamment La Fontaine, il a promis d'être sage. »

L'Académie s'empressa de recevoir l'auteur des *Fables* et tous applaudirent à ce compliment que lui adressa l'abbé de la Chambre alors directeur : « L'Académie reconnaît en vous, Monsieur, un de ces excellents ouvriers, un de ces fameux artisans de la belle gloire, qui la va soulager dans les travaux qu'elle a entrepris pour l'ornement de la France et pour perpétuer la mémoire d'un règne si fécond en merveilles.

« Elle reconnaît en vous un génie aisé et facile, plein de délicatesse et de naïveté, quelque chose d'original et qui, dans sa simplicité apparente et sous un air négligé, renferme de grands trésors et de grandes beautés. »

« La Fontaine, dit Montenault, fut estimé et chéri de ses confrères parmi lesquels il parut toujours avec cette candeur et cette bonté de caractère qu'on ne peut se donner ni même imiter quand on ne l'a pas; simple, doux, ingénu, plein de droiture, il n'eut jamais la moindre mésintelligence avec aucun d'eux. »

III

Mais d'ailleurs il resta toujours, pour lui-même et un
peu pour les siens [1], aussi étranger à la vie pratique,
ayant l'imprévoyance de l'enfant ou de l'homme primitif, et trouvant tout simple, pour faire face aux embarras du moment, de vendre pièce à pièce son patrimoine.
Aussi la mort de Mme de la Sablière (1693) fut-elle pour
lui un très-grand malheur. « En perdant cette illustre
amie, La Fontaine perdit aussi les douceurs de la vie
qui lui étaient les plus chères. Son repos et sa tranquillité en furent troublés. Il se vit isolé, et contraint de
pourvoir à ses besoins devenus plus sensibles par l'âge
et que l'attention et la générosité de sa bienfaitrice lui
avaient laissé ignorer pendant une bonne partie de la
vie. La nécessité, s'il faut le dire, pensa pour lors l'exiler
de sa patrie. » En effet, peut-être il eût cédé aux sollicitations d'amis dévoués, la duchesse de Mazarin,
Mme Harvey, veuve de l'ambassadeur, le duc de Devons-
hère, milord Montaigu, milord Godolphin, qui lui of-
fraient, en Angleterre, par l'entremise de Saint-Evre-
mont, une généreuse hospitalité lorsqu'il tomba gravement malade; lui, qui si longtemps avait joui d'une
santé excellente, il fut forcé de s'aliter ce qui dut lui
rendre plus pénible la solitude. Mais cette grande
épreuve était pour le poète une grâce singulière de la

---

[1] Son fils fut élevé par le président Hénault et La Fontaine paraît
s'en être assez peu occupé.

Providence. Quoique nullement impie au fond, tout absorbé par la passion littéraire et cédant aussi à d'autres
moins louables entraînements, il avait vécu, chose rare
pour l'époque, trop étranger à la pratique religieuse, au
point même d'avoir presque oublié les premiers enseignements du christianisme, témoin cette parole adressée
par lui au P. Pouget venu avec un ami pour lui rendre
visite. « Après les politesses d'usage, dit un biographe,
l'ecclésiastique fit tomber insensiblement la conversation sur la religion et sur les preuves qu'on en tire tant
de la raison que des Livres Saints. Sans se douter du but
de ces discours :

« Je me suis mis, lui dit La Fontaine avec sa naïveté
» ordinaire, depuis quelque temps à lire le *Nouveau-*
» *Testament :* je vous assure que c'est un fort bon livre,
» oui, vraiment, c'est un bon livre. Mais il y a un arti-
» cle sur lequel je ne me suis pas rendu ; c'est l'éternité
» des peines ; je ne comprends pas comment cette éter-
» nité peut s'accorder avec la bonté de Dieu. »

« Le P. Pouget satisfit à cette objection par les meilleures raisons qu'il put trouver dans ce moment ; et La
Fontaine, après plusieurs répliques fut si content de
l'entendre qu'il le pria de revenir. Le P. Pouget ne demandait pas mieux » car il n'était venu que pour cela.
Après une suite d'entretiens prolongés avec le jeune et
savant ecclésiastique, La Fontaine, pleinement éclairé,
voulut faire une confession générale en se résignant aux
sacrifices que lui imposait son directeur et de la nécessité desquels il n'avait pas été facile d'abord de le convaincre : un désaveu public de ses contes, puis la promesse de ne pas donner aux comédiens une pièce com-

posée depuis peu et qui avait été fort goûtée par tous les amis du poète.

La répugnance qu'éprouvait La Fontaine à céder sur ces deux points lui suggéra plus d'une objection à laquelle le théologien répondit avec sa charité ordinaire, ce qui n'empêcha point, par la contrariété du poète, que la discussion fût parfois assez vive. On sait à ce sujet la réflexion originale de la garde-malade :

« Eh ! ne le tourmentez pas tant, dit-elle un jour avec impatience au P. Pouget, il est plus bête que méchant. » Et une autre fois, avec un air de compassion : « Dieu n'aura jamais, dit-elle, le courage de le damner. »

Enfin, après plusieurs semaines de conférences assidues, La Fontaine reçut le Saint Viatique « avec des sentiments dignes de la candeur de son âme et des vertus du meilleur chrétien. » Plusieurs de ses confrères de l'Académie, sur sa demande expresse, assistaient à la cérémonie, et en leur présence il témoigna hautement d'un profond repentir de ses égarements passés comme de la publication de ses *Contes*, promettant, s'il recouvrait la santé, de ne plus employer ses talents qu'à la composition d'œuvres morales et pieuses, et il tint exactement parole.

Il ne faut pas oublier un noble trait du jeune duc de Bourgogne à peine âgé de onze ans. « De son pur mouvement, dit Montenault, et sans y être porté par aucun conseil, il envoya un gentilhomme à La Fontaine pour s'informer de l'état de sa santé et pour lui présenter de sa part une bourse de cinquante louis d'or. Il lui fit dire en même temps qu'il aurait souhaité d'en avoir davantage ; mais que c'était tout ce qui lui restait du mois courant et de ce que le roi lui avait fait donner pour ses menus plaisirs. »

Tous ces évènements firent abandonner complètement la pensée du départ pour l'Angleterre ; et l'on peut douter que La Fontaine ait jamais songé sérieusement à cet exil, alors qu'il savait avoir en France des amis sur lesquels il pouvait compter. Dès qu'il put sortir, il se dirigea vers la demeure de M. d'Hervard, conseiller au parlement, et qui lui était tout dévoué. Chemin faisant, il rencontra le conseiller qui, avec la plus touchante bonté, lui dit :

« Je venais vous chercher, ma femme et moi nous vous offrons l'hospitalité de l'amitié et nous vous prions de venir demeurer avec nous.

— J'y allais ! répondit La Fontaine avec cette simplicité de la pleine confiance qui ne fait pas moins d'honneur au poète qu'à ses amis. La postérité doit une reconnaissance non moins vive à ceux-ci qu'à Mme de la Sablière puisque, grâce à eux, languissant, presque infirme, pendant les deux années qu'il vécut encore, La Fontaine se vit entouré de toutes les sollicitudes d'une affection presque filiale. Mme d'Hervard, jeune femme encore, fut pour le septuagénaire une garde-malade des plus dévouées. Ce fut dans les bras de ces deux excellents amis que La Fontaine mourut à l'âge de soixante-treize ans (13 mars 1695). Alors seulement on s'aperçut que sous sa chemise le poète pénitent portait un cilice, ce qui fit dire à Racine le fils.

Vrai dans tous ses écrits, vrai dans tous ses discours,
Vrai dans sa pénitence à la fin de ses jours,

Du maître qu'il approche il prévient la justice,
Et l'auteur de *Joconde* est armé d'un cilice.

Mais mieux encore que Racine, La Fontaine témoigne des sentiments qui l'animaient par cette lettre qu'il écrivit, un mois à peine avant sa mort, à son ami de Maucroy [1] :

« Tu te trompes assurément, mon cher ami, s'il est » bien vrai, comme M. de Soissons me l'a dit, que » tu me crois plus malade d'esprit que de corps. Il » me l'a dit pour tâcher de m'inspirer du courage; mais » ce n'est pas de quoi je manque. Je t'assure que le » meilleur de tes amis n'a plus à compter sur quinze » jours de vie. Voilà deux mois que je ne sors » point si ce n'est pour aller un peu à l'Académie, afin » que cela m'amuse. Hier, comme j'en revenais, il me » prit, au milieu de la rue... une si grande faiblesse que » je crus véritablement mourir. O mon cher, *mourir* » *n'est rien;* mais songes-tu *que je vais comparaître de-* » *vant Dieu?* Tu sais comme j'ai vécu. Avant que tu re- » çoives ce billet, les portes de l'éternité seront peut- » être ouvertes pour moi. »

Pareille lettre n'a pas besoin de commentaire ; et certes nous préférons de beaucoup ce grave et admirable langage à celui que tenait, bien des années auparavant, il est vrai, et sans doute en se jouant, le poète :

Jean s'en alla comme il était venu,
Mangeant son fonds avec son revenu,
Et crut les biens chose peu nécessaire.

[1] Maucroy était chanoine de Reims et lié avec La Fontaine depuis l'année 1645.

Quant à son temps bien sut le dispenser ;
Deux parts en fit, dont il soulait passer
L'une à dormir et l'autre à ne rien faire.

Voici le portrait que D'Olivet, qui avait vécu avec
plusieurs des amis du poète, nous a laissé de La Fontaine
et qu'on peut croire plus fidèle que celui de La Bruyère,
enclin à exagérer :

« A sa physionomie on n'eut point deviné ses talents.
Rarement il commençait la conversation, et même pour
l'ordinaire, il y était si distrait qu'il ne savait ce que disaient les autres. Il rêvait à tout autre chose sans qu'il
pût dire à quoi il rêvait. Si pourtant il se trouvait entre
amis et que le discours vînt à s'animer par quelque
agréable dispute, surtout à table, alors il s'échauffait
véritablement, ses yeux s'allumaient, c'était La Fontaine en personne et non pas un fantôme revêtu de sa
figure.

« On ne tirait rien de lui dans un tête à tête, à moins
que le discours ne roulât sur quelque chose de sérieux
et d'intéressant pour celui qui parlait. Si des personnes
dans l'affliction s'avisaient de le consulter, non seulement il écoutait avec grande attention, mais, je le sais
de gens qui l'ont éprouvé, il s'attendrissait ; il cherchait
des expédients, il en trouvait ; et cet idiot (sic), qui de
sa vie n'a fait à propos une démarche pour lui, donnait
les meilleurs conseils du monde ; autant était-il sincère
dans le discours, autant était-il facile à croire ce qu'on
lui disait.

« Une chose qu'on ne croirait pas de lui et qui est
pourtant très-vraie, c'est que, dans ses conversations, il
ne laissait rien échapper de libre ni d'équivoque. Quan-

tité de gens l'agaçaient dans l'espérance de lui entendre
faire des contes semblables à ceux qu'il a rimés ; mais il
était sourd et muet sur ces matières ; toujours plein de
respect pour les femmes, donnant de grandes louanges
à celles qui avaient de la raison, et ne témoignant jamais
de mépris à celles qui en manquaient [1]. »

Une anecdote encore avant de terminer, anecdote qui
nous est racontée par l'auteur de la *Vie de La Fontaine*,
mise en tête de l'édition des *Fables* de l'année 1813.
« On aime à voir, comme le dit Walckenaer, aux temps
les plus affreux de la Révolution, le nom seul de La
Fontaine sauver d'une mort inévitable ses derniers des-
cendants. »

Après avoir perdu toute sa fortune par suite des évènements politiques, madame de Marson, arrière-petite
fille de La Fontaine, vivait obscurément à Versailles
avec son fils et sa fille, et s'occupait de leur éducation,
quand on surprit une lettre à elle écrite par un de ses
parents émigré. « Mandée au comité révolutionnaire,
dit M. Creuzé de Lessert, madame de Marson y comparut accompagnée de ses deux enfants. Il était incontestable qu'elle avait été en correspondance avec un parent
proscrit : on lui prononçait son arrestation qui, d'après
ce fait alors si criminel, la perdait infailliblement, lorsqu'un des nombreux témoins de cette scène, un homme
du peuple qui venait souvent dans sa maison s'écria :

« O ciel ! faire périr une petite fille de La Fontaine,
» une dame qui élève si bien ses enfants ! »

« Cette exclamation fit le plus grand effet sur l'assem-

---

[1] D'Olivet : — *Histoire de l'Académie française.*

blée et même sur le comité. Le président, se tournant
vers le petit de Marson, alors âgé de dix ans, lui dit :

« Que t'apprend-on ? »

« A cet interrogatoire qui ressemblait fort à celui fait
par Athalie, la mère tremblante craignait que son fils
n'eût un peu la franchise de Joas ; mais heureusement
l'enfant répondit :

« On m'enseigne à être bon. »

« A ce mot si touchant, ces hommes de fer sentirent
leurs entrailles s'amollir. On fit encore quelques questions à l'enfant qui y répondit aussi bien : la mère fut
renvoyée chez elle et l'affaire assoupie. »

Le biographe, qui nous a transmis ce trait touchant,
apprécie très-judicieusement l'omission inconcevable
que Boileau a faite du Fabuliste dans l'*Art poétique* :
« Il ne manque pas à La Fontaine de n'avoir pas été apprécié par Boileau ; mais il manque à Boileau de n'avoir
pas apprécié La Fontaine. »

La Fontaine pour nous est surtout dans ses *Fables* ;
c'est là qu'il se montre génie original, inimitable, en
tant qu'écrivain, si parfois, comme moraliste, il laisse à
désirer. Aussi nous comprenons que des esprits judicieux
aient paru douter que ses Fables, du moins un certain
nombre d'entre elles, puissent être mises sans inconvénient aux mains de la jeunesse. Peut-être même ses
chefs-d'œuvre irréprochables de tout point et qui sont
pour nous des joyaux sans prix, des diamants de la plus
belle eau : *Le Savetier et le Financier, le Lion et le Mou-
cheron, le Meunier, son Fils et l'Ane, la Laitière et le Pot
au lait, les Animaux malades de la Peste*, et vingt autres
gagneraient à n'être point déflorés en quelque sorte à

l'avance parce qu'on les fait apprendre par cœur à l'é-
colier avant l'âge où, son goût étant formé, il pourrait
apprécier le bon sens exquis pour le fond et cet art merveilleux de la forme qui se dérobe sous une si adorable
simplicité.

FROISSARD OU FROISSART

Quoique Froissard nous ait souvent parlé de lui dans ses *Chroniques* comme dans ses *Poésies*, somme toute il nous en apprend peu de chose, et ce qu'il nous en apprend mieux eût valu le plus souvent nous le laisser ignorer; car ces détails ont trait à ses goûts qui ne prouvent guère beaucoup de sérieux dans l'esprit et cette gravité de mœurs qu'exigeait son caractère, puisque Froissart était prêtre. Mais tout probablement ces confidences concernent l'époque où, libre encore de lui-même, il n'était point entré dans les ordres :

> En mon jouvent (jeunesse), tout tel estoie
> Que trop volontiers m'esbatoie.
> Et tel que fui encor le sui....
> Très que n'avoie que douze ans
> Estoie fortement goulousans (désireux)
> De vésir (voir) danses et carolles,
> D'oïr ménestrels et parolles,
> Qui s'appartiennent à déduit,
> Et de ma nature introduit
> D'aimer par amour tous ceauls (ceux)
> Qui aiment et chiens et oiseauls ;
>
> . . . .
>
> Et si destoupe mes oreilles,
> Quand j'oï vin verser de bouteilles,
> Car au boire prens grand plaisir.

> Aussi fais en beaux draps vestir,
> En viande fresche et nouvelle.
> Violettes en leurs saisons
> Et roses blanches et vermeilles
> Voi volontiers, car c'est raison, »

« Cette confession est explicite », dit avec raison un biographe qui la donne un peu plus au long et ne s'est pas fait scrupule, comme nous, de reproduire tel ou tel passage qui trahit chez le poète des goûts plus mondains encore. « On voit que la chasse, la musique, les joyeuses assemblées, les danses, la parure, la bonne chère, le vin et les dames tinrent de bonne heure une grande place dans la vie de Froissart. Mais il trouva aussi du temps pour l'étude. »

A bien dire cette vie se passa surtout à voyager, non pour le seul plaisir de voir du pays, mais, comme il nous l'apprend, dans un but plus sérieux :

« Je cherchai la plus grande partie de la chrétienté,
» et partout où je venais, je faisais enquête aux anciens
» chevaliers et écuyers qui avaient été en faits d'armes
» et qui proprement en savaient parler, et aussi à aucuns
» herauts de crédence, pour vérifier et justifier toutes
» matières. Ainsi ai-je rassemblé la haute et noble his-
» toire et matière, et le gentil comte de Blois dessus
» nommé y a rendu grande peine ; et tant comme je
» vivrai, par la grâce de Dieu, je la continuerai ; car
» comme plus j'y suis et plus y laboure, et plus me
» plaît ; car ainsi comme le gentil chevalier et écuyer
» qui aime les armes, et en persévérant et en continuant
» il s'y nourrit parfait, ainsi en labourant et ouvrant sur
» cette matière je m'habilite et délecte. »

Et cette vie nomade, cette éternelle chevauchée à laquelle une curiosité toujours en éveil donnait tant d'attrait, commença pour lui de bonne heure.

« Et pour vous informer de la vérité, je commençai » jeune dès l'âge de vingt ans ; et si suis venu au monde » avec les faits et aventures ; et si y ai toujours pris » grand plaisance plus que de tout autre chose. »

Froissart (Jean) était né à Valenciennes, en 1337 ; autant qu'on peut conjecturer par quelques-uns de ses vers, son père, appelé Thomas, était peintre d'armoiries. Tout jeune, il fut destiné à l'état ecclésiastique qui ne semblait guère pourtant dans le sens de sa vocation ; car son humeur vagabonde était celle d'un ancien trouvère. Il n'avait pas vingt ans lorsque « à la prière de son cher et seigneur et maître messire Robert de Namur, chevalier seigneur de Beaufort », il entreprit d'écrire l'histoire de son temps, mais envisagée surtout au point de vue anecdotique et guerrier. La première partie de ses récits ou *chroniques*, ayant un caractère tout rétrospectif (de 1326 à 1340), « était fondée et ordonnée sur celles qu'avait jadis faites et rassemblées vénérable homme et discret seigneur monseigneur Jehan le Bel » chanoine de Saint Lambert de Liége dont le livre manuscrit, retrouvé, il y a quelques années seulement, par M. Polain, archiviste de la province de Liége, a été publié en 1850.

La première partie de son travail terminée, Froissart partit pour l'Angleterre afin de faire hommage du dit volume à la reine Philippa de Hainaut, femme du roi Edouard III « laquelle liement et doucement le reçut de lui et lui en fit grand profit... et Dieu m'a donné, dit

Froissart, tant de grâce que j'ai été bien de toutes les
parties et des hôtels des rois, et par espécial de l'hôtel
du roi d'Angleterre et de la noble reine sa femme, Madame Philippa de Hainaut, dame d'Irlande et d'Acqui-
taine... Ainsi, au titre de la bonne dame et à ses coûtages et aux coûtages de hauts seigneurs en mon temps,
je cherchais la plus grande partie de la chrétienté. »

En effet, après un court séjour en Angleterre, il revint
sur le continent, puis retourna à Londres, l'année suivante (1362) où la reine le fit clerc de sa chapelle, ce qui
ne l'obligeait pas sans doute à résidence, car nous le
voyons, en 1364, visitant l'Ecosse ; en 1366, il suit le
prince de Galles (Prince Noir) à Bordeaux qu'il quitte
pour retourner en Angleterre. En 1368, il passe en
Italie avec le duc de Clarence, Lionel, et assiste, à Milan,
aux fêtes du mariage de ce prince avec la fille de Galéas
Visconti. Libre alors, il visite successivement la Savoie,
Bologne, Ferrare, Rome et revient par l'Allemagne en
Flandre où il pensait s'embarquer pour l'Angleterre
quand la nouvelle de la mort de la reine vint modifier
ses projets et il se résolut à demeurer en Flandre. Nommé à la cure de Lestines, il n'exerça que peu de temps
le ministère ; cette existence sédentaire, toute remplie
par des occupations sérieuses, ne convenait aucunement
à son humeur vagabonde, et résignant ses fonctions
curiales, il se remit à courir le monde. Nous le voyons
tour à tour dans le Brabant, la Touraine, le Berry, le
Béarn, l'Auvergne, la Hollande, etc, tant qu'enfin, vers
1390, il s'arrête à Chimay. Là, riche de tous les matériaux si divers recueillis par lui dans ses continuelles
pérégrinations, il reprit la rédaction de sa *Chronique*

travail qui l'occupa plusieurs années et dont il se délas-
sait par la composition de ses poésies. Il en forma tout
un recueil qu'il fit magnifiquement copier, enluminer et
relier afin de pouvoir l'offrir au roi d'Angleterre (1394),
Richard, fils du prince de Galles et neveu par conséquent
d'Edouard III et de Philippa de Hainaut. Le présent,
offert par Froissart lui-même venu dans ce but en Angleterre, fut reçu à merveille.

« Et voulut voir le roi le livre que j'avais apporté....
Il l'ouvrit et regarda dedans, et lui plut, et plaire lui
devait, car il était enluminé, écrit et historié, et couvert
de vermeil velours à dix clous d'argent dorés d'or, et
roses d'or au milieu et à deux grands fermaux (fermoirs)
dorés, et richement ouvrés au milieu de rosiers d'or....
et me fit très bonne chère, pour la cause de ce que de ma
jeunesse j'avais été clerc et familier au noble roi
Edouard son tayan (oncle) et à Madame Philippa de
Hainaut, sa taye (tante ; et fus un quart d'an en son
hôtel ; et quand je me départis de lui, ce fut à Windsor.
A prendre congé, il me fit par un chevalier donner un
gobelet d'argent doré, pesant deux marcs largement, et
dedans cent nobles dont je valus mieux depuis tout mon
vivant. *Et suis moult tenu à prier pour lui.* »

On remarquera cette dernière phrase soulignée par nous
à dessein ; car elle prouve que, par une contradiction
peu rare alors, et qui est, hélas ! de tous les temps, le
poète historien trouvait moyen d'accommoder et de
concilier une vie parfois assez mondaine avec l'esprit
religieux. La théorie était parfaite encore que la pratique laissât souvent à désirer. C'est là le caractère de
ses ouvrages qui nous charment dans le vieil idiome

par la vivacité des tableaux, la vérité des portraits,
l'entrain de la narration toujours animée qui reflète si
bien la physionomie du siècle, mais sans autre préoccupation, ce semble, que de peindre ce que voit l'auteur et
comme il le voit, c'est-à-dire en s'arrêtant aux apparences, à la surface brillante, mais sans trop aller au
fond des choses. Lui prêtre, il écrit comme pourrait le
faire un lettré du monde, un joyeux et vaillant chevalier. Dans ses *Chroniques*, il faut chercher l'agrément, le
plaisir qui résulte de la description pittoresque des
mœurs du temps, de la variété des épisodes, de détails
curieux contés avec grâce et naïveté, plutôt que la sévère appréciation des faits et ces graves réflexions qui
donnent à l'histoire même des temps mauvais sa moralité. Comme l'a dit fort bien un écrivain déjà cité :

« En racontant la vie de Froissart, nous avons fait
connaître le caractère de son ouvrage ; ce n'est pas une
histoire sérieuse, à la fois impartiale et nationale, telle
que l'a écrite le Religieux de Saint-Denis, c'est un tableau brillant et artificiel du quatorzième siècle... Il est
indifférent aux souffrances du peuple et réserve ses
complaisants récits pour les combats et fêtes des seigneurs. Il prend également ses héros en Angleterre et
en France, mais toujours parmi les nobles, et il ne leur
demande que du courage, de la libéralité, l'amour des
lettres, fort disposé d'ailleurs à leur pardonner tous les
excès. En un mot, une moralité élevée manque tout à
fait à ces charmantes peintures [1] »

Pourtant dans son Prologue Froissart avait dit excellemment : « .... Je veux traiter et recorder histoire

[1] *Biographie Universelle*, article *Froissart*.

» et matière de grande louange. Mais ainsi que je la
» commence, je requiers au Sauveur de tout le monde,
» qui de néant créa toutes choses, qu'il veuille créer et
» mettre en moi sens et entendement si vertueux que ce
» livre que j'ai commencé je le puisse continuer et per-
» sévérer en toute matière que tous ceux et celles qui le
» liront, verront et orront y puissent prendre esbate-
» ment et plaisance et je enchoir en leur grâce.... Donc,
» pour ainsi atteindre et venir à la matière que j'ai
» entreprise de commencer, premièrement par la grâce
» de Dieu et de la benoite Vierge Marie dont tout con-
» fort et avancement viennent, je me veux fonder et
» ordonner sur les vraies chroniques jadis faites et ras-
» semblées par vénérable homme et discret seigneur
» monseigneur Jehan le Bel, chanoine de Saint-Lambert
» de Liége, qui grand'cure et toute bonne diligence
» mit en cette matière. »

C'est bien là le langage de l'historien chrétien et cet
admirable programme on peut regretter que l'auteur
ne s'en soit pas assez souvenu dans le cours de son travail, car le livre ne perdrait certes pas à nos yeux s'il
était toujours, comme le voulait Jacques Amyot, « une
lecture qui délecte et profite à la fois. » Un esprit plus
fortement chrétien donnerait tout autrement d'élévation et de vigueur à la pensée, en même temps qu'une
âme plus largement sympathique aux douleurs humaines communiquerait plus souvent à la narration cette
grandeur et cette émotion qui rendent si pathétique le
récit du dévouement des bourgeois de Calais. Dommage
que ce récit soit trop long, car nous aurions eu plaisir à le
citer tout entier. Détachons-en quelques pages seulement.

« Si (or) vint messire Gautier de Mauny et les Bourgeois de Calais (Eustache de Saint Pierre, Jean d'Aire, Jacques de Vissant, Pierre de Vissant et les deux autres), et descendit en la place et puis s'en vint devers le roi et lui dit :

» Sire, voici la représentation de la ville de Calais, à votre ordonnance.

« Le roi se tint tout coi et les regarda moult fellement (cruellement), car moult héait (haissait) les habitants de Calais pour les grands dommages et contraires que au temps passé sur mer lui avaient faits. Ces six bourgeois se mirent tantôt à genoux devant le roi, et dirent ainsi en joignant leurs mains :

» Gentil sire et gentil roi, veez-nous (voyez-nous) cy six qui avons été d'ancienneté bourgeois de Calais et grands marchands : si vous apportons les clefs de la ville et du chastel de Calais et les rendons à votre plaisir et nous mettons en tel point que vous voyez, en votre pure volonté, pour sauver le demeurant du peuple de Calais, qui a souffert moult de grièvetés. Si veuillez avoir de nous pitié et merci par votre très haute noblesse.

» Certes il n'y eut adonc en la place seigneur, chevalier, ni vaillant homme qui se pût abstenir de pleurer de droite pitié, ni qui pût de grand'pièce (de longtemps) parler. Et vraiment ce n'était pas merveille ; car c'est grand'pitié de voir homme déchoir, et être en tel état et danger. Le roi les regarda très ireusement (avec colère), car il avait le cœur si dur et si épris de grand courroux qu'il ne put parler. Et quand il parla, il commanda qu'on leur coupât tantôt les têtes [1]. Tous les barons et chevaliers, qui là étaient, en pleurant prièrent si acertes que faire pouvaient au roi qu'il en voulut avoir pitié et mercy; mais il n'y voulait entendre.

» .... Adonc fit grande humilité la reine d'Angleterre, qui était durement enceinte et pleurait si tendrement de pitié qu'elle ne se pouvait soutenir. Si se jeta à genoux pardevant le roi son seigneur et dit ainsi :

» Ha ! gentil sire, depuis que je repassai la mer en grand péril, si comme vous savez, je ne vous ai rien requis ni demandé : or, vous prie-je humblement et requiers en propre don que, pour le fils de Sainte Marie et pour l'amour de moi, vous veuillez avoir de ces six hommes merci.

» Le roi attendit un petit à parler et regarda la bonne dame sa femme qui pleurait à genoux moult tendrement; si lui amollia (amollit) le cœur, car envis (malgré soi) l'eut courroucée au point où elle était; si dit :

» Ha ! dame, j'aimerais trop mieux que vous fussiez autre part qu'ici. Vous me priez si acertes (fort) que je ne le vous ose éconduire (refuser); et combien que je le fasse envis, tenez, je vous les donne, si en faites à votre plaisir.

» La bonne dame dit : « Monseigneur, très grand merci. » Lors se leva la reine et fit lever les six bourgeois et leur ôter les chevestres (cordes) d'entour leur cou, et les emmena avec elle en sa chambre et les fit

---

[1] Quel monstrueux abus de la victoire ! La guerre était plus inhumaine alors qu'aujourd'hui.

revêtir et dîner tout à l'aise, et puis donna à chacun
six nobles, et les fit conduire hors de l'ost (armée) à sau-
veté. »

Tout cela est admirable et, dans les historiens les plus
renommés de l'antiquité, je ne sais pas beaucoup d'épisodes qui vaillent celui-ci. Une citation encore, non
moins intéressante quoique d'un genre différent :

« Vérité fut selon la fame (renommée) qui courait,
que le roi de Navarre (Charles-le-Mauvais), du temps
qu'il se tenait en Normandie et que le roi de France
(Charles V) était duc de Normandie, il le voulut faire
empoisonner ; et reçut le roi de France le venin ; et fut
si avant mené que tous les cheveux de la tête lui chu-
rent, et tous les ongles des pieds et des mains, et devint
aussi sec qu'un bâton, et n'y trouvait-on point de
remède. Son oncle, l'empereur de Rome, ouït parler de
sa maladie ; si (or) lui envoya tantôt et sans délai un
maître médecin qu'il avait de lez (près de) lui, le meilleur maître et le plus grand en science qui fût en ce
temps au monde, ni que on sût ni connût, et bien le
voyait-on par ses œuvres. Quand ce maître médecin fut
venu en France de lez le roi, qui lors était duc de Normandie, et il eut la connaissance de sa maladie, il dit
qu'il était empoisonné et en grand péril de mort. Si fit
adonc, en ce temps, de celui qui puis fut roi de France,
la plus belle cure dont on put ouïr parler ; car il amortit
en tout ou en partie le venin qu'il avait pris et reçu ;
et lui fit recouvrer cheveux et ongles et santé, et le
remit en point et en force d'homme parmi ce que, tout
petit à petit, le venin lui issait et coulait par une petite
fistule qu'il avait au bras. Et à son département, car on

ne put le retenir en France, il donna une recette dont
on userait tant qu'il vivrait. Et bien dit au roi de France
et à ceux qui de lez lui étaient :

« Si très tôt que cette petite fistule laira (cessera) de
couler et sèchera, vous mourrez sans point de remède,
mais vous avez quinze jours au plus de loisir pour vous
aviser et penser à l'âme. Bien avait le roi de France
retenu toutes ces paroles ; et porta cette fistule vingt-
trois ans, laquelle chose par maintes fois l'avait fort
ébahi... Si quand cette fistule commença à sécher et
non couler, les doutes (craintes) de la mort lui commencèrent à approcher. Si ordonna, comme sage homme
et vaillant qu'il était, toutes ses besognes. » (Froissart :
Livre II.)

Froissart mourut à Chimay vers 1410. D'après un
vieux manuscrit découvert dans cette ville : « Son corps
est ensepulturé à Chimay, en la chapelle où sont les
fonts baptismaux. » Après sa mort, on fit beaucoup de
vers à sa louange, nous citerons seulement une de ces
pièces en façon d'épitaphes.

HONORARIUM.

Gallorum sublimis honos et fama tuorum,
Hîc, Froissarde, jaces, si modò fortè jaces.
Historiæ vivus studuisti reddere vitam,
Defuncto vitam reddet at illa tibi.

« Froissart, qui fut la gloire et l'honneur des Gaules,
gît ici, supposé qu'il soit mort. Vivant, ô Froissart, tu
t'étudiais à rendre la vie à l'histoire, et celle-ci, quand
tu n'es plus, fait de même pour toi. »

Froissart n'était pas seulement prosateur excellent

mais aussi poëte distingué. D'ailleurs, sa verve s'exerçait trop volontiers, à la façon de Pétrarque, sur les
sujets chers alors comme aujourd'hui aux faiseurs de
romans et romances. Voici d'une de ses meilleures pièces
un fragment comme échantillon de sa manière :

> Ce fut au joli mois de may,
> Je n'eus doubtance ni esmai (effroi)
> Quand j'entray en un jardinet.
> Il estoit assez matinet,
> Un peu après l'aube crevant (croissant)
> Nulle riens ne m'alloit gresvant (pesant),
> Mès (mais) toute chose me plaisoit
> Pour le joli temps qu'il faisoit,
> Et estoit apparent dou (de) faire.
>
> . . . .
> Je me tenois en un moment
> Et pensois au chant des oiseauls,
> En regardant les arbriseaus,
> Dont il y avait grant foison,
> Et estoie sous un buisson
> Que nous appelons aube-espine
> Qui devant et puis l'aube espine ;
> Mes la flour (fleur) est de tel (telle) noblesse.
> Que la pointure petit blesse ;
>
> . . , ...
> Tout envi que là me seoie (seyais)
> Et que le firmament veoie (voyais)
> Qui estoit plus clair et plus pur
> Que ne soit argent ne azur,
> En un penser je me ravis.....

DES GENETTES

Tout le monde connaît la belle gravure d'*Hippocrate refusant les présents du roi Artaxercès*, gravure faite d'après le tableau de Girodet-Trioson. Il est dans la vie de notre illustre contemporain Des Genettes, plusieurs traits dignes assurément d'une bien autre admiration et qui, plus encore que le magnanime refus du médecin grec, méritaient d'être popularisés par la peinture et la gravure. Mais en était-il besoin alors que les plus glorieux sont encore dans la mémoire de tous? Qui ne sait par exemple l'héroïque, l'infatigable dévouement de Des Genettes comme médecin en chef de l'armée pendant l'expédition d'Egypte.

« A peine arrivé en Egypte, disent les biographes [1], il ne tarda pas à se trouver aux prises avec la peste ; cette maladie terrible et mystérieuse, qui semble se propager surtout par l'effroi qu'elle inspire, fut combattue avec un merveilleux succès par le docteur Des Genettes au moyen des plus sages prescriptions hygiéniques, au besoin par une thérapeutique hardie et savante, et toujours en agissant avec force sur le moral des malades et sur l'imagination de tous. A la fin du siége de Saint-

[1] *Biographie des Contemporains, Nouvelle Biographie, Biographie de Feller, etc.*

Jean d'Acre, lorsque le fléau exerçait de tels ravages
dans l'armée de Syrie qu'on voyait défaillir les plus in-
trépides courages, comprenant qu'un grand exemple
était nécessaire pour rendre un peu de calme et de confiance aux soldats que démoralisait la terreur, pour les
faire douter au moins du caractère contagieux de la
maladie, au milieu de l'hôpital, M. Des Genettes trempa
une lancette dans le pus d'un bubon et se fit deux piqû-
res dans l'aine et près de l'aisselle, expérience incom-
plète a-t-il dit plus tard, et qui fait seulement voir que
les conditions nécessaires pour que la contagion ait lieu
ne sont pas déterminées. »

Un autre jour, à la suite d'une conversation qu'il
avait eue avec Berthollet soutenant que les miasmes
pestilentiels se transmettent surtout par la salive, il se
rend avec son ami dans la salle des malades. Un de ces
derniers, moribonds déjà, voyant approcher de son lit le
médecin, se soulève par un suprême effort et lui tend
son verre dans lequel restait une partie de la potion ordonnée et demande au docteur de la partager avec lui.

« Donnez ! » dit Des Genettes qui prend le verre des
mains du pestiféré et le vide sans sourciller : « Action,
dit le docteur Pariset, qui donna une lueur d'espoir au
mourant, mais qui fit pâlir et reculer d'horreur tous les
assistants : seconde inoculation, plus redoutable que la
première, de laquelle Des Genettes semblait lui-même
tenir peu de compte [1]. »

Mais revenons à l'ordre chronologique et à la biographie. Des Genettes (Réné-Nicolas Dufriche, baron) naquit à Alençon en 1762. Sa famille (les Dufriche et les

[1] Pariset — Eloge de Des Genettes.

Valazé) était originaire d'Essée, joli bourg situé entre
Seez et Alençon. Il commença ses études classiques au
collége de cette dernière ville et les acheva à Paris
dans la maison de Sainte-Barbe. Peu de temps après sa
sortie, il lui échut un héritage, et cette fortune inespérée
lui permit d'employer quelques années en voyages.
Après un séjour en Angleterre, il se rendit en Italie où
il se lia avec les professeurs les plus distingués des uni-
versités, et notamment le docteur Paul Mascagni. Les
voyages ne l'avaient pas détourné des études médicales
vers lesquelles l'entraînait sa vocation puisque, à son
retour en France, il se rendit immédiatement à Montpellier où il fut reçu docteur après un brillant examen.
Faut-il croire à l'exactitude du portrait que nous fait de
Des Genettes à cette époque un biographe qui, contrairement à tous les autres, paraît assez peu sympathique
à l'illustre médecin? « Des Genettes avait alors vingt-
sept ans. Bien fait de sa personne, d'un esprit mordant
et ironique et d'une physionomie saisissante, libéral par
tempérament quoique assez fier de sa gentilhommerie,
fort disert, démonstratif et enjoué ; peu scrupuleux en
fait d'épigrammes et de médisances, faisant le portrait
sans atténuer les défauts et joignant le talent du mime
à celui du causeur ; habile à improviser l'anecdote sans
jamais taire ni les dates ni les noms propres, ce qui allait fréquemment jusqu'à la personnalité, Des Genettes
fréquentait non-seulement les cercles du monde, mais
les personnages haut placés dont sa façon de parler très-
accentuée et son verbe élevé aiguillonnaient singulièrement la curiosité et l'attention [1]. »

[1] Is. Bourdon. — *Biographie universelle.*

J'ai peur qu'il n'y ait dans ce portrait plus de fantaisie et de parti pris que de vérité; dans tous les cas,
Des Genettes, corrigé par l'expérience et la réflexion,
pensait et surtout agissait bien différemment plus tard
lui qui disait dans son *Eloge de Hallé* : « M. Hallé avait
des volontés bien prononcées dès que cela devenait nécessaire. Ce n'était point de l'obstination mais du vrai
caractère. Quand il entendait médire, il souriait fine-
ment et souvent avec dédain ; plus souvent il détournait
la tète pour se boucher les oreilles. Quand il entendait
calomnier des gens de bien, déprécier des services éminents, attaquer les institutions utiles et recommandables, c'était bien autre chose. En effet, lorsqu'il éprouvait des mouvements d'indignation, sa voix s'animait
tout à coup, les expressions les plus heureuses accou-
raient en foule pour seconder sa pressante dialectique, et
il s'élevait à une éloquence d'autant plus persuasive
qu'elle jaillissait de son cœur. »

Voilà certes un noble langage, et qui répond victo-
rieusement à ce qu'on a lu plus haut. Au mois de mars
de l'année 1793, Des Genettes, par l'entremise de Thou-
ret, directeur de l'Ecole de santé et dont plus tard il
épousa la fille, obtint un brevet de médecin militaire, et
tout aussitôt il quitta Paris pour se rendre à son poste
en Italie. « Il y passa trois années, servit sous plusieurs
généraux, et comme il montra du zèle et surtout de
l'humanité, un esprit capable et prompt, un caractère
résolu, il obtint bientôt l'estime de ses chefs, la confiance du soldat, le respect même des étrangers, et ce fut
de l'assentiment de tous qu'il franchit les grades
intermédiaires : dès 1794, c'est-à-dire après une année

de service, il était déjà médecin en chef de l'armée. »

Ainsi s'exprime le biographe cité plus haut qui, quoique peu disposé, ce semble, à la sympathie, parle comme ses confrères (avec moins de chaleur sans doute) et ne peut se refuser à rendre témoignage à la vérité. Des Genettes se rencontra à Nice avec Bonaparte, plus jeune que lui de quelques années, et qui fut prompt à l'apprécier ; car lorsqu'ils se séparèrent, le jeune général lui dit :

« Etudiez tous les détails d'une armée ; j'en profiterai plus tard, vous aussi. »

En effet, l'expédition d'Egypte résolue, Bonaparte nomma Des Genettes médecin en chef de l'armée, et comme on l'a vu déjà, il n'eut point à le regretter. « Dès son entrée dans la contrée nouvelle, dit le docteur Pariset, qui lui-même visita l'Egypte, après avoir réparti ses collaborateurs sur les différents points que devaient occuper nos armes, son premier soin fut de les inviter, par une instruction, à l'étude des lieux, des hommes, des travaux, des aliments, etc. De là sont nées les curieuses topographies et les notes et les mémoires qu'il a publiés dans son ouvrrge (*Histoire médicale de l'armée d'Orient*) sous les noms de leurs auteurs ; car loin de tenir dans l'ombre les savants et courageux médecins de l'armée d'Egypte, il aimait à les parer de leurs talents, comme il aimait à reconnaître et à proclamer leurs services. »

Des Genettes, après le départ de Bonaparte, resta en Egypte avec Kléber, son ami, dont la statue occupa toujours une place d'honneur dans sa bibliothèque. De retour en France seulement vers 1801, il fut nommé

médecin en chef de l'hôpital du Val-de-Grâce, puis ins-
pecteur général du service de santé des armées. Envoyé
en Espagne en 1805, pour étudier l'épidémie qui, l'année précédente, avait fait de cruels ravages à Cadix,
Malaga et Alicante, il suivit les armées françaises en
Prusse, en Pologne, en Autriche, « où il fit preuve du
plus rare talent joint au plus sincère dévouement » dit
Feller.

Dans cette désastreuse campagne de 1812, fait prisonnier pendant la retraite, il écrivit à l'empereur Alexandre pour demander sa liberté en invoquant la bienveillance que pourraient lui mériter les services rendus
par lui aux blessés de toutes les nations. Alexandre
effaça sur la demande le mot *bienveillance* qu'il remplaça
par celui de *reconnaissance*, et Des Genettes, rendu à la
liberté, fut reconduit aux avant-postes français avec une
garde d'honneur.

Alexandre sans doute n'ignorait pas la fermeté dont
Des Genettes avait fait preuve tout récemment dans
l'intérêt de l'humanité vis-à-vis de l'empereur Napoléon.

Celui-ci, après l'entrée des Français dans Moscou, eut
l'idée de transformer en caserne un hospice destiné aux
Enfants-Trouvés. Des Genettes en est averti ; aussitôt il
se présente à l'empereur et réclame avec énergie contre
la mesure projetée. Sous le coup de son émotion, à ce
qu'on raconte, il termine en disant :

« Si les soldats prennent la place des malheureux
orphelins, que deviendront ces derniers ? Ne se trouve-
ront-ils pas sans asile et ne vous exposez-vous pas, sire,
à ce que la postérité plus tard parle de vous comme elle
fait d'Hérode.

— Hérode ! répond l'empereur non sans quelque étonnement ! Qu'a-t-il à faire ici et à quoi cela pourrait-il ressembler ?

— Au Massacre des Innocents ! reprend hardiment le médecin en chef.

— Vous avez raison, dit l'empereur après un court silence. Je vais donner l'ordre que ce projet n'ait pas de suite.

Après la bataille de Leipsick, Des Genettes, forcé de se renfermer dans la citadelle de Torgau, ne revint en France qu'au mois de mai 1814. A cause de ses antécédents et par suite de certaines intrigues surtout, sa situation devint difficile et peu s'en fallut que sa chaire de professeur adjoint de physique médicale et d'hygiène à la Faculté ne lui fût enlevée. Louis XVIII cependant, qui ne partageait point les rancunes des bureaux, nomma Des Genettes commandeur de la Légion d'Honneur ; et plus tard, en 1819, il voulut qu'il fît partie du conseil de santé des armées, bien que Des Genettes se fût trouvé à Waterloo comme médecin en chef de l'armée et de la Garde impériale. Quelques mois avant la mort de Napoléon, il fut officiellement chargé de désigner les médecins qui devaient se rendre à Sainte Hélène. Ces témoignages réitérés et mérités de confiance permettent de croire que sa destitution en 1823, comme professeur, fut la suite d'un regrettable malentendu comme l'affirment les rédacteurs de la *Nouvelle Biographe générale*, et de l'*Encyclopédie des Gens du monde*, après Rabbe et Boisjolin qui écrivaient en 1834 :

« Un léger tumulte, fomenté par des individus étrangers à la Faculté eut lieu à l'occasion d'un discours [1]

[1] *Eloge de Hallé.*

qu'il prononça pour la rentrée de l'Ecole. Ce tumulte,
qui certes n'avait rien de séditieux, servit de prétexte
à la dissolution momentanée de l'Ecole et à sa réorgani-
sation préparée de longue main [1]. »

M. Is. Bourdon qui, dans la *Biographie universelle*,
comme nous l'avons dit, contrairement aux autres biographes, juge son confrère avec plus de sévérité que de
sympathie, contredit Rabbe et Boisjolin dans les termes
suivants : « Des Genettes vint ensuite qui, loin de les
calmer, ne fit qu'exaspérer les passions haineuses de
l'assemblée. Une phrase où l'imprudent orateur faisait
allusion à la fin chrétienne du docteur Hallé, fut répétée
par lui jusqu'à trois fois en la commentant par des
gestes aux marques croissantes d'une improbation scan-
daleuse. Jamais mauvaise comédie ne mit en jeu tant
de sifflets. »

Il est difficile de ne pas douter un peu de la parfaite
exactitude de ce langage où l'on sent, à travers la formule embarrassée et énigmatique, je ne sais quelle
pointe d'aigreur. Cette opinion paraît plus vraisemblable si l'on rapproche le commentaire du passage
incriminé tel qu'il se trouve dans le texte original et
dans lequel je cherche en vain l'ombre de l'ironie ou de
la raillerie.

« Nous croirions manquer à la mémoire de M. Hallé
» (interruption), nous croirions la trahir (interruptions
» prolongées); vous auriez le droit de me traiter comme
» un lâche (profond silence et attention générale), si
» j'appréhendais de dire hautement ici que M. Hallé eut

---

[1] *Biographie universelle et portative des Contemporains.*

» des sentiments de religion aussi sincères que profonds.
» Comme Pascal, il s'anéantissait devant la grandeur
» de Dieu ; une teinte de l'âme de Fénelon émoussait
» en lui le rigorisme ; et comme il se croyait sans mis-
» sion pour amener les autres à ses opinions, il se borna
» à prêcher d'exemple [1]. »

J'estime que, bien loin d'accuser l'orateur d'*impru-
dence*, on ne pouvait que le louer de la franchise et de la
netteté de son langage. On a d'autant plus lieu de croire
qu'il était sincère et que la passion des auditeurs,
seule, interprétait son langage en sens contraire, que la
conduite de Des Genettes ne le démentit point à l'instant
solennel, M. Is. Bourdon lui-même le proclame loyale-
ment : « Quelle qu'eût été son opinion, quinze ans plutôt, sur la foi docile de Hallé, son collègue de chaire, sa
fin ne fut ni moins résignée, ni moins exemplaire et
chrétienne, tant l'espérance en Dieu, tant la foi sont un
rapprochement digne des grands esprits. »

En dépit de sa vie agitée et occupée, l'illustre docteur a
laissé de nombreux écrits relatifs à la science médicale et
aussi des *Mémoires* dont deux volumes seulement ont été
publiés et que sa mort, arrivée en 1837 (2 février), ne lui
permit pas de terminer. Il était alors, et depuis 1832,
médecin en chef des Invalides. L'empereur l'avait créé
baron en 1809 et, « il n'avait garde de l'oublier, lui qui
eût renoncé à toute son hygiène plutôt qu'à sa noblesse,
il est vrai, fort méritée » dit toujours avec le même
accent le rédacteur presque narquois de la *Biographie
universelle* qui ne paraît point du tout désireux d'apporter sa pierre au piédestal de notre héros.

[1] *Eloge de M. Hallé,* in 8°, 1823.

Parlant de lui comme professeur, il écrit :

« Des Genettes était moins écouté qu'applaudi, car sa mimique était mieux comprise que sa parole. Aux examens il était fier de son latin en effet élégant et facile; et il posait ses questions avec autant d'esprit que d'autorité, toujours plus occupé de l'auditoire que des candidats, et dispensant ceux-ci de toute réponse par de longs et brillants monologues où il excellait.

« Laissez-moi parler, leur disait-il, vous gagnerez à » vous taire. En parlant, je vous instruis, et préserve » votre vanité du remords d'une mauvaise réponse. »

« Il était le même à l'Académie toujours personnel et blessant.... Trop conteur pour administrer sagement et pour bien conclure, sa vie entière ne fut pour ainsi dire qu'une longue narration, y compris le temps où il fut maire du 10ᵉ arrondissement de Paris. »

A ces affirmations ayant un peu l'air d'accusations sous la forme d'épigrammes, mais dont l'exagération même atténue beaucoup la portée, nous opposerons le jugement formulé antérieurement par Rabbe et Boisjolin dont la *Biographie Nouvelle*, l'*Encyclopédie des Gens du monde*, etc, se font les échos :

« Nous n'aurions fait connaître que très imparfaitement M. Des Genettes, si nous ne parlions pas de ses talents comme professeur. Ses cours à la Faculté étaient des modèles de clarté et de méthode, pleins d'idées neuves et saillantes. Comme orateur, il se distingue par une familiarité originale et piquante. Dans ses divers discours à la Faculté, dans les discussions journalières de l'Académie de Médecine, il a constamment fait preuve d'une grande sagacité de raisonnement jointe au charme d'une élocution facile et animée. Son langage est remarquable surtout par *cette observation de toutes les convenances, ce tact* que donnent seules, même à un homme d'esprit, la variété des connaissances et des relations sociales distinguées. »

Il y a là, ce semble, l'accent de la vérité, et volontiers on applaudit aux biographes quand ils disent : « Des Genettes a rendu son nom célèbre en France et en Europe par de belles actions, de savants ouvrages, de glorieux services rendus à l'humanité, et par son habileté supérieure dans l'administration hygiénique et médicale des armées. »

GEOFFROY-MARIE

Cette rue fut ouverte en 1842 seulement, sur les terrains dits de la Boule-Rouge, appartenant à l'Hôtel-Dieu de Paris, en vertu d'une donation fort ancienne faite par *Geoffroy* cordonnier à Paris, et *Marie*, son épouse, lesquels, d'après le contrat, à la date du mois d'avril 1261 [1], ont cédé *aux pauvres* de l'Hôtel-Dieu une pièce de terre de huit arpents située vis-à-vis la grange qui est appelée la *Grange-Bataillière ;* plus un arpent et demi de vignes, sis en trois pièces dans la censive de Saint Germain-des-Prés (avec réserve de l'usufruit); plus *quarante sols parisis* de rente annuelle et perpétuelle à prendre sur une maison appartenant auxdits sieur et dame.

« En récompense de quoi, dit le contrat, les Frères » dudit Hôtel-Dieu ont concédé à toujours auxdits Geof-» froy et Marie la participation, comme ils l'ont eux-» mêmes, aux prières et aux bienfaits qui ont été faits » et se feront à l'avenir au susdit Hôtel-Dieu. Et aussi » ont promis lesdits Frères de donner et fournir, en » récompense de ce qui précède, auxdits Geoffroy et » Marie, pendant leur vie et au survivant d'eux, tout ce

---

[1] Sous le règne de Saint-Louis.

» qui sera nécessaire pour la *nourriture et l'habillement* à
» la manière des Frères et des Sœurs dudit Hôtel-Dieu,
» quelle que soit leur manière d'être et dans quelque
» état qu'ils deviennent et se trouvent. »

Cet acte est intéressant à rappeler sous plus d'un
rapport : il fut passé en plein moyen-âge, dans ces
temps si fort décriés et souvent calomniés par certains
écrivains de peu de science ou de peu de bonne foi. Il
montre la sollicitude dont les *pauvres*, ces membres
souffrants de Jésus-Christ, étaient l'objet alors ; car ce
n'est pas à l'établissement, c'est aux pauvres mêmes,
qu'on y soignait et entretenait en grand nombre,
qu'est faite la donation ; les bons Frères ne sont là que
leurs représentants ; c'est en leur nom qu'ils acceptent
et aux conditions si touchantes qu'on a vues. Cet acte
prouve encore que l'aisance, la richesse même, n'étaient
point en ce temps, comme on est porté à le croire, le
partage uniquement des classes supérieures, de la noblesse en particulier, puisque de petits bourgeois de
Paris, en exerçant une industrie assurément des plus
modestes, avaient pu acquérir une fortune si considérable même pour l'époque.

Une partie de ces terrains, restés la propriété de
l'hospice, fut vendue, au mois de novembre 1840, pour
la somme énorme de 3,075,800 fr., à MM. Maufra et
Pène ; ce dernier fut autorisé, par ordonnance royale du
10 janvier 1842, à ouvrir sur cet emplacement une rue
nouvelle, dite rue *Geoffroy-Marie*, en souvenir du cordonnier et de sa femme, les anciens et généreux dona-
taires. On ne saurait trop applaudir à cet acte de gratitude pour les deux pauvres bourgeois du treizième

siècle, dont le bienfait si considérable, qui n'avait eu d'autre mobile que la charité, remis en lumière et comme rajeuni par la publicité, obtient ainsi après tant d'années sa récompense temporelle, sans préjudice de l'autre bien autrement précieuse et qu'ont reçue dès longtemps sans doute *Geoffroy* et *Marie*.

FIN DU PREMIER VOLUME.

TABLE

PRÉFACE   v
Amboise (cardinal d')   1
Amyot   9
Andrieux 22
Assas (d') et Desilles. 26
Aubriot 32
Bailly (Sylvain) 36
Beaujon 52
Beethoven 54
Belsunce et Roze 74
Béranger. 94
Berthollet 98
Bossuet 107
Bourdaloue 130
Breguet 139
Bruyère (Jean de la) 144
Bugeaud 153
Caffarelli 157
Chaise (La) 167
Chateaubriand 176
Chauveau-Lagarde 191
Chevalerie 204
Cheverus (de) 210
Cochin 229
Colbert 233
Commines 246
Condamine (La) 256

Corneille (Pierre) 272

Desaix 293

Dombasle 308

Dupuytren 323

Epée (abbé de l') 339

Fénelon 351

Flamel (Nicolas) 374

Fontaine (Jean de La) 380

Froissart 405

Genettes (Des) 417

Geoffroy-Marie 428

FIN DE LA TABLE DU PREMIER VOLUME.

CAMBRAI. — IMPRIMERIE DE A. RÉGNIER-FAREZ, PLACE-AU-BOIS, 28.

www.ingramcontent.com/pod-product-compliance
Lightning Source LLC
Chambersburg PA
CBHW071951270326
41928CB00009B/1407